国家出版基金项目
NATIONAL PUBLICATION FOUNDATION

再读马克思：
文本研究与哲学创新系列 | 郭 湛 主编

比较哲学与当代中国哲学创新

臧峰宇 主编

中国人民大学出版社
·北京·

总　序

郭　湛

在以往的二百年间，给予世界特别是中国影响最大的思想家，非马克思莫属。用马克思的话说：“哲学家们只是用不同的方式**解释**世界，而问题在于**改变**世界。”不同于以往的哲学家，马克思不仅以创新的理论方式解释世界，而且以现实的实践方式改变世界。诉诸实践的马克思主义哲学，以马克思列宁主义等为行动指南的中国共产党及其领导的人民群众的革命、建设、改革的实践，从根本上改变了中国。人们对于这种实践改变的解释可以多种多样，但这种翻天覆地的改变却是不容否认的事实。

哲学是被把握在思想中的它的时代。四十年前，“实践是检验真理的唯一标准”的大讨论，解放思想，实事求是，开启了中国改革开放和现代化建设的新时期。不断发展的马克思主义哲学，深刻影响着人们的精神面貌，不愧为时代精神的精华。在新时代中国的发展中，面对复杂多变的内外部环境，马克思主义哲学的世界观和方法论意义不仅不减，反而日益凸显。哲学是文化的活的灵魂。展望未来，在我们奋力实现中华民族伟大复兴和构建人类命运共同体的实践中，更需要发挥马克思主义哲学这种基本的文化程序和取向的引领作用。

面对新时代的新境遇和新问题，我们在立足实践、关注现实的基础上，必须深入思考、分析、概括、把握国内外发展的方向和道路，审时度势，探索创新，坚定前行。以往中国特色社会主义事业的成功，与马克思主义哲学的指导息息相关；未来中华民族共同体和人类命运共同体的发展，同样离不开马克思主义哲学的世界观和方法论。一个世纪以来的中国历史证明，要能够从思想上引领我们实践的发展，没有任何一种理论学说能够取代马克思主义哲学的核心地位。能够发挥实践引领作用的绝不是凝固僵化的教条，而只能是充满活力的、发展着的马克思主义理论。一部马克思主义哲学发展的历史，始终是在实践中研究和回答时代的迫切问题，同时也不断实现自身创新发展的过程。

“问渠那得清如许，为有源头活水来。”马克思主义哲学理论发展的源头活水，就是马克思主义的经典著作，更是透过这些著作能够感受到的产生这些思想的历史时代。在哲学发展的历史长河中，继承始终是创新的前提，没有充分的理论继承，不可能有真正的理论创新；而不包含理论创新的理论继承，也不可能是真正的理论继承。继承与创新的辩证统一，是文化存在和发展的内在要求。马克思主义哲学的存在和发展也是这样。割裂继承与创新的关系，必然危及哲学的存在和发展。对于马克思主义哲学研究来说，首要的是继承马克思的哲学思想，结合历史时代研究经典文本，解读马克思哲学产生和发展的历史形态；进而要结合当今时代的实践与问题，推进理论和方法的发展，创新马克思主义哲学的当代形态。

马克思逝世之后的一百多年间，中国乃至世界发生了巨大变化，既证明了马克思主义哲学世界观和方法论的真理性，也涌现了马克思当年未曾遇到的许多新的迫切问题，需要从马克思哲学世界观和方法论的高度加以解决。时代的发展呼唤全面而又深入的马克思哲学文本研究，以及在此基础上得以实现的马克思主义哲学理论创新。为此，我们以部分在京高校和科研院所学者为主体，策划和编写了“再读马克思：文本研究与哲学创新系列”丛书。

这套丛书的策划缘于两年前的 2016 年 5 月，习近平总书记主持召开哲学社会科学工作座谈会，强调要加快构建中国特色哲学社会科学。为了落实这一讲话精神，也为了纪念马克思诞辰 200 周年，中国人民大学出版社组织选题策划研讨，决定于 2018 年推出“再读马克思：文本研究与哲学创新系列”丛书。丛书编者与作者共同的目的在于，通过深化马克思主义经典著作研究，解读其文本与思想，拓展当代中国的哲学创新之路。这些著作分别研究了《德意志意识形态》、《资本论》、

《1857—1858年手稿》、《1861—1863年手稿》、《人类学笔记》和《历史学笔记》等经典著作，对其理论线索、思想脉络进行了深入剖析。作者们试图运用马克思主义的理论和方法，进一步探讨当代中国哲学创新的方法论，从比较哲学和应用哲学的角度，分析当代中国哲学创新的可能路径，探索了马克思主义哲学的几种新形态。

马克思主义的经典文本博大精深，相关的文本研究面向的是一个开放的领域。以此为重要前提的当代中国哲学创新，更是一个永无止境的过程。随着学者们研究的推进，我们将陆续推出新的书目。“再读马克思：文本研究与哲学创新系列”丛书第一批，涉及的主要是目前学界研究较少而又有迫切理论需要的经典著作。这一批著作从文献、文本、方法论等方面，对马克思哲学进行深入研究与探索，并将马克思哲学、中国哲学、西方哲学进行比较研究，力图在大哲学的视野下更好地进行理论创新。相信这些研究成果将有助于人们更好地理解马克思的思想，推进我国哲学社会科学学科的发展，引领中国特色社会主义建设实践，实现中华民族伟大复兴的中国梦。期待这套丛书的编者和作者的辛勤努力，能够得到广大读者的理解和回应，产生良好的社会影响。

2018年5月2日于中国人民大学人文楼

中国哲学创新的动能、路径与方向

姚新中

作为一门现代学科，中国哲学学科自 20 世纪初在西方哲学的参照下诞生以来，一直在创新的驱动中不断地寻找自身的合法性、概念体系的合理性、推理论证的独特性。中国哲学“创新”的内在动力一方面来自中国哲学对自身现状的不满，另一方面则源于对更为理想模式的追求；而外在动力则受益于社会发展变化对中国哲学所提出的需求与期待。内在动力与外在动力最终会合在对传统中国思想、外来西方哲学体系和马克思主义哲学的创造性吸收与创新性发展中。中国哲学学科的创新，既根源于哲学的本性，又特别呈现在中国哲学发生、发展、演化的历程中。如何理解当代时空语境下中国哲学创新的含义？如何探寻真正意义上中国哲学创新的必要性与可能性？如何扩展中国哲学创新的空间和检验中国哲学创新的各种不同模式？提出这些问题并试图找到回答问题的途径，就是摆在读者面前的这个“三部曲”系列的起因与设想。

哲学源于人类对人生、社会和世界根本问题的拷问，成长于对这些问题的反思、理解和回应。哲学问题的可重复性与可复制性决定了哲学的普遍性和永恒性，而哲学回应的多样性与可变性则表现了哲学的特殊性和时代性。因此，与其他学科的创新不同，哲学创新的基本追求不是把过去已有的思想推倒重来，而是站上巨人的肩膀以看得更远、借助历史的势能使前进的步伐迈得更大、汲取来自科学技术高速发展所可能产生的启示使哲学思考的空间更广阔且内容更深刻。相较之下，其他学科

（如经济学、法学等）的创新可能会导致对学科基本问题的否定，而哲学则更多是从新的视角看古老的问题或以新的方式重新诠释历史中的理解。自人类文明进入“轴心时代”以来，中外大哲学家们所提出的哲学基本问题（如什么是人性、何为正义、如何获得对世界本质与规律的真理性认识，等等）始终伴随着人类在心智、知识、技能、生产方式、生活方式等方面的进展并在其中呈现出不同的形态。知识的广度、生活的方式可以很不相同，但人类的本性、生活的本质并没有发生根本的改变。这是哲学问题永恒性的基因，代代相传。但从另外的角度看，虽然哲学问题的内在规定性也许并不会随人类偏好的变化而变化，但理解这些问题的视角和回答它们的方式却必须受到时代的制约，从而使哲学探究具有了时空的相对性。哲学正是通过致广大与尽精微、表象解释与深层反思、形式认知与理念探寻之间的交互作用而不断获得发展的动能。

虽然中国哲学作为一门现代学科直到 20 世纪初才得以建成，但其概念、推理、辩证、审问不仅承接西方自古希腊以来的知识积累，而且连贯中国自先秦以降的思想脉络。因此，只有在哲学的谱系中才能把握当代中国哲学的本性和特质，也只有在哲学的历史性与时代性统一中才能理解创新何以对当代中国哲学具有如此特殊的意义。当代中国哲学创新何以可能？要回答这一问题，我们必须从中国哲学本身的性质上进行方法论追寻。因此，本系列三卷的重点落脚之处便在于从方法论的层面对当代中国哲学创新问题的三个方面做出历史的梳理和学理的考察，即《中国哲学创新方法论研究》《比较哲学与当代中国哲学创新》《哲学创新视野中的应用哲学研究》。我们的目的是，探求和论证中国哲学创新在方法论上的必要性、在时间上的可持续性以及在空间语境下的可能性。

中国哲学创新的必要性存在于中国哲学的本性中，这一点只有在哲学与时代的关系中才能鲜明地体现出来。因此，第一卷就以“哲学与时代”为导论，开启我们探讨中国哲学创新方法论的征程，论述我们所处时代的特点和要求、所面临的时代问题，从而引出哲学创新对时代的意义。哲学的时代性使哲学的视野必然受到时代认知所能达到临界点的限制，但新的时代必然会开发出新的可能性，从而使哲学具有未来性。哲学的未来性是问题导向的，提出好的问题是时代的要求，也是哲学的本性。因此，第一章就需要从哲学的元问题，即关于哲学问题的问题入手，来理解哲学创新的性质、特质和空间，来研究哲学问题的在场性、未来性以及问题链形成的必要条件与充分条件。但中国哲学创新的必要性又不仅仅是由哲学问题决定的，它还与中国哲学产生的历史背景以及当前面临的困境密切相关。这必然引向“什么是中国哲学”的问题，所以第二章就从“以西律中”、“以西释中”和“中西会通”三个角度梳理中国哲学学科所遇到的合法性、合理性问题。由于中国哲学特殊的学科建构历程，所以追踪哲学学科在中国的产生和发展历史，分析中国哲学由于特殊建构历程而内含的结构问题，就构成了第三章的主要内容。接续而来的第四章是关于中国哲学的内在张力问题，此章以传统与现代、本土与外来为经纬，检查了中国哲学在内容与形式、理想与现实以及哲学内在要求与时代期望等之间的一致性、矛盾性及其原因。面对这些问题、张力或矛盾，我们该怎么办？于是，第五章便从方法论层面寻求化解的途径和方式。这一章指出了我们以往对这些问题的看法的缺陷，以及应如何转换视角，从相对封闭的迷谷走向视野更开阔的山巅。在这一章，我们试图以“大哲学”的视野面对哲学困境，并在克服这些困境中实现哲学学科的结构变革，并为第六章寻找新的哲学生长点奠定方法论基础。当然，我们也将表明，新的哲学生长点的关键在于多维的融合而非两极的破裂。只有在实践与智慧并重、传统与现代并融、中国性与世界性并立中，我们才有望看到创新性发展的可能。第七章把上述关于哲学创新的思考自觉地应用到哲学教育中，论证哲学理论创新与哲学教育创新之间相辅相成、互相促进的关系。最后，此卷以“中国哲学的返本与开新”为结语，强调当代中国哲学必须在中国哲学、西方哲学与马克思主义哲学的融会贯通中，在哲学厚重的历史传承与时代精神的未来导向之间构筑坚实的桥梁。

当代中国哲学起源的特殊语境和方式决定了其在一开始就是以比较来定位自己，论证自己的存在与发展。因此，如何从比较的视角来理解当代中国哲学创新就成了第二卷的主题。此卷虽然与其他两卷不同，因为其主要内容并不是重新写就，而是由汇集比较哲学领域近年来已经发表的文章所组成，但经过有目的性地编辑、删改和修正，这些文章在逻辑上已经纳入了我们这个哲学创新系列之中，并开辟出当代中国哲学创新研究的一个新途径和新维度。鉴于西方哲学在中国哲学创立之初所发挥的参照性作用，在一定意义上，可以说比较哲学是中国哲学的宿命，相应地，当代中国哲学创新必然要借助比较这个有效工具而加以证成。但由于篇幅和主题所限，此卷所说的比较主要指东西方哲学的互鉴、互释与对话，而没有把世界上其他重要哲学形态如印度哲学、非洲哲学、日本哲学等纳入我们的比较研究之中。我们的关注点在于如何通过批判性地检查比较哲学的理论形态、研究方法、问题意识与创新思路，来研究比较哲学的一些基本问题，如为什么比较、如何比较以及当下比较哲学所面临的问题或困境，目的是在新的时代环境中提出如何进一步推进中西文化的融合，如何实现中西马三种哲学的会通，以及如何使得当代中国哲学更具世界化的视域。

第二卷的导言以哲学比较的方法论开题，检查了迄今为止比较哲学所遵循的三条路线或所使用的三种方法，其关注的重点不是第三条路线与第一条路线和第二条路线之间的差异，而是展现第三条路线形成的内外动因和实践过程，落脚在比较哲学第三条路线与中国哲学话语权等当今重要的理论和实践问题。在第一章，我们具体检查了比较哲学的中国学术语境与研究特点，探讨了以儒学为代表的传统中国哲学与西方哲学语境中的中国哲学之间的互动、互融以及如何由此证成当代“中国的哲学”。此外，我们还探讨了比较哲学的在地普遍性与研究语境问题。全球化时代的来临为比较哲学的研究与学术对话提供了新的思想场域，在这样的语境中，比较哲学既要坚持“言说”的地方性，同时更要在思想上具有全球性视野和普遍性眼光。提出各个哲学传统之间的差异是比较哲学研究的合理性依据，但哲学的在地普遍性与“家族相似性”同样构成比较哲学的重要前提。所有的比较哲学研究都要立足于某个哲学传统，但与此同时，为了真正理解并发展自己的哲学传统，又不能仅限于这个传统，它必须走出自身，向其他哲学传统学习，而这也正是海外中国哲学研究蓬勃兴起的原因之一。比较哲学是要努力改变哲学的地方性定义，将地方文化的狭隘性、经验性限制，扩展为一种新的具有世界历史意义的时代观念和哲学理论。第二章关注于比较哲学的理论形态与研究方法，提出比较哲学是一种有意识的理论建构尝试。比较哲学不同于哲学比较，其目的不在于简单说明两个或多个不同哲学文本之间的异同，而在于促进哲学文本的“视域融合”，并最终实现不同哲学体系之间因交通互镜而生成新的哲学知识体系这一初衷。比较哲学虽然通常以哲学比较的方式呈现，但在问题比较和思维比较的背后，实际上所牵涉的乃是不同道德体系和文明体系的自我定位、自我理解、相互关联以及互竞互争等问题。它涉及在当今文明多样性背景下如何从比较思维开出道德形态学方法，进而在古今对看、中西互镜的道德形态学中探究创新性思维及其启蒙视野。第三章所讨论的主题是比较哲学的学术立场与文化重建。哲学的产生离不开一定的文化场域和思想传统，这些场域和传统便构成了比较哲学的基本立场，哲学虽然不可能无立场地比较，但比较并不是“厚此薄彼”或“以己度人”的思想“判教”。比较哲学的目的是在全球化时代寻找哲学的通达之路，从而为人类的共同命运提供多元而普遍的思想智慧。为此，比较哲学鼓励哲学研究走出各自的“文化围城”，通过克服文化壁垒和打破思想禁锢，最终实现中国哲学传统的文化重建。第四章关注于比较哲学的时代性与哲学会通之路问题，提出比较哲学在当代中国的时代性主要体现为当代儒学研究的特点，体现了中国哲学（尤其是儒学）在面向西方哲学探索“哲学会通”的可能性路径时所使用的观念与方法。当代中国比较哲学之所以具有这种特点，一方面与儒学在中国传统文化中一直占据着核心地位并逐渐内化为中国人精神层面的“文化无意识”有着重要的关联，另一方面也与现代新儒学尤其是海外新儒家在世界范围内对儒学的新探索和全球性推广有着密不可分的关系。第五章以中西智慧观比较为主题。在这一章，我们以早期儒家和古犹太教传统中的智慧观比较为具体案例，通过比较的哲学与伦理学视角，提出比较哲学不能仅限于哲学概念领域，而且要比较文化、比较生活、比较智慧，要通过文化、生活和智慧的互镜来完成思想的“调音”和哲学的创新，要透过“他者”的眼光看到新的自己。在此意义上，中西哲学比较便有必要回到其各自哲学生活的开端，发现儒家和古犹太教传统自“轴心时代”起便呈现出的诸多不同与共性。第六章则回到“大哲学”范围，探讨如何从比较哲学走向世界哲学。比较哲学意味着否定固化，内含吸纳、付出与超越，是超越传统、超越现代性的后现代性和后全球性，这是中国哲学接纳西方哲学，迎接新科技革命，开出一条世界哲学之路的内在原因，也是中国哲学有望成为走向后全球化与后现代化道路上的积极创化力。

比较是当代中国哲学前行的重要途径，但不是唯一途径。当代中国哲学创新不仅仅在于方法论层面的开拓，在于比较领域的开创，更表现在促成了应用哲学的兴起。因此，本系列的第三卷就以应用哲学为主要内容而展开，为哲学创新提供具有实践意义的重要平台。第一章以当代中国哲学的转向为主题，论述了作为哲学转向之时代背景的当代科技发展，包括生物技术对人类存在方式的影响、信息技术对人类交往方式的改变以及人工智能对思维主体的冲击，由此引出多元主义作为哲学转向的认识立场，以及以“大哲学”为内涵的新时代哲学转向进程。第二章论述传统哲学的“降格”，提出在当今时代西方哲学成功实现了从传统的理论哲学到现代的应用哲学的转型，并在转型的过程中完成了西方哲学的自在创新，而我们通过对西方哲学转型过程的梳理和阐释，可以为当代中国哲学创新提供借鉴，从而正确把握当代中国哲学创新的路径和方向。第三章继续西方哲学的叙事，提出西方哲学在现代遭遇到颠覆性转换后，实现了从传统形而上学到当代哲学的转化，这种转化的重要标志就是哲学应用的功利主义尝试、实证主义尝试和马克思主义尝试，并最终通过现象学带来了向生活世界的回归，通过存在主义唤起了对存在本身的关注以及通过分析哲学引发了哲学变革。第四章聚焦于哲学创新视域下的应用哲学研究。这一章从哲学创新的本质、动力及横纵向关系开始，来阐述当代中国哲学创新的可能路径，并从应用哲学在中国所带来的问题和问题意识视角来审查应用哲学如何引领哲学的当代转向，指出应用哲学的兴起对当代中国哲学产生了诸多直接影响，甚至成为当代中国哲学的主要表现形式和未来发展方向；应用哲学研究正在成为当代哲学研究的一个新的生长点，这对我国现代化事业的建设和发展，对新时期哲学研究的繁荣和兴盛已经并将继续产生切实而显著的影响。应用哲学虽然取得了一些进步，但就目前所达到的深度和广度而言还是远远不够的，因为，纵观国内公开发表的研究成果，具有世界哲学视角和哲学意味的应用哲学研究成果非常不足，人们期待的高水平应用哲学研究要么尚属空白，要么尚未系统深入。因此，为了将应用哲学研究和哲学创新从现实性提升到可能性，再从可能性转化为现实性，我们就必须深入应用哲学内部来看应用哲学如何能促进哲学的创新。而这正是我们在第五章中所要做的主要工作，即从应用哲学内含的破本质主义和兴建构主义来检查应用哲学的试错式发展，同时，通过应用哲学的融通性，论证弃理论门户之见、立跨学科视野及建跨文化分析框架的必要性。应用哲学对哲学创新的推动作用也可以从其独特的表达形式中窥见一斑，因为应用哲学往往实行个案式研究、对话式研究和情境式研究，这样的研究可以在深度与广度两个向度来促进哲学的创新性深入和拓展。在上述研究的基础上，第六章引申出中国应用哲学的未来走向问题，指出应用哲学在今日中国方兴未艾，既意味着现实世界日新月异的发展向哲学提出了诸多难题和挑战并等待着哲学做出回应，同时也显示出中国哲学学人不断进行理论创新的尝试，借此着力推动中国理论哲学实现现代转向。这一章重点分析当代中国应用哲学所处的时代（我们将之归结为科技时代）及其问题意识、应用哲学的方法论建构、应用哲学的大问题导向等，因为只有能对这些问题做出系统而有力的回答才能有效推动应用哲学创新并开辟出应用哲学研究的中国模式。

当代中国哲学创新是一个宏伟的主题，我们三年前之所以愿意承担这样一个项目并不是因为我们自以为已经完全掌握了这个主题，而是因为我们感到对该主题的无知但又对追求这个主题的无限热爱。从2015年春正式立项到今天，我们不仅在学习中扩展了我们的视野，在思考中系统化了我们的观点，而且在与诸多师友争论中不断深化和改进了我们的认识。三卷本的哲学创新系列能够最终得以完稿，有赖多方面的帮助和支持。我们感谢中国人民大学重大规划项目的支持，没有这样的支持，很多想法可能依然停留在观念之中。我们感谢中国人民大学出版社慷慨而有效地帮助，特别是杨宗元、罗晶、吴冰华等编辑为出版立项、报审、编辑所做的大量工作。我们感谢北京大学哲学系赵敦华教授，中国社会科学院赵汀阳研究员、刘素民研究员，北京师范大学刘笑敢教授，东南大学樊浩教授等学者在立项开题会上对该课题研究的内容与方式提出了许多宝贵意见和建议，其中的很多已经为我们随后的研究所采纳和发展。我们还要感谢国内外学者在哲学创新、哲学比较领域所做的重要突破，他们的工作对我们的思考和写作给予了有益的启发。我们特别感谢香港中文大学黄勇教授、武汉大学吴根友教授、北京师范大学田海平教授、新加坡南洋理工大学李晨阳教授、美国夏威夷大学成中英教授等知名学者，感谢他们同意我们借鉴、使用他们已经发表的文章，他们的学术观点、论证思路和理论见解已经成为本系列特别是第二卷（《比较哲学与当代中国哲学创新》）中的重要组成部分。最后，作为“当代中国哲学创新研究”的立项负责人，我由衷感谢这个研究团队的所有成员，特别是李萍教授、臧峰宇教授和陆宽宽博士为本项目得以顺利实施和完成所做的大量工作和贡献。

当代中国哲学创新是一个思之常新的话题，而我们的研究只能是阶段性的成果。已经达到的认知可能依然无法令人满意，毕竟，呈现在读者面前的这三卷书作在思想上还有很多缺漏需要补遗，在理论上还有许多面向有待完善，在观点中也还有许多论述有待证实……通向真理的道路总是漫长而艰苦，但好在哲学的探索也从来不是一劳永逸的事业，我们还将继续我们的思考，我们的理论反思和实践探索也将永远在路上。

2019 年 1 月于中国人民大学静园

目　录

Contents

导　言

无论如何定义和解释，比较哲学在世界哲学界日益受到重视已是不争的事实。相比之下，比较哲学对于中国哲学而言有着更为特殊的意义。一方面，诞生于古希腊的“philosophy”对于中国学者而言乃是一个外来的思想词汇，是“西学”在强势文化背景下“东渐”的产物，中国哲学学科虽然仿造西学体例建成已有百余年，但对“中国哲学”的合法性疑问却始终未能彻底根除。[①] 就此而论，中西比较哲学的兴起与成功将在很大程度上证成中国哲学的独立资格与平等地位，并从根本上回答中国哲学的合法性问题。另一方面，比较哲学不等于哲学比较，它虽然以比较为核心论证方法和主要呈现形式，但比较不是它的最终目的，其终极旨归应当是新形态的哲学，因为比较哲学就是以比较的方法实现哲学突破和创新的哲学样态。

因此，比较哲学，尤其是中西比较哲学的成功将会为中国哲学在世界哲学舞台上提供更多的话语权，为世界哲学贡献更多的中国智慧，也为中国哲学创新研究提供更多的方法和途径。但不可否认，目前，无论

---

① 郑家栋．“中国哲学”的合法性问题//赵汀阳．论证：第三辑．桂林：广西师范大学出版社，2003．张志伟．中国哲学还是中国思想——也谈中国哲学的合法性危机．中国人民大学学报，2003（2）．彭永捷．论中国哲学学科存在的合法性危机——关于中国哲学学科的知识社会学考察．中国人民大学学报，2003（2）．李存山．“中国哲学合法性”问题．中国社会科学报，2014-09-05．

是在中国还是在世界范围内，比较哲学都还是一个很不成熟的学科领域，尤其是在方法论、研究领域和界限范围等问题上还存在许多不确定性，甚至很难说达成了多少基本的学术共识。换言之，比较哲学距离我们美好的期待还有很长的一段路要走。当然，但凡从事过思想研究的学者都明白这样一个道理：哲学的道路总是漫长而艰苦，在思想的旅途中，更多的努力也并不必然意味着更大的理论回报，但这并不是阻止我们停下脚步的充分理由。因为我们还相信，思想的价值并不会单凭理论体系的建构与否便得到加冕或废黜。所以，即便这条路走起来有些艰难，但由于比较哲学未来可期，哲学创新仍旧值得一试。

为了推进比较哲学的深层研究以及由此而引发的哲学创新，作为本书的开篇，我们在此将尝试首先从比较哲学的“第三条路线”视角来考察比较哲学的方法论问题。通过这种视角，我们所试图呈现的便不只是第三条路线与第一条路线和第二条路线之间的差异，还包括第三条路线形成的内外动因和展开过程，以及第三条路线与中国哲学话语权等当今重要的理论和实践问题。我们相信，作为一种新的视角和方法，它将会成为一个有意义的开端。

一、比较哲学的“第三条路线”

比较哲学虽然方兴未艾，但在许多问题上还缺乏普遍接受的定论和共识。对于什么是比较哲学、如何比较不同的哲学以及为什么要进行哲学比较，不同的学者往往有不同的定义或不同的价值偏好，这些不确定性直接影响着我们对比较哲学方法论的思考，也左右着我们的比较进路。美国学者郝大维和安乐哲认为，“比较哲学也许比其他任何哲学更容易被比较者自身的偏爱所累。将中国哲学和西方哲学进行比较尤其如此”①。就当前而言，比较哲学常用的进路大致可以分为两类：一是“平行的进路”，即平等地看待两种不同的哲学体系或观点，不预设价值的高低，研究路线是自“同”而“异”再到“同”，从而达到所追求的“客观”“公正”的比较结果；二是“自高而下的进路”，即从某种自认为处于价值高位的哲学出发，对其他哲学观点进行评价性的比较，自“异”而“同”，并形成前后一致的体系与结论。两种进路各有优劣，在

① 郝大维，安乐哲．孔子哲学思微．蒋弋为，李志林，译．南京：江苏人民出版社，2012：1.

比较哲学领域都有各自的市场和拥趸。

但与此同时，我们也会发现，两者中无论哪一种进路都存在其自身无法克服的方法论局限：前者受现象学方法论的影响，由于太过注重比较的客观性而废弃了哲学的价值立场和思想使命，以至于“因公费私”，将比较沦为“罗列”或“平铺直叙”；后者则“以私废公”，为了保持自己所偏好哲学的价值“高位”而不惜借比较之名强行“吞噬”“他者”的哲学立场，从而使比较沦为“兼并”。二者中无论哪一种，都很难为现时代的比较哲学研究提供合宜的方法论支撑，也无法使比较哲学上升至一个成熟学科领域的高度。

很多学者在比较哲学的第一条路线中看到了哲学的不确定性。因为把哲学比较视为平等地罗列不同的哲学概念，并极力在思想的差异中找出哲学的共性，这样的论证很难化解不同哲学之间的张力，也无法形成有序的哲学体系。进而言之，把不同哲学或哲学观点等量齐观，寻求哲学比较的公正性只是一个美好愿景，在现实的具体研究中，几乎是不可能实现的。因为每一个哲学学者对特定的问题或观念都会有着自己的观察视角和理解视域，价值自设出发点或如伽达默尔所说的“前结构”“前理解”是无法避免的，它必然会影响我们对其他哲学观点、其他解释的看法、评价和解释。从事比较哲学的不同学者也会因为哲学背景不同，看问题出发点的差异，而对同一问题得出相距甚远的理解。①

为了克服这样的歧义，使比较哲学具有更大的确定性，一些学者提出了比较哲学的第二条线路，即认为比较哲学是而且只能是从某一个特定哲学体系或结构出发来检查、理解、解释其他哲学体系的观点和方法，并寻求把这样的理解或解释系统化、专门化。这样的研究虽然能够产生评价、解释的一贯性和比较的确定性，但由于具有强烈的“主观性”，而且采用的是“霸权主义”比较方法，即通过比较追求“万法归宗”，归结到比较者自己所认定的某种特定哲学体系或观点上，因此也就不可避免地会把比较哲学简化为哲学比较，甚至把比较变成对自己的特殊观点和理解加以论证或辩护的工具。这不是通向比较哲学的自由之途，正如罗蒂所指出的：“再描述具有巨大的威力，但大多数的人都不愿被再描述，他们希望别人按照他们的意思来了解他们”，因为，再描

① 《庄子·德充符》对此早就有所警告，由于人们的视角不同，所看到的事情也必然是千差万别：“自其异者视之，肝胆楚越也；自其同者视之，万物皆一也”。

述很有可能“把他们认为最重要的东西变得一文不值、落伍过时，或毫无意义”；在罗蒂看来，这种生硬的再描述实际上就是“侮辱”①。安乐哲对于罗蒂的这一观点有着更为简洁的转述：“生硬地重新定义实际上就是羞辱”②。因此，如果顺此而行，比较哲学便可能会导致对其他哲学观点的扭曲，进而使比较哲学研究成为偏见丛生的领地。③

我们的问题是，在进行比较哲学研究中，我们是不是只能在这两种进路之间做出非此即彼的方法论选择？比较哲学中有没有超乎这二者之上的“第三条路线”可循？回答应该是肯定的，诸多学者也已经开始对此做出了有益的探讨。④ 在我们看来，所谓比较哲学的“第三条路线”就是主张哲学比较既不是把不同哲学完全平等地看待，也不是把比较的对象全部纳入自己的哲学体系之中，而是通过让来自不同传统或具有不同风格的哲学观点或思想进行合作式对话、互镜式学习、共生式融通，从而最终为哲学思想的创新与突破、哲学事业的延续与发展贡献新的力量，形成世界哲学共同体。与第一条路线和第二条路线从静态的观点看比较不同，第三条路线主张把比较哲学看作一个动态的过程，认为比较哲学既需要包容的态度也需要提升的诉求，既倡导平等又坚持融合。⑤

如果说第一条路线的首要手段是“分析”，第二条路线的有效工具是“论辩”，那么第三条路线的基本方法就是“对话”，并通过对话找到不同哲学体系内部的同源性。循着第三条路线，比较哲学是一个哲学创

---

① 理查德·罗蒂．偶然、反讽与团结．徐文瑞，译．北京：商务印书馆，2003：127.

② 郝大维，安乐哲．孔子哲学思微．蒋弋为，李志林，译．南京：江苏人民出版社，2012：6.

③ 这样的比较在方法论上也是孔子强烈反对的：“子绝四——毋意，毋必，毋固，毋我。”（《论语·子罕》）。

④ 牟博指出：“去探索那些来自各种哲学传统或者来自（同一传统或不同传统间）做哲学的不同风格/取向的不同思想方式、方法论途径、眼光、洞察、基本观点或概念性/解释性资源，如何能够通过反思性批判和自身批判而相互学习、携手为共同的哲学事业和/或一系列哲学上的共同问题和关切做出贡献。”参见：牟博．论比较哲学中的建设性交锋—交融的方法论策略．社会科学战线，2008（9）。

⑤ 吴根友注意到，“‘比较’研究不应当以研究者自以为是的某种理论为标准来判决另一种理论的是非、高下，而是将用来做‘比较’的两种或两种以上的理论相互作为对方的参照，寻找出其中的异同，并进而辨析出其中的‘异中之同’与‘同中之异’，最终达到一种‘视域的融合’”。参见：吴根友．判教与比较——关于“比较哲学与比较文化研究”．哲学动态，2011（5）。

新的过程，在这一过程中，比较者需要依据特定的标准来对不同哲学或观点进行分析和评判，比较的目的不是仅仅看到异同，而是要发现隐含于两种或两种以上哲学观点之中但又高于其上的思想可能性，发现“差异中的相同”和“相同中的差异”，并在比较中超越比较的对象而创造出新的哲学概念和价值秩序。① 只有这样做才能既避免前两条路线各自的弊端，同时也为比较哲学开拓出广阔的研究前景。当然，这样做的难度会非常大，即使那些具有丰厚哲学积累和素养的学人，也许会有“劳而无功”的可能，甚至有可能会因为新提出的见解不同而引起新的纷争。但从长远来看，只有着眼于高于所比较对象哲学的包容性、创新性，才有可能使比较事半功倍，真正实现比较哲学的内在价值和创新性突破。

二、第三条路线形成的内外动因

法国哲学家保罗·马松-奥赛尔最初提出比较哲学应当采取实证主义的方法时说，各种文明中均有哲学，但欧洲、印度和中国哲学是世界哲学中的三个主要思潮。他认为比较哲学既不是求同，也不是求异，而是求哲学中的相似之处，并认为这可以作为将来各种哲学之间相互学习、相互融通的途径。② 保罗·马松-奥赛尔对于比较哲学的方法和内容的理解在多大程度上至今仍然有效是可以商榷的，但值得注意的是，他对于东方哲学的重视使得“比较哲学”一词在诞生之初就已经容纳中国哲学于其中。换句话说，“哲学”虽然诞生于西方，但如果否认东方哲学或中国哲学是一种独立于西方哲学而存在的哲学范式，那么“比较哲学”是否仍然是一个有意义的学术领域便是十分可疑的。毋庸置疑，比较哲学的兴起同第一次世界大战后世界格局的新变化松动了自启蒙哲学以来盛行的“西方中心主义”立场有着密切的关联。自此以后，哲学不再囿于西方，而是开始将目光投向遥远的东方，其标志性成果之一便

① 这类似于但不等同于起源南北朝，到隋唐还继续盛行的佛教中的“判教”：在佛教中根据义理的浅深、说时的先后等方面，将后世所传的佛教各部分，加以剖析类别，以明说意之所在。虽然自有“判教”以来，就未得一致的见解，且由于诸家所见各异，遂生宗派之别，成为中国佛教宗派成立的原因之一，但这样未必不是推动中国佛教大发展的重要推手。如果比较哲学能以扬弃的立场做到如此，其成果将会远远超出我们的预想，从而为形成新的思想流派铺平道路。

② 金炳华，等. 哲学大辞典. 上海：上海辞书出版社，2001：74.

是1939年在夏威夷大学召开的第一届东西方哲学大会，从新的视角理解比较哲学日益为人们所重视，并且开始了一个长期积累的过程。一方面，文明的碰撞使得比较哲学的兴起成为20世纪的应然景象；另一方面，哲学自身诠释系统的演变也使得哲学比较有了更为丰富的价值和意义。哲学自身所蕴含的比较性也是比较哲学在现时代能够取得长足发展（虽然远未成熟）的重要推手。而所有这些方面都提示着比较哲学第三条路线的可能性与现实性。

人类文明的发展本来就是一个多文化、多民族不断冲突、融合，在比较鉴别中相互取长补短的过程。随着冷战的结束和世界经济的日益一体化，不同国家与地区之间在全球范围内的交流也日益频繁，不同文化之间的差异以及由此所引发的文化与政治冲突也越来越吸引着人们的关注。美国学者亨廷顿提出了“文明冲突”理论，认为在冷战结束后的“新世界里，最普遍的、重要的和危险的冲突不是社会阶级之间、富人和穷人之间，或其他以经济来划分的集团之间的冲突，而是属于不同文化实体的人民之间的冲突”①。亨廷顿的论断在学界虽然尚有争议，但至少可以达成共识的是，文化之间的冲突已经成为人类社会无法忽视的一种分裂力量。文化之间并不只是冲突的关系，亨廷顿也承认，“在冷战后的世界，文化既是分裂的力量，又是统一的力量”②。因此，问题的关键就在于我们如何理解文化之间的差异和文明的冲突？而更重要的是，如何在差异和冲突中实现和谐、共存？这些问题正是当代比较哲学第三条路线得以提出的根本原因。比较哲学的第三条路线既不赞同那种“你好我也好”的文化乡愿主义比较，也不赞同那种“你死我活”的文化霸权主义比较，而是主张“我活你也活”“己达达人”的文化共生主义比较。因为无论是文化乡愿主义比较还是文化霸权主义比较，都无法真正揭示那些张力与隔阂背后所隐藏着的深层理念、思维方式与价值追求之间的差异与共性，从而也就无法真正化解不同哲学与文化之间的内在张力；只有通过文化共生主义的哲学比较，探究文化一元与多元、互斥与共生背后所体现的哲学理念，通过对话促成不同哲学之间的“互镜式”学习、融合、提升，才有可能在一种更高层次的文化水平上对不同

① 塞缪尔·亨廷顿．文明的冲突．周琪，等译．北京：新华出版社，2013：6.

② 同①.

哲学加以比较和会通，从而为新时期哲学创新开拓出更多可能性。①

比较哲学之所以引起人们关注还因为哲学自身诠释系统的不断演变与对话。法国哲学家德勒兹（Gilles Deleuze）曾说：“哲学是一门创造概念的学科。”“哲学的目的就是不断地创造新概念。”② 概念是哲学用以把握世界、诠释真理的途径，如果一个哲学家不能创造属于自己的哲学概念，那么我们也很难说这个哲学家有什么价值可言。③ 正因为概念属于哲学家个人，所以不同的哲学体系往往会出现不同的哲学概念或诠释系统，不同时期、不同文化传统下的哲学对于同样的现象和问题的解释与回答往往也会呈现较大的差异。但也正是这些概念与诠释系统之间的差异为比较哲学奠定了思想基础。因为，哲学概念虽然是哲学家个人的，但哲学思想却是全人类的。不同时空的哲学家使用着不同的概念，但他们所面对的生活世界和问题域却常常是相似的，比如世界的本原、真理问题、如何实现公正和幸福等等。正因为相似的问题域中存在着差异性回答，哲学比较才富有意义，因为通过比较，我们拓宽了生活世界的可能性。安乐哲认为，“在比较哲学中，异比同更有意义”，“正是这种十分重要的差别才使人认识到，对某一种文化中的问题和困难，还存在着可供选择的其他回答，才能够为中西两种文化提供相互补充的机会”④。随着全球化时代的降临，人们的生活视域变得愈发开阔，生存境遇之间的关联也愈发紧密，面对共同的生活世界，不同国家的哲学家、不同哲学背景下的思想者、不同学科体系中的研究人员越来越多地在国际会议和学术交流中不期而遇，由此产生思想的交锋或共鸣，促使他们以一种更为客观和宽容的眼光去追究相同中的差异和差异中的相

① 在一定意义上，比较哲学的第三条路线也与杜维明近来所极力倡导的“合作式对话”有相同之处。杜维明力倡和实践“文明对话”，并得到越来越多的共鸣。他认为对话有两种途径，一种是“比较式对话”，比较相似和不同，但是这个路向愈发显示出方法论上的不足。为此，他提出“合作式对话”，除了对流派的差异与交融进行细致考察外，要基于相同的文本，进行不同的文化解读、解释、学习，对话者在介入文本、交互探讨的过程中发现各类思想传统中的丰富和深度。参见：李念，杜维明．让精神人文主义成为全球话语．http://www.sohu.com/a/82115304_119909。

② 吉尔·德勒兹，菲力克斯·迦塔利．什么是哲学?．张祖建，译．长沙：湖南文艺出版社，2007：205.

③ 同②207.

④ 郝大维，安乐哲．孔子哲学思微．蒋弋为，李志林，译．南京：江苏人民出版社，2012：2-3.

同，而非只是简单地对“他者”哲学表示赞同或否定，从而也就为比较哲学的第三条路线设定了理论场景，做了思想上的铺垫。

此外，哲学自身的内在比较性也是比较哲学得以发展的重要推手。对于哲学观念强弱的判定和价值秩序的重置，自古以来就缺乏统一的范式，不同哲学家往往会采用不同的方法和标准做出不同的回答，由此引发的学者之间、哲学家与其他领域的思想家（如政治学家、经济学家）之间的交锋和交融，自古希腊、先秦中国等轴心时代的原初哲学形态诞生以来，便一直贯穿在中外哲学演进的过程中。庄子坐而论道，评判百家；荀子非十二子，一家独尊。亚里士多德高呼“爱吾师更爱真理”；耶稣则宣称“让那死了的人去埋葬他们的死人，跟着我来”。黑格尔虽然把哲学史比喻为死人的王国，但我们知道，正是这些思想的战争才是加深哲学思考、扩展哲学领域、形成哲学体系的重要推手和动力。“罗伯特·艾林森（Robert Allinson）曾提出过一个很好的问题：比较哲学和哲学本身有什么区别？既然所有的哲学或者是对以往哲学的反叛，或者是对以往哲学的补充，所谓的‘比较哲学’岂不是个神话？”① 但这句话如果反过来理解则恰恰说明哲学自其产生之日起就带有比较的性质，没有比较，就没有哲学，比较的必要性蕴含在哲学内在本性之中。而随着哲学“资料库”的扩大，可比较的范围和对象越来越多，比较哲学也必须学会以一种更具开放性的方法和态度来面对这个“资料库”，跳出“死人王国”的窠臼，超越第一条路线和第二条路线，让哲学在更具开放的比较中创造更多的可能。这可以说是比较哲学第三条路线出场的哲学必然性。

正是在这些动因的合力推助下，比较哲学的第三条路线才具有现实的可能性和发展的空间。人们自觉地采用共生比较的视角和方法来研究不同文化的哲学理念或不同哲学体系、不同哲学概念之间的异同，自觉思考造成这些思想异同的社会、文化、价值与哲学原因，探索这些异同及其社会根源对我们当下哲学思考所带来的影响，寻求跨哲学、跨学科、跨文化的对话、融通、共生、互补。比较哲学的第一条路线与第二条路线尽管也追寻哲学之间的共通性，但在面临“内”与“外”、“我”与“他”的关系问题时，很难做到恰当的平衡。相反，第三条路线则为

---

① 倪培民. 探涉比较哲学的疆域. 学术月刊，2006（6）.

哲学的差异与相通预设了方法论前提，提出了前后一致的原则，从而为真正的比较哲学划出了更为合理的界限。

三、第三条路线的具体展开

比较哲学有着自己的界限，并非把任意两个要素放在一起进行比较，也不是漫无目的的文字游戏。只有当我们认为比较的观念具有较高的思想启发价值时，观念的比较才成为比较哲学。比较哲学在方法论上的展开，最重要的无外乎确定比较的目的以及实现该目的的手段。第三条路线在比较的目的与方法以及二者的关系上，显露出不同于第一条路线和第二条路线的特色。

哲学比较经常会涉及两个以上的比较要素，这时就会出现多项博弈以及如何平衡比较三个或更多要素之间关系的问题。因此，我们需要尽可能地把复杂问题简单化，把多项因素还原为两项，从而为比较做出方法论准备。两两比较的方法多种多样，就比较对象而言，可以分为纵比、横比、同比、异比、同异交比，而就如何比较而言，则有平行比较、差等比较、描述性比较、解释性比较、评价性比较等。确定比较对象之后，比较哲学还要回答为什么要比的问题，因为比较哲学有着明确的价值指向。为什么要比的问题涉及比较哲学的目的，而这正是方法论首先要回答的问题。只有确立了特定比较哲学课题的目的，我们才能选取达到目的的最有效的方法或手段。但这样说并不是主张“目的至上”，因为如果过分强调目的决定手段，我们就可能面临“为达目的可以不择手段”的风险。比如，为了证明某两个哲学观念具有相同性，我们可能会选取对实现这一目的有利的材料而忽略与之相反的解释，从而落入“片面真实”的陷阱。

但比较哲学的目的与手段之间也并非如此简单的单向决定关系，而是双向的、相互作用的复杂系统。手段既要服务于目的，同时也可能左右目的的实现，在特殊情况下甚至会导致在比较的过程中修正或重置目的。也就是说，比较的手段和目的在比较哲学中是动态变化的，它们之间的关系可能会此消彼长或彼消此长。目的与手段关系的变化，也会对我们在开始比较时所做的方法论预设做出修正或调整，甚至引进或拒斥某种特定的方法。

就方法论而言，第一条路线的错误在于过于宽泛地设定目的，第二条路线的错误则在于固化比较哲学中的目的与手段。前者认为比较的目的无外乎罗列对象和发现共性，而后者则是要消解异质哲学，并以此作为比较的前提预设，从而把霸权主义作为唯一行之有效的方法。在这方面，亨德里克·克雷默（Hendrik Kraemer）为我们提供了一个经典的例证。他说："除了基督教伦理之外，世界上所有的伦理学都是某种形式的幸福论"①。这样的预设目的，不仅暴露了第二条路线在方法论上的简单与粗暴，而且提示了比较哲学与比较宗教学之间的复杂关联。实际上，比较哲学的第一条路线和第二条路线都与比较宗教学有着千丝万缕的联系，甚至可以说是比较宗教学的衍生品。早期的比较宗教学有利于第一条路线，古代的多神教容易把各宗教看作平等的，希望看到各宗教的共性。但当一神教统治宗教世界之后，宗教之间的平等性也就消失了。现代意义上的比较宗教学产生于19世纪以基督教为代表的一神教对多神教、基督教文化对非基督教文化的批评与改造，由此助长了第二条路线的比较哲学。在很长一段时间，以基督教为出发点的宗教比较不可避免地带出宗教观念的哲学背景、宗教信仰的哲学论证以及宗教现象的哲学依据，在比较宗教长足发展背景下，东西方哲学家越来越关注宗教的哲学性问题。同时，这样的宗教比较方法论，即以本宗教的信念来预设比较的目的，以断言或攀附为手段，也不可避免地影响到比较哲学的方法论，成为第二条路线的有力推手。②

在东西方哲学比较的领域，赛义德所提出的"新东方主义"为拒斥19—20世纪西方哲学在解释东方哲学时所采取的第二条路线提供了理论依据，也为重新认识东西方哲学或中外哲学各自的特点和价值，为东西方哲学比较开辟出新的进路和方法。而兴盛于20世纪，以考古学、人类学、语言学诸领域的发展为基础的人文社会科学交叉学科，以及寻

---

① "All ethics in the world, except the Christian ethic, are some form of eudaemonism". Hendrik Kraemer. Christian Message in a Non-Christian World. Kregel Publications, Grand Rapids, 1956: 88.

② David Little and Sumner B. Twiss 指出，在比较宗教学领域存在着三种主要的滥用现象。第一种是试图把某种宗教的所有传统视为一个类型，如基督教、佛教、伊斯兰教，然后把它们进行比较，这样做极有可能犯过度简单化的错误。第二种是从辩护的目的出发来进行宗教比较研究，这样比较的结果就毫无客观性而言。第三是以比较研究为由头，试图引出一些理论来解释宗教的起源和发展。参见：David Little, Sumner B. Twiss. Comparative Religious Ethics. San Francisco: Harper & Row Publishers, 1978: 17-18。

求普世宗教伦理的学术努力则为比较哲学第三条路线的突起奠定了理论基础，文明冲突理论也警示人们，仅仅靠强势手段是无法达到“各美其美、美人之美、美美与共、天下大同”的目的的。只有在第三条路线中，比较才不再仅仅是一种宗教或哲学对其他异类宗教或哲学的批判，而是在目的与手段上都既注重比较的一致性，又留下足够的空间，允许不同哲学体系或观念各具特色地共生，从而最终形成包含多样性的世界哲学。

四、第三条路线与中国哲学话语权

第三条路线的比较哲学不是一个封闭的内循环系统，而是一个开放包容的体系，它力求把不同哲学观念、价值、体验等纳入其中，以期使哲学比较的内容得到极大的丰富。在这样的哲学中，比较的意义便不在于简单地罗列彼此或消解对方，也不只是为比较选定适当目的和方法，而是要通过比较来彰显那些在单个哲学观念中所隐含或不明显的思想意义和价值，在于比较本身所产生的价值考量。就此而言，比较哲学第三条路线的确立对于争取中国哲学话语权有着重要的意义。

由于近代中国哲学学科是在与西方哲学范式的比照中确立的，因此，中国哲学从一开始就带有比较哲学的痕迹。有学者已经提出“中国哲学从一开始就是比较哲学”，“比较哲学就是中国哲学的命运”①。但问题在于，中国哲学自建成以来，始终未能化解中西之间的张力，中国哲学的言说方式也始终未能跳出“自说自话”和“汉话胡说”的左右窠臼。因此，中国哲学要想把哲学的命运攥在自己手中，就必须超越比较哲学的前两种路线，通过“互镜共生”和“构建哲学命运共同体”的第三条路线来为中国哲学的“登场”奠定方法论基础。

首先，中国哲学话语权的确立不能通过第一条路线，不仅因为当代中国哲学与古代中国哲学的脱节，而且因为当代中国哲学已经无法褪去西方哲学的范式，中西哲学的平直比照根本无法彰显中国哲学的比较价值。其次，中国哲学话语权的确立也不能通过第二条路线，因为第二条路线实质上是一种霸权主义的比较路线，无论是“以西释中”还是“以中释西”，都与中国哲学的内在追求相矛盾。因此，中国哲学话语权的

① 吴根友. 比较哲学与方法及其理论难题的化解. 哲学动态，2013（5）.

确立只能通过比较哲学的第三条路线来形成，也即通过中西、古今哲学间的对话、互镜与会通来为彼此提供更多的思想可能，以便使中国哲学的思想资源能够更好地参与到世界哲学的创新之中。在过去的一百多年间，中国哲学实际上一直都在努力寻求独立的话语权。最初，通过比较哲学的第一条路线，中国哲学所要寻求的是中国思想的哲学身份以及中国哲学与西方哲学的平等地位，希望通过比较哲学来获得西方哲学的承认，并成为世界哲学的一部分。为此，冯友兰先生仿照西方哲学范式整理中国思想，指出“所谓中国哲学者，即中国之某种学问或某种学问之某部分之可以西洋所谓哲学名之者也”①，从而创建出与西方哲学看似具有“平等”身份的中国哲学史。此后，随着中国学术主体性的觉醒，中国哲学开始依循第二条路线来抵制西方哲学的同化，同时也主动论证中国哲学高于其他哲学，并试图把其他哲学纳入自己的理解和关照之中。比如，当代学者提出儒家哲学强调人的主体性、关系理性和社群主义，并以此为基准来批判西方哲学中以个人主义、权利意识、思辨理性为基础的思想倾向。这样的做法固然丰富了哲学的内容，但也存在着滑入第二条路线的风险，如此则不但不能有效地提升中国哲学在世界哲学中的地位，反而会对中国哲学的时代创新产生诸多负面的影响。

因此，中国哲学要想为自己争取话语权，就不能只限于中国哲学自身的思想系统，还必须通过比较哲学的第三条路线来扩充哲学视野和文化影响力，从而把中国哲学的“寻根意识”和“全球意识”完整地结合起来。正如萧萐父先生所指出的，“只有把‘寻根意识’和‘全球意识’结合起来，通过‘两化’②，实现中国文化的解构重构，推陈出新，做出新的综合创新，才能有充分准备地参与世界性的‘百家争鸣’，与世界学术多方面接轨、多渠道对话，从而对人类文化的新整合和新发展做出应有的贡献”③。也就是说，未来中国哲学要在世界哲学的舞台上获得话语权，就必须通过比较哲学的第三条路线来处理好中国与世界、传统与现代之间的创造与转换。中国哲学不仅要是中国的，更要是世界的，中国哲学只有能够为世界哲学的创新提供新的概念和视角，才能够

① 冯友兰. 中国哲学史：上册. 上海：华东师范大学出版社，2010：6.

② 就是“中国传统文化的现代化和西方先进文化的中国化”，参见：萧萐父. 吹沙三集. 成都：巴蜀书社，2007：8。

③ 同②.

获得世界性的话语权。这样的“人类视角，中国眼光”① 和“中国话语，世界视野”相辅相成，这对于第三条路线的比较哲学来说是至关重要的。

首先，当代中国哲学的话语权要建立在对古今中外哲学认真学习、细致比较的基础上。古今之比是比较哲学的第一大领域，对于我们继承和发展中国传统哲学具有重要意义，对于理解古代思想和当今哲学的异同也不可或缺。其次，我们一定要在中外哲学比较过程中，论证中国哲学的特殊性和普遍性。自 16 世纪以利玛窦为代表的天主教传教士带来系统的西方思想开始，中国哲学一直在探索与西方哲学思想的异同，以及如何理解这些异同。19 世纪以降，中西哲学之间的这种比较呈现了加速度的趋势，部分原因在于西方哲学对中国哲学的强势改造，部分原因在于中国哲学以外来哲学为鉴开始了对自身体系的建构。时至今日，在中华文明复兴之际，中国哲学开始了寻求新的思路来理解自己的传统和哲学，或者如冯友兰所说的“接着讲”，或者如张立文所倡导的“自己讲”“讲自己”，都蕴含着通过比较来扬弃中西哲学的对立，并以包容的态度主动与印度哲学、日本哲学、非洲哲学等进行比较，以便形成中外哲学家所认可的中国哲学话语体系。再次，古今中外的交叉比较也已经成为比较哲学第三条路线扩展的一个重要方面。古代中国哲学思想不仅为现代中国哲学所重视，也日益引起现代西方学者的兴趣。更为重要的是，这样的跨文化、跨时代交叉比较并不是当今哲学家们的一时兴趣，而是由来已久的思想传统。最后，在同一话语体系之下比较不同的哲学体系或观点，也彰显了第三条路线的价值和意义。先秦儒家与道家的比较、20 世纪存在主义与现象学之间的比较、功利主义与义务论之间的比较、西方马克思主义与中国马克思主义之间的比较，都已经成为当代哲学研究中的重要课题，并由此产生了许多重要而新颖的观点和学说，从而有力地推动了比较哲学在广度和深度上的发展。

总之，比较哲学“第三条路线”的提出、发展和深化不仅能够为新时代比较哲学的繁荣奠定新的方法论基础，而且能够容纳更多的哲学体系与思想可能，从而为中国哲学的时代创新和中国哲学话语的世界性提供新的动力，开拓出新的发展视角和方向。

① 李泽厚. 中国哲学登场. 北京：中华书局，2014：167.

第一章　比较哲学的学术语境与研究特点

中国哲学传统与世界其他哲学传统特别是西方哲学传统的对话和交流在全球化时代的中国哲学研究中颇为重要，这一点单从越来越被学界所认可、越来越兴盛的比较哲学研究中便可窥见一斑。除此之外，比较哲学对中国哲学创新的重要意义还表现在，它是我们在全球化时代为了更好地理解中国哲学的一个内在构成性要求。事实上，早在几十年前，哈佛大学世界宗教研究中心的史密斯（Wilfred Cantwell Smith）就曾指出，只知道一种宗教的人不可能理解宗教，甚至不可能理解自己所相信的那种宗教。这种洞见现在已经被一般的宗教研究者所接受。密尔（John Stuart Mill）在《论自由》一书中谈到思想和讨论之自由的重要性时也说，即使一个人所相信的是真理，如果没有得到相反意见的挑战，这种真理也会变成没有得到真正理解的教条。因此，从某种意义上来说，在全球化时代，只知道一种哲学传统的人——不仅包括研究中国哲学的中国哲学家和研究西方哲学的西方哲学家，也包括研究西方哲学的中国哲学家和研究中国哲学的西方哲学家——是不可能真正理解哲学的，甚至也不可能真正理解自己所研究的哲学。所以，在当代学术语境下，比较哲学给我们带来的实际上是一次透视和磨砺我们自己哲学和思想传统的机遇。比较哲学实际上是我们哲学研究的一面镜子，它让我们在不同文化和思想的彼此关照中发现自身的优长、认识自己的不足，既让我们获得“苟日新，日日新，又日新”的动力，也为我们提供了可供翻阅和翻越的思想资源。因此，这里的比较哲学绝不只是哲学理念的比较，而更多的是哲学的创新和思想的可能。

一、儒学与西方哲学语境中的中国哲学

比较哲学的功能不只是通过对不同哲学传统的比较而达到对各自哲学传统甚至对哲学本身的理解，其更重要的功能是在比较中从事哲学思考和哲学创造。体现比较哲学这种功能的途径是多种多样的，例如，尽管我们现在是在一种越来越全球化的氛围中接受哲学训练和从事哲学研究，但我们一般都是先立足于某种特定的哲学传统（home tradition）。对于以西方哲学为研究对象的中国哲学家来说，西方哲学是人们首先立足于其中的哲学传统；同样，对于以中国哲学为研究对象的西方哲学家来说，中国哲学是他们首先立足于其中的哲学传统。

（一）全球化时代的比较研究与学术对话

有些学者认为，哲学家所研究的是哲学，而不是什么中国哲学、印度哲学或者西方哲学之类。持这种观点的学者大多以西方哲学为参照点，认为只有与西方哲学一致的才是哲学。前一段时间在中国哲学界讨论得比较多的所谓“中国哲学的合法性”问题实际上也反映了这个问题。当然，这种西方哲学标准论在西方学界表现得更明显。例如，在所有以西方哲学为主题的课程和著作中，不需要加上“西方”这个限定词，而在讨论“中国哲学”“印度哲学”时，这样的限定词就变得必不可少了。如果抛弃了这种西方哲学标准论，再来看各种文化传统，就会发现，各个哲学传统很不相同，而且会开始怀疑，是否存在离开了所有文化传统的所谓纯粹哲学，甚至会认识到，我们之所以把各个文化传统中的某个方面称作哲学，可能不是因为它们都分享一个共同的本质，而是因为它们具有维特根斯坦所谓的家族相似性。

各个哲学传统之间的差异，使比较哲学研究具有了合理性。哲学家首先立足于某个哲学传统不是坏事，关键是为了真正理解并发展自己的哲学传统，一个哲学家就不能限于这个传统，而要去研究别的哲学传统。为此，应向别的哲学传统学习。一方面，应看到自己立足于其中的哲学传统存在着什么重要而有争议的问题，看到别的哲学传统中的哲学家对这样的问题提出了哪些有意义的见解；另一方面，通过对别的哲学传统的了解，看到自己立足于其中的哲学传统是否忽略了某些重大的哲学问题。因此，以中国哲学为立足点的哲学家，在面向西方哲学传统时，应该注意是否能从西方哲学传统中学到新的东西；同样，以西方哲学为立足点的哲学家，在面向中国哲学传统时，应该注意是否能从中国哲学传统中学到新的东西。

全球化时代的中国哲学研究除了比较视角之外，还应注重中外哲学学术研究的交流。中西方哲学引进和输出的第一步，当然是将当代西方学者的哲学研究引进中国，同时将中国学者的哲学研究向西方输出。在前一方面，中国学者做得比较多。大量当代西方学者的哲学研究成果，包括对汉学的研究成果在中国被翻译和出版。相对而言，将当代中国学者的哲学研究引入西方的工作就比较薄弱，有些中国学者能偶尔在西方哲学期刊发表文章。现在由美国 Sharpe 出版公司出版的《当代中国思想》（*Contemporary Chinese Thought*）和教育部与德国/荷兰的 Springer 合作出版的《中国哲学前沿》（*Frontiers of Philosophy in China*）出版发表当代中国学者的哲学研究成果。

这种中外哲学学术的引进和输出有点类似中外货物的进出口，缺少相互交融。被引进的西方学者对中国哲学的研究，很少讨论中国学者的相关研究，至于被引进的西方学者对西方哲学的研究就更不会涉及中国学者的相关研究了。同样地，中国学者向西方输出的学术研究也很少反映当代西方学者的相关研究，这在某种意义上也说明为什么中国学者很难在西方的哲学刊物上发表文章。当然，这里也不能不说到英语世界的哲学研究存在的一个重大弊端，就是其对现有文献的要求只限于以英语或其他西方语言发表的著作。这对西方哲学的研究而言也许还可以理解，因为用非西方语言发表的对西方哲学的研究，从总体来说，也许确实没有达到以西方语言发表的著作相等的深度。但这种情况只存在于对非西方哲学的研究这个事实，就不太容易理解了。例如，一个西方学者在写关于中国哲学的文章和著作时，往往尽可能网罗与自己所研究问题相关的所有英语文献，但对于当代中国学者就相同问题所写的洋洋巨著，则完全置之不顾，这是不正常的现象。

我们可以将西方学者对当代中国哲学研究成果的忽视看作傲慢与偏

见，但从全球化时代发展中国哲学的角度来看，中国学者也应当解决自身的问题。例如，国内的学术刊物和出版社在考虑一篇文章和一本书是否值得出版时，不怎么要求该文章或书稿反映当代中国学者或国外学者对相关问题的研究，其结果是就相关问题发表的许多文章和著作往往互不引述、缺乏争鸣，从而使学术研究进步缓慢。事实上，中国的哲学家在研究中能否反映当代西方学者的研究成果，与西方的哲学家在其研究中能否反映当代中国学者的研究成果是紧密相连的。在全球化的背景下从事中国哲学的学术研究，要形成中外哲学家之间的真正交流和交锋。

（二）比较哲学的可能性

如何在非汉语的语境中研究中国哲学？可以说，有多少相关学者就有多少种答案。对此不妨集中讨论如何在西方哲学语境中做中国哲学，这种讨论将撇开在学界仍有争议的一个问题，即是否有所谓“中国哲学”。有鉴于“哲学”这一术语源自西方，肯定者明确认为中国思想传统中有哲学，反对者则认为中国思想传统中没有哲学。既然我们关注的是在西方语境中做中国哲学的方式，而“哲学”一词即源于此语境，就不可避免地会以这种或那种方式、在或多或少的程度上、有意无意地涉及在西方哲学和中国哲学之间做比较。

比较哲学最常见的一种类型是信广来（Kwong-loi Shun）所说的“直接比较”，这种比较“对两个不同传统中的思想家、文本、思潮、概念或主题进行明晰而直接的比较，其目的是帮助我们理解这两个传统中彼此的观点。比如：孔子与亚里士多德的比较研究、儒家与康德伦理学的比较研究、儒家‘耻’观念与当代西方‘shame’观念的比较研究，或者儒家与当代西方关于自我与社会之关系的比较研究。通常，这种比较研究涉及不同传统间的同异的讨论，尽管并不限于这种讨论”①。以这种方式研究比较哲学会遇到两个挑战，当然，并不是说这样的挑战是不可克服的。第一个挑战是阿拉斯戴尔·麦金泰尔明确表达过的不可通约性的观念。例如，虽然在儒学和亚里士多德主义之间有某些同异，但是，麦金泰尔认为，“确实

① Kwong-loi Shun. Studying Confucian and Comparative Ethics: Methodological Reflections. Journal of Chinese Philosophy, 2009, 36 (3): 468.

不存在一个共享的标准和尺度，它外在于两个体系并在两者之间保持中立。在大家所熟悉的托马斯·库恩对‘不可通约’这个词所规定的意义上，这两种体系的思想与实践是不可通约的”①。即便两种体系关涉同一或相似的主题，“在其对这个主题做出说明和提出问题时，在很大、很重要的程度上，他们所使用的概念的适用性就蕴含对方使用的概念或图式的不适用性、空洞性”，这是因为“用以区分真/假的标准不同，而且并不存在一个可以对这些相互竞争的标准加以评判的更高的标准”②。在说两种理论不可通约时，库恩起初“只是意在强调，没有一种共同的语言可以充分地表达这两种理论，并对这两种理论做一一对应的比较”③。因此，就两个来自不同传统的哲学家之间没有共同的尺度而言，麦金泰尔也许是对的。

然而，这是否就意味着我们不能对之进行比较？理查德·伯恩斯坦的回答是否定的：“库恩从未否定范式之间可以比较——甚至可以合理地比较和评价。库恩坚持不可通约性的要点在于说明，在什么意义上范式理论之间能够比较，而在什么意义上不能够比较”④。我们之所以能够比较不可通约的理论，是因为当我们比较来自两个不同哲学传统的哲学家时，我们不是将两者各自跟另外一个共同的尺度比较，然后看他们与这个共同尺度的关系。如果确实在不同的哲学传统之间不存在共同尺度——我们很难证明有这样的共同尺度——这种比较从定义上说就是不可能的。然而，我们所做的是将两者进行直接的比较。这类似于翻译。正如杰弗里·斯托特（Jeffrey Stout）所指出的，当我们把一种语言（源语言）翻译成另一种语言（目标语）时，我们不是把源语言 A 首先翻译成第三种、被假定是中立的语言 C（比如世界语），由它来充当源语言 A 和目标语 B 之间的共同尺度，然后再将这种中立的语言 C 翻译成目标语 B。即使没有一种共同的中立语言，我们仍然能够在不同

---

① Alasdair MacIntyre. Incommensurability, Truth, and the Conversation between Confucians and Aristotelians about the Virtues. Culture and Modernity: East-West Philosophical Perspective. Honolulu: University of Hawaii Press, 1991: 109.

② 同①110.

③ Thomas Kuhn. Theory-Change as Structure-Change: Comments on the Sneed Formalism. Erkenntnis, 1976 (10): 190-191.

④ Richard Bernstein. Incommensurability and Otherness Revisited. Culture and Modernity: East-West Philosophical Perspective. Honolulu: University of Hawaii Press, 1991: 81.

的语言之间进行翻译，因为我们是在两者之间直接进行翻译。① 类似地，即使在两个哲学传统之间没有共同尺度，我们仍然能够对分属两个不同哲学传统的哲学家进行比较，因为我们可以对两者进行直接比较。

做比较哲学的第二个挑战是黄百锐（David Wong）所说的比较哲学“最明显的原罪”，即“通过草率地把一些假定、架构和议题引入某人正在阅读的其他传统，从而把其他传统同化为某人自己的传统”②。如果说第一个挑战是有关比较研究者做比较研究时所使用的工具，那么，第二个挑战则关系到比较研究者自身。在通常的例子中，比较研究者所做的是比较自己的传统与另一个不同的传统。在此意义上，比较研究者不是中立的：总会有意无意地倾向于使用一些自己和身处自己传统的读者所熟悉的术语和范畴，来解释陌生的传统中的事物。早期中国佛教徒使用现有的中国哲学概念向中国读者解说陌生的佛教义理的那种努力被称为“格义”（英译为“meaning-matching”[“含义-匹配”]），而这种格义现在也发生在比较哲学中了。应当注意的是，“格义”不是故意扭曲陌生的传统，而是要最好地搞清它的义理。而且，正如黄百锐指出，有的人这么做，是因为他们“持与其自己传统的主流所不同的意见”，因此想“发现另一个、正确的传统”③。无论出于何种目的，这里的危险是对其他传统的曲解，即使不是作为意图，至少是作为一种后果。

第二个挑战似乎更加令人气馁，伽达默尔的诠释学很有说服力地告诉我们，期望比较研究者在理解和解释另一个传统时没有前见是不合理的。就此而言，曲解被理解的传统的潜在危险是不可避免的，即便比较研究者是在比较两种与己不相干的传统，例如，一个身处中国传统的比较研究者比较西方和印度哲学。这个比较研究者也许会不偏不倚地对待他所比较的两个传统，但仍有可能通过把自身传统中的架构、概念或议题强加于他所比较的两种对他来说同样陌生的传统而曲解双方，尽管也

---

① Jeffrey Stout. Ethics after Babel: The Languages of Morals and Their Discontents. Boston: Beacon, 1988: 63.

② David Wong. Comparative Philosophy: Chinese and Western//The Stanford Encyclopedia of Philosophy. http://plato. stanford. edu/entries/comparphil-chiwes/.

③ 同②.

许这种做法是无意之举。[①] 然而，许多敏锐的比较者最近提出了一些策略，如果不能完全避免这种潜在的危险的话，至少可以使之最小化。在此，我想用三个例子来说明这些策略。

首先，正如黄百锐和陈汉生（Chad Hansen）倡导的，当我们解释一个陌生的传统时应该运用厚道原则（the principle of charity），尤其是经人性原则（the principle of humanity）修正过的厚道原则。根据蒯因所阐述并为早期戴维森所采用的厚道原则，当我们解释一个陌生传统中的哲学家时，我们的目标应该是发现在我们（解释者）与哲学家（被解释者）之间的“最大化”的一致。当我们尚未搞懂某位哲学家所说的意思时，我们不该简单地认为它是错误的或无意义的；相反，我们应该意识到，也许是我们尚未完全正确地解释这位哲学家。因此，仅当我们与这位哲学家达到了最大程度的一致，我们才可以说我们已经完全正确地理解了这位哲学家。

比较哲学这一研究原则的重要性在于，它告诫我们要认真对待来自陌生传统中的哲学家。然而，正如陈汉生所指出的，“厚道原则造成一种危险，因为在实践中，它会偷偷将我们（具有完全不同的科学和文化背景）所接收的大量真理塞给那种语言的使用者。因此，他们建议我们追求最大化的合理性（reasonableness）而非最大化的真理……因此，人性原则允许我们把任何一个不同于我们现在或历史上所接受的哲学学说看作是合理的。我们的解释理论只需说明为什么——考虑到人们的其他信念——他们接受某个特定的信念。我们认为它现在（或曾经）是真理这个事实并不重要”[②]。换言之，遵循厚道原则，解释者可能会使被解释者看起来与解释者没有太大差别。为此，厚道原则应当接受人性原则的修正。

人性原则起初是由理查德·格兰迪（Richard Grandy）提出来的，

---

① 麦金泰尔所谓的“操双语者”也许可以避免这个问题。麦氏所谓的“操双语者”是指那些在一个传统长大以后成为另一个传统成员的人。但是，对于麦金泰尔而言，尽管他们能完美地理解双方的观点，但对于解决两个传统之间的信仰冲突也无能为力；他们能做的仅仅是在两个传统之间轻易地来回往返，但是，同任何其他人一样，他们不能对它们进行比较。MacIntyre. Relativism，Power，and Philosophy. Relativism：A Contemporary Anthology. Edited by Michael Krausz. New York：Columbia University Press，2010.

② Chad Hansen. A Daoist Theory of Chinese Thought：A Philosophical Interpretation. Oxford：Oxford University Press，1992：10-11.

他想以此来替代厚道原则。根据人性原则，“如果一部翻译作品将他人的各种信念和欲望连接起来的方式，对于我们理解起来匪夷所思，那么，这部翻译作品对我们的目的来说是无用的。因此，作为对翻译的实用限制，我们要求翻译将他人之信念、欲望及其世界之间的关系尽可能变得与我们的相似”①。表面上看，这与厚道原则似乎并无太大区别，但是，格兰迪想要强调的是，我们的解释对象同样是人，因此也同样会出错。而当他们实际上出错时，我们不应该出于厚道把他们解释成没有错误。他使用了一个名叫保罗的人的例子，保罗在一个派对上说，“喝马蒂尼酒的是哲学家”，而他看到的那个拿着马蒂尼酒杯的人实际上不是哲学家，而且他喝的不是马蒂尼酒。但确有一位哲学家在那派对上喝马蒂尼酒，只是保罗并未看到。现在，格兰迪说，厚道原则会指导我们解释保罗所言为真，然而他的人性原则却可以承认保罗的陈述为假。为此，人性原则允许解释者把错误的信念归属于被解释者。在这个例子中，厚道原则却不允许。戴维森后来把这一原则的基本观念吸收进他所修正过的厚道原则中，它以最优一致替代最大一致，如此也就容许我们把他者解释为会犯错的人。

在将这种修正了的厚道原则运用到比较哲学时，黄百锐认为，解释他者，“厚道要求我们，只要可能，我们应将他们与我们之间的一致‘最优化’，意思就是说，‘我们应该尽可能地让他们在尽可能多的场合是正确的’”②。然而，这并不禁止我们把错误归咎于我们的解释对象，只要我们能够确定。但是，如果我们发现他们的信念与我们的不同，并且我们也不能确定他们错在哪里的时候，我们就不应该认为他们有错，而应该认为他们不过走了一条与我们不同的路，而且这是一条我们自身也可能会走的路。

其次，是亚伦·斯托内克尔（Aaron Stalnaker）的桥梁概念。桥梁概念不是来自比较者的传统并强加给另一传统的概念，也不是被比较的两个传统的共同概念，更不是从一个陌生的传统引入我们自己传统的概念。正如马克·本森（Mark A. Benson）所指出的，“在许多例子中，跨文化比较者被迫提出两个传统和语言之外的一些术语作为‘桥梁概

① Richard Grandy. Reference, Meaning, and Belief. Journal of Philosophy, 1973 (70): 443.

② David Wong. Natural Moralities. Oxford: Oxford University, 2006: 13.

念'，因为，如果这些术语来自被研究的传统和思想家中的任何一方，比较就会有偏见"①。它们是在被比较的传统中牵线搭桥的概念。为了服务这一目的，它们"在特定的情况下，应该具有一定的内容，使其有确定的意义，从而能够引导比较性探究，但它们也容许我们在特定情况下对它们做出具体的规定"②。显然，这种桥梁概念在比较的初期是模糊的，在此意义上，它们不过是薄的概念，未必与被比较传统中的特定术语相对应，或者说它们只是临时的概念。

然而，这并不意味着，"它们因此是纯粹中立的。相反，它们的提出是为了不要对被比较的对象持有偏见，以免其中的一方被绚丽的术语所粉饰，而另一方却被当白痴一样呈现。换言之，之所以要提出桥梁概念，是为了促进对概念的比较性描述和分析"③。以这种方式进行比较的任务是，根据被比较的传统来填补这些薄的桥梁概念的细节，以使得它们变得丰厚起来。然而，由于不同的传统有不同的细节去填充起初是薄的桥梁概念，比较工作的结果就是，在比较一开始时每个单一的薄的桥梁概念在比较的最后却变成两个厚的概念。

最后，是森舸澜（Edward Slingerland）的概念隐喻。正如斯托内克尔把桥梁概念视为在被比较的传统之一的地方性概念与反映被比较的两个传统的深层结构的一般性概念之间的中介，森舸澜同样把他的概念隐喻视为一个中介，不过是在个别的单词与哲学理论之间的中介。换言之，比较相关的两个传统或这两个传统的若干部分。一方面，比较者不应该从自己传统的个别的语言符号出发，然后在被比较传统中发现它的对应词（他称之为词语拜物教），比如西文中的"human nature"与儒学中的"性"。这类词语尽管有其词典式的相似性，但是它们在各自的传统中可能有重要的不同含义。另一方面，比较者也不应该从自身传统中提取一种特殊的哲学理论，并把它与目标传统中的一种特殊哲学理论相比较（森舸澜称之为以理论为基础的方法），因为在被比较的两个传

---

① Mark A. Benson Conceptions of Self /No－self and Modes of Connection：Comparative Soteriological Structures. Classical Chinese Thought. Journal of Religious Ethics，2005（33）：295.

② Aaron Stalnaker. Overcoming Our Evil：Human Nature and Spiritual Exercises in Xunzi and Augustine. Washington：Georgetown University Press，2006：17.

③ Aaron Stalnaker. Comparative Religious Ethics and the Problem of "Human Nature". Religious Ethics，2005（33）：213.

统中的哲学理论几乎从来没有完美的配对（这被认为是认知上的不可通约性的证据）。与此相反，森舸澜认为，当我们做比较时，我们应该着眼于概念隐喻的层面，这“比任何个别的语言符号更一般，但比理论更简单”①。借助于当代认知科学，森舸澜论证说，在我们以心灵去适应我们的环境时，概念隐喻（宽泛地理解，也包括明喻和类比）就产生了。概念隐喻之于比较研究至关重要，一方面，因为“世界各地的人的身体相当类似，人类所面对的环境类型在许多重要方面也有共同性，在人类的跨文化和语言中，人们会发现概念隐喻的高度相似性，尤其是基础性的隐喻”②。另一方面，“如果我们认识到隐喻的这些概念结构之于身体和物理环境是偶然的，没有任何概念图式使我们直接进入‘物自身’，而且在图式方面很自然地存在着某种程度的文化差异，那么我们就可以避免严格的普遍主义……至少理想的话，认知语言学的方法给人文学者以一种共享的概念语法，使他们可以与其他文化进行真正的对话”③。

我们的意图并非评估这些策略的优劣，只想说明比较者面临的第二个挑战，即不要把自身传统中的概念、架构和议题强加给目标传统，是可以应对的。

（三）从事比较哲学研究的一种独特方法

如果做比较哲学是可能的，接下来的问题就是如何做，这与做比较哲学的目的密切相关。对于亚伦·斯托内克尔而言，比较哲学的目的是达到历史的脉络化：“富有洞见的解释再造了尽可能接近文本接收的原初条件，这可能与作者的意图一样。”④ 他把带有此种目的的比较哲学与在他看来带有“创造性的、象征性的概括”的比较哲学进行了对照。在他看来，郝大维和安乐哲合作完成的比较哲学是后者的代表。他认为，我们最好把这种比较哲学看作“一种创造性的尝试，以提出某种充

---

① Edward Slingerland. Conceptual Metaphor Theory as Methodology for Comparative Religion. Journal of American Academy of Religion，2004，72（1）：13.

② Edward Slingerland. Conceptions of the Self in the Zhuangzi：Conceptual Metaphor Analysis and Comparative Thought. Philosophy East and West，2004，54（3）：327.

③ 同②336.

④ Aaron Stalnaker. Overcoming Our Evil：Human Nature and Spiritual Exercises in Xunzi and Augustine. Washington：Georgetown University Press，2006：15.

分利用了美国实用主义资源的‘新儒学’。这样，孔子作为一个符号和‘发射台’而服务于他们（郝大维和安乐哲）自己的具有儒家血脉的创造性哲学。这种策略的主要功效是提出了一种理解大家所熟悉的材料的新奇方法……这种象征性概括的危险是，忽略了一开始促使一个人从事其比较努力的历史资源”①。许多人都强调这两种具有不同目的的不同类型的比较哲学之间的差别。在一篇题为《比较哲学的两种形式》的文章中，罗伯特·内维尔（Robert Neville）把它们分别命名为客观主义方法和规范性方法，“客观主义方法把被比较的立场当作已完成的作品，对它们进行远距离透视，以一种经验的方式并根据证据来衡量对有关观点的比较判断。规范性方法的侧重点则是要发现当代哲学问题，然后再从历史的立场中寻求解决当代思想的资源，把它们带入以当代为背景的比较视域中”②。

近年来，信广来对照了两种类型的比较哲学，即文本研究和哲学建构。前者“对两个不同传统中的思想家、文本、思潮、概念或主题进行明晰而直接的比较，其目的是帮助我们理解这两个传统中彼此的观点。……通常，这种比较研究涉及不同传统间的同异的讨论”；后者的目的是“对我们伦理生活提出一种跟我们自己的经验有关而且对我们自己有吸引力的说明。虽然在有关的文献中并不常见，但是可能有些研究借助两个不同伦理传统的洞见来讨论伦理学问题，尽管没必要提及，或者仅仅附带地引用这两个传统……如此做，作者可能不会直接引用这两个传统中的任何一个，但是他可能在脚注中说明其某些观点的来源”③。这是因为在此活动中，我们不再被文本的和历史的考量所限制，而是受与哲学活动有关的卓越标准所引导。④

类似地，刘笑敢区分了研究中国哲学的两种取向：历史的、客观的研究和观念的创新发展。在他看来，“对于历史的客观性导向的研究来说，当然也可以参照或借用西方的视角、概念和方法，但必要性不一定

---

① Aaron Stalnaker. Overcoming Our Evil: Human Nature and Spiritual Exercises in Xunzi and Augustine. Washington: Georgetown University Press, 2006: 15-16.

② Robert Neville. Cummings. Two Forms of Comparative Philosophy. Dao: A Journal of Comparative Philosophy, 2001, 1 (1): 2.

③ Kwong-loi Shun. Studying Confucian and Comparative Ethics: Methodological Reflections. Journal of Chinese Philosophy, 2009, 36 (3): 467-468.

④ 同③454-456.

高，借用的空间也比较小”[①]；相比而言，以理论创新为主要导向的研究，“不必借用现成的西方哲学概念来定义和解释中国哲学的术语，但可以借用西方哲学的问题意识、理论向度、命题和概念来深化中国古代固有的思想理论问题，或嫁接，或发展，或修正，或批判，或更新，从而创造出新时代的中国哲学理论、概念、命题，回答中国社会所面临的新时代的问题，丰富和充实传统思想中固有的内容”[②]。

与这两种常见的做比较哲学的方式不同，或者毋宁说在此之外，我们尝试另外一种做比较哲学的方式。这种比较哲学方式之独特性在于其服务的目的之独特性。如前所析，一个人做什么样的比较哲学至少部分地被他所欲达到的目的所决定，而他所欲达到的目的至少部分地被他考虑的读者所决定。既然我们是在西方语境中做中国哲学，我们必须问的一个问题是，为什么西方哲学家应当了解中国哲学。这个问题无疑可以有许多正当的回答，因此会有做中西比较哲学的许多正当方式。然而，对这个问题最有说服力的答案（如果存在最有说服力的答案的话）是，西方哲学家需要向中国哲学学习一些重要的东西。带着这个目的，比较者应该首先熟悉西方哲学家感兴趣的议题、已有的对此议题的代表性观点，以及每一种观点中所存在的问题（如果有的话），然后尝试看看中国哲学家关于这样的议题是否有任何不仅新颖而且更好的观点。这种方法要求比较者有较大的耐心，不仅因为它要求比较者对两个传统都有一定的研究，更是因为比较者可能经常会感到有必要在中途放弃对某个特定论题的比较研究：或者是因为西方哲学传统中的这些观念已经令人非常满意，或者至少比中国哲学中的任何一种都更令人满意，又或者假使这些西方的观点都有问题，而中国哲学在这个问题上也没有更好的观点。

要想使这样的比较研究可行，一个比较好的办法就是比较者应该把自己限制在哲学研究的某个特定领域，比如形而上学、伦理学、政治哲学、知识论等，甚至限制在这些领域的某个亚学科，因为一个人的能力和精力毕竟有限，我们不可能要求一个比较研究者对所有哲学问题都了如指掌。而且，由于我们没有而且事实上也不能假定中国哲学在总体上优于西方哲学，任何这种性质的研究，至少就其最终表现形式而言，一定是非体系性的，因为它仅仅涵括某个特定学科中的中国哲学家比西方

---

① 刘笑敢．诠释与定向：中国哲学研究方法论之研究．北京：商务印书馆，2009：441.

② 同①443.

哲学家更有见地的那些论题，而不包括西方哲学家比中国哲学家更有见地的论题。因此，我们必须认识到，一方面，比较者没有讨论的中国哲学的那些方面未必没有价值。其中一些可能极其重要，它们没被讨论仅仅是因为它们与西方哲学传统中的议题没有太大的关系。另一方面，某个特定的比较研究没有讨论的某些论题，并不是因为其在相关的哲学学科中无关紧要，其中一些可能属于该学科的核心领域。然而，就其中一些研究而言，西方哲学家已经提供了令人信服的论证，或者至少比在中国哲学中的论证更加令人信服；就另外一些研究而言，尽管西方哲学中的代表性立场或许都不那么令人满意或者都存在这样那样的问题，但是中国哲学也无法提供任何更好的说法。

如此做中国哲学的方式可能会继续加大信广来所忧虑的在当代中西比较哲学中的不幸的不对称性问题："从西方的视域即通过引用西方哲学论辩中的架构、概念或议题来进入中国思想"① 而非反过来。信广来罗列了七种不同的不对称方式，而我们这里所提出的做中国哲学的方式可能与其中的第四种或第五种有关。第四种"聚焦于西方哲学论辩中的某几个问题，然后考量中国思想家如何看待和讲述这些问题"②；第五种，像第四种一样，"也聚焦于西方哲学论辩中的某几个问题，但不只是考虑中国思想家如何以不同方式看待这些问题，而且尝试借助中国思想的洞见来说明这些问题"③。如果我们的方法有一点特别的话，那就是我们试图论证，中国思想家对这些西方哲学问题的思考优于西方哲学本身；这一点并未被信广来描述的两种方式所涵括。然而，恰因为此，我们的方法可能犯了相反的不对称性。我们不是在比较中对所要讨论的问题不偏不倚地说明中西双方各自的优劣；相反，在所讨论的每个问题上，我们都试图说明中国哲学传统所提供的观点优于西方传统中的那些代表性观点。因此，我们可能被一些人误解为中国哲学的激进主义者。诚然，信广来担心的并非某个特定的学者之中国哲学研究的不对称性，而是中国哲学研究总体上的不对称性（以西方为中心的研究，较之以中国为中心的研究，占据压倒性的优势）。然而，我们的希望是，在我们

① Kwong-loi Shun. Studying Confucian and Comparative Ethics：Methodological Reflections. Journal of Chinese Philosophy，2009，36（3）：47.

② 同①470.

③ 同①469-470.

的比较哲学方法中所呈现的两种相反的不对称性可以相互平衡，从而在中西哲学两方面形成一种特别类型的对称：虽然让西方哲学决定讨论的议题，却让中国哲学对每个议题拥有最终的发言权。

如前所言，我们之所以采取这一方法，主要是因为用英文写作，针对西方读者。如果我们要向西方哲学家介绍他们不熟悉的中国哲学家，那么就没有必要向他们说明，中国哲学家的一些观念如何荒谬可笑，或者这些观念如何比他们自身的西方哲学传统中的那些观念低级。这样做也许可以增加他们对自身传统的信心，而这是他们并不需要的。相反，他们最想知道的是，中国哲学家就他们西方哲学家所关注的哲学议题有什么有趣的和重要的观点。因此，如果用中文写作，面对中国读者，方法会与此相反。我们要看看西方哲学家对中国哲学中那些重要且富有争议的议题是否有更好的观点。换言之，将让中国哲学主宰讨论的议题，而由西方哲学对这些议题拥有最终的发言权。

现在，我们看看做比较哲学的这一方式与上面所勾勒的两种比较哲学模式之间的关系。显然，它不是文本研究。做比较哲学的这一方式的首要目的不是提供对中国哲学家的一种新解释，而是看看中国哲学家如何能帮助西方哲学家更好地处理他们的问题。而且，根据信广来的描述，在文本研究中，从当代视域考察这些观念是否在哲学上对我们有吸引力不应该左右研究的过程。[①] 然而，我们在这里提出的比较研究中，中国哲学中的某些方面，恰恰是因为其在哲学上对我们缺乏吸引力，就是说，恰恰因为其无法帮助我们解决西方哲学中的问题，而被排除在了比较研究的范围之外。然而，这种研究也不是严格意义上的哲学建构。一方面，比较者并非意在营造自己的哲学理论。毋宁说，其所做的是说明中国哲学家如何能够帮助西方哲学家回答他们自己的问题。这种比较研究为西方哲学中的传统问题提供了新的答案，在此意义上，它确实涉及一些哲学建构。然而，只是从西方哲学的脉络来看待，我们才会说，这样的比较研究提出了新东西，但这个新东西实际上并不新，因为它早已存在于中国哲学中了。所以，如果说有任何哲学建构的话，那也不属于比较者，即便这个比较者完全认可它。另一方面，以哲学建构为目的的比较哲学有轻视文本研究的倾向，至少如有人所描述的那样。例如，

---

① Kwong-loi Shun. Studying Confucian and Comparative Ethics：Methodological Reflections. Journal of Chinese Philosophy，2009，36（3）：455.

斯托内克尔说，“我们在评价这种研究时，应该根据其自身的优缺点，而不是根据其对材料的历史忠实与否”[①]，因为这样的研究往往忽略那些一开始激发他们研究的历史材料。信广来也说，采取这种方法，“我们不再受限于文本和历史的考量，而是受与哲学活动有关的卓越标准引导”[②]。

在此意义上，我们在这里提倡的这种方法不同于哲学建构。比较者所做的是呈现中国哲学家对西方传统中重要哲学议题的回答，虽然这些中国哲学家在提出这些观念（即比较者在研究中所使用的观念）时也许没有想到西方哲学中讨论的这些议题。当然，既然比较者也认可这些观念，这些中国哲学家关于有关议题的观点也可视为比较者自己的观点，但是，那不是比较者在受到中国哲学家的启发以后自身形成的观点。这样，比较者必须确信他所呈现的那些观点确实是中国哲学家的观点，而这唯有通过细致的文本研究方能做到。当然，比较者有可能误解中国哲学的某些方面，但如果这样的话，应该通过进一步的文本研究来纠正这些误解，而不是因为其哲学的效用而要求被宽恕，或者以其哲学的效用作为借口，并美其名曰“创造性的误解”。

（四）个案研究：儒家德性伦理学

根据大卫·所罗门（David Solomon）所概括的，相信德性伦理学具有自我中心倾向的批评者“认为德性伦理学倾向于过分关注主体……此种理论要求聚焦于个别主体的品质。获得美德之有意义，就在于我们假定了一个人应该成为某种特别类型的人……这种观点要求道德主体将其自身的品质作为道德关注的核心……（然而）道德反思的本质是对他者的关心”[③]。所罗门自己除了提及这个批评外，并没有指明谁提出了这样的批评。他只是说，至少就其精神而言，我们主要可以在康德和当代的康德主义者中找到。这里所罗门确实不是在攻击稻草人。[④] 康德的

---

① Aaron Stalnaker. Overcoming Our Evil：Human Nature and Spiritual Exercises in Xunzi and Augustine. Washington：Georgetown University Press，2006：16.

② Kwong-loi Shun. Studying Confucian and Comparative Ethics：Methodological Reflections. Journal of Chinese Philosophy，2009，36（3）：455－456.

③ David Solomon. Internal Objections to Virtue Ethics//Daniel Statman. Virtue Ethics：A Critical Reader. Washington：Georgetown University Press，1997：169.

④ Immanuel Kant. Anthropology from a Pragmatic Point of View. Carbondale：Southern Illinois University Press，1978：130.

批判对象不是亚里士多德伦理学本身，而是古希腊各学派的伦理学。

正如所罗门所指出的，这个批评表面上容易回应，因为我们区分德性伦理学的两种特征："第一种特征是批评者提到的：人的品质在与德性伦理学相关联的实践思维中占据中心位置。但在德性伦理学中还有每个主体必须将其体现于自己的品质中的一系列美德。虽然德性伦理学的第一种特征似乎使它过度地自我中心，但是其第二种特征却能抵消那种危险。德性伦理学所特别强调的德性可以要多么关怀他人就可以多么关怀他人。尽管我们可以看到每个主体所关心的主要是发展其自己的品质，但是，这种关心本身则会要求这个主体应该把自己改造成一个在根本上是关心他人福利的人。"① 换言之，尽管德性伦理的理由是自我关心，即培养自己的德性；但正是你需要培养的这些德性要求你关心他人的福利。事实上，如果一个人不顾他人的利益，他就不能培养自己的德性。亚里士多德所谓真正的自爱者的观念最为明确地表达了这一点。

在亚里士多德看来，真正的自爱者不是"使自己多得钱财、荣誉和肉体快乐"② 的那些人，而是那样一些人，他们总是渴望他们"应该正义地、节制地，或者根据任何其他德性行动"，而且通常"总是试图确保他们在荣誉的道路上"③。理由是，后种类型的人"分配给他自己的事物是高贵的和最好的，满足他自身中最权威的部分……因此，爱这个并且满足它的人是最爱自己的人"④。然后他得出结论："因此，好人应该是自爱者（因为他自身受惠于做高贵的行动，也使其同伙受益），但是恶人不会这样；因为在遵循其邪恶的激情而为时，他既伤害自己又伤害邻人。"⑤

然而，针对德性伦理学自我中心批评的这一回应，正如大卫·所罗门所指出的，引来了更深层面上的批评，"这种批评指向的是主体对自我品质的关注与对他人品质的关注的不对称性。这里的问题是：既然德性伦理学要求我首要关注我自身品质的状态，那么，这是否表明，我必

---

① David Solomon. Internal Objections to Virtue Ethics//Daniel Statman. Virtue Ethics: A Critical Reader. Washington: Georgetown University Press, 1997: 171-172.

② Aristotle. Ethica Nicomachea//The Works of Aristotle: vol. 9. W. D. Ross. trans. Oxford: Oxford University Press, 1963: 1168b15-16.

③ 同②1168b26-28.

④ 同②1168b29-33.

⑤ 同②1169a12-15.

须把我自身的品质视为我在伦理上最重要的特征？然而，如果这样，假如我对他人有恰当的关心，难道我对他人的关心不应该超出仅仅对他们的需求、需要和欲望得到满足的关心，而也应该包含对其品质的关心？难道我就不应该像关注自我品质那样关注邻人的品质？”① 所罗门以基督教的观点为例，基督徒视爱（love）或仁慈（charity）为人的首要德性。这样的基督徒认为自己的任务就是成为一个向他人展示这种德性的人。但是，这种德性不要求此人让其周边的人也展示这种德性：“基督教的爱要求我致力于他人的需求、需要和欲望，但是，这难道不是暗示着他人在道德上没有我重要？满足他们的需要对他们来说已经足够，但是我要求我自己成为一个有爱心的人。”② 对德性伦理学之自我中心特征的这一深刻批评针对的是亚里士多德的作为真正自爱者的有德者。如我们所析，亚里士多德在真正的自爱者和庸常的自爱者之间做了对照。后者是这样的一些人，他们“使自己多得钱财、荣誉和肉体快乐”③。这样的自爱者是该受责备的。然而，真正的自爱者“总是渴望他自己做公正的、节制的或任何合乎德性的事情”，这样的人是真正的自爱者，因为“他总是分配给他自己自身中最权威的部分，并且总是听命于此”④。这种真正的自爱者显然不是通常意义上的自我中心主义者：他之所以履行德行并因此使其朋友获益“是为了朋友和祖国，而且如果需要，他愿意为他们而牺牲”⑤。然而，亚里士多德的自爱者在所罗门的深层意义上说也是自我中心的。尽管一个人的德行同时有利于主体（内在地）和客体（外在地），但是，在这两种类型的利益中存在不对称性：主体的德行（virtuous acts）给予客体的利益是财富、荣誉和（或者）肉体的快乐，而主体从自己的德行中获得的利益是高尚。

亚里士多德明确认为，高尚远比财富、荣誉和肉体上的快乐更加重要：真正的自爱者“会扔弃财富和荣誉，以及一般而言妨碍自己获得高

---

① David Solomon. Internal Objections to Virtue Ethics//Daniel Statman. Virtue Ethics: A Critical Reader. Washington: Georgetown University Press, 1997: 172.

② 同①.

③ Aristotle. Ethica Nicomachea//The Works of Aristotle: vol. 9. W. D. Ross. trans. Oxford: Oxford University Press, 1963. 1168b15-17.

④ Aristotle. Magna Moralia//The Works of Aristotle: vol. 9. St. George Stock. trans. Oxford: Oxford University Press, 1963: 1168b25-31.

⑤ 同③1169a19-20.

尚的物品（goods）"①。而对德性伦理学之自我中心倾向的批评恰恰是，尽管亚里士多德的德性主体确实为了他人自身的原因而关心他人，但是，他所关心的仅仅是他们的外在善而非更为重要的内在善（德性或高尚）；尽管他确实牺牲其自身的外在善，但是，他之所以如此做，至少部分是为了获得其自身的内在善。

对这一深层的批评基本上有两种回应。第一种回应是所罗门自己主张的，他承认在此深层意义上的自我中心的批评是不可消除的。在他看来，对此批评的唯一回应是在其他学派中也发现这一项罪名（他补充说，如果这真是一种罪的话），亦即揭示对德性伦理学发起这一批评的两个主要竞争对手即道义论和功利主义自身也犯有同一项罪。这是他所做的。例如，康德伦理学要求主体出自义务感而行动，但是它并不要求主体也应该努力让他人也出自义务感而行动。康德认为，我们有提升自我道德完满和增进他人幸福的不完全义务，但是，我们没有相应的增进我们自身的幸福和他人道德完满的不完全义务：关于前者，因为我们没有任何义务去做我们本来就自愿要做的事；关于后者，因为"他人（作为一个人）的完美，恰恰在于其用自身的力量来根据其自身义务的概念来确定他自身的目的；要求我做（使之成为我的义务去做）只有他人自身才能做的事是自相矛盾的"②。因此，在所罗门看来，"康德的口号在此可能是：'正当归我，幸福归你'"③。功利主义的例子稍嫌复杂，因为所罗门承认，经典功利主义要求主体应当不仅仅使其自身仁慈，而且也试图使他人仁慈。然而，不对称性仍然存在：主体关心他人的善行仅仅是工具性的关心（为了最大化人类幸福），主体对其自身善行的关心却不仅仅是工具性的。主体的仁慈"似乎是让他人的仁慈获得一种（工具性）的道德意义的背景，但是，他自己的仁慈本身却不能从这一背景中获得道德意义，因为它就是那个背景。正是在此意义上，即使对功利主义者来说，一个人自己的品质也具有为他人的品质所没有的特殊地位"④。

① Aristotle. Ethica Nicomachea//The Works of Aristotle：vol. 9. W. D. Ross. trans. Oxford：Oxford University Press，1963：1169a19－20.

② Kant. Doctrine of Virtue. M. Gregor trans. New York：Harper，1964：44.

③ David Solomon. Internal Objections to Virtue Ethics//Daniel Statman. Virtue Ethics：A Critical Reader. Washington：Georgetown University Press，1997：172.

④ 同③173.

第二种回应是，亚里士多德的德性伦理学即使在深层意义上也不是自我中心的。最有力的证据是亚里士多德讨论道德竞争的一段话："特别操心高贵完美之行为的人，会得到所有人的承认和称赞；如果所有人都竞相高贵，努力去做最高尚美好的事，每一件事就会都理所当然有益于共同体，每个人也就会得到最大的善业，因为德性就是最大的善。"① 例如，理查德·克劳德（Richard Kraut）论证说，亚里士多德在此谈论的就是德性主体之间的道德竞争。这种竞争之"有别于其他形式的竞争恰恰在于：通常地，当人们试图互相超越时，此人所得即为彼人所失；但是，当有德性的个体'竞争优秀'时，则每个人都以这样或那样的方式受益"②。为了阐明这一点，克劳德用独奏音乐家的例子来类比："每个人独奏得愈好，他愈有希望赢，但与此同时，其他的每个人都从竞相做得最好中获益。"③ 这里的想法是，我尽我所能演奏好将会促使他人也尽其所能演奏好，因为我们都想在竞争中取胜。因此，在有德之人的道德竞争中，我愈加试图发展自己的道德品质，我亦愈加发展了他人的道德品质。

这确实是一个有趣的解释。然而，作为自我中心之批评的回应，它无法完全说服其批评者。首先，在何种程度上，我们能够理解有德之人的道德竞争？为了阐明这一点，让我们看看亚里士多德的这一段落：真正的自爱者，除了其他事情之外，"有时候他甚至会让朋友们去完成某项事业。因为，让朋友去做有时可能比自己去做更高尚（高贵）。所以在所有值得称赞的事物中，好人都把高尚（高贵）的东西给予了自己"④。克里斯托弗·托纳（Christopher Toner）以一个假想的情节来解释自爱者的这种舍己为人的德行：在一次危险的侦查活动中，朋友两人被分配在同一个排。这个排需要一个志愿者最先通过一个开放的区域。我有做这个志愿者的冲动，但我回想起你曾经被不公正地称为懦夫，我想让你洗刷耻辱。因此，我保持沉默以使你可以成为第一

---

① Aristotle. Ethica Nicomachea//The Works of Aristotle：vol. 9. W. D. Ross. trans. Oxford：Oxford University Press，1963：1169a6－12.

② Richard Kraut. Aristotle on the Human Good. Princeton：Princeton University Press，1989：117.

③ 同②.

④ 同①1169a33－36.

个志愿者。[①] 在此，有德之人放弃自己履行德行的机会，以使其朋友可以履行德行。在这个例子中，有德之人赋予自己优秀的东西，同时其朋友也有机会履行德行。然而，这里存在一些问题：有德之人的朋友至少在某种程度上一定已经具有美德。他仅仅是有了怯懦的坏名声，而有德之人放弃勇敢的行动去帮助朋友恢复他的荣誉。然而，这并不使得其朋友更加有德性（勇敢），因为对于亚里士多德而言，荣誉跟金钱和财富属于同一类事物，即庸俗意义上的自爱者所爱的那一类事物。真正的有德之人更为关心的是具有美德，而非因美德而为人所知。

其次，尽管有德之人没必要关心另一个有德之人的品质，但我们需要知道的是，亚里士多德意义上的有德之人是否也关心一个无德之人或者能够使其有德。似乎并不如此。一方面，在关于友谊的讨论中，亚里士多德明确说真正的友谊建基于德性的相似性，与此相对的是建基于功利和快乐的友谊。换言之，唯有在有德的人之间才有真正的友谊。而且，正如克劳德自己注意到的，对亚里士多德来说，如果一个有德的朋友变坏了，那么，如果有德之人要解除这种友谊关系，这也没什么可奇怪的。[②] 毕竟，对亚里士多德而言，有德之人交朋友不是为了使朋友变得有德；不然的话，他就会专门选择一些无德之人而非已经具有美德并且保持美德的人交朋友。对于自我中心的批评者来说，这表明亚里士多德的有德之人，至少在亚里士多德讨论友谊的语境中，并不关心使无德之人具有美德。另一方面，正如托纳所析，亚里士多德的有德之人的行动，或者宁可说不作为，即为了他人而避免自己履行德行，就其本身而言，不可能使无德之人变得有德。假如托纳所讲的那个人（即有德之人为之而牺牲自己的行动机会的那个人）确实是一个懦夫，这个有德之人在此特殊的处境中放弃自己的行动能使朋友变得勇敢吗？显然不能。懦夫之所以为懦夫，不是因为他（或她）从来未曾碰到险境或履行勇敢行动的机会，而是因为每次面临险境时他（或她）都后退了。

最后，尽管亚里士多德本人是否确有道德竞争这个概念不是很明确，就让我们假定克劳德是对的；为使其更加合理，假定亚里士多德是在讨论真友谊的语境中表达这一观念的，让我们设想这是一个在某种程

① Christopher Toner. The Self-Centeredness Objection to Virtue Ethics. Philosophy, 2006 (81): 611.

② Aristotle. Ethica Nicomachea//The Works of Aristotle: vol. 9. W. D. Ross. trans. Oxford: Oxford University Press, 1963: 1165b13-21.

度上已经具有但不完全具有美德的人之间的竞争。在这一竞争中，一个人尽可能充分地发展自己美德的努力确实可以促使其竞争者做出尽可能充分发展其美德的类似的努力。然而，至少就自我中心的批评者而言，这似乎类似亚当·斯密以看不见的手为良序市场经济中个人贪婪所做的辩护一样：一个人愈努力追求个人利益，他就愈加有助于他人的福利。在这种竞争中，每个人的自我中心的行动作为后果都有利于参与竞争的他人，但是，每个人参与竞争都是为了自身利益，而非他人利益。

因此，当代亚里士多德学者对德性伦理学之自我中心的批评的辩护是不成功的，但我们也不一定要求助于大卫·所罗门的策略，即宣称自我中心不仅在德性伦理学而且在它的主要竞争对手那里都是不可避免的。如果转向儒学，我们会发现有德之人不是自我中心的，正是因为他不仅关心他人的外在福利，而且也关心他人的内在善。根据朱熹的观点，君子是有德之人，不仅是因为他倾向于向有需求的人们提供物质的和外在的舒适（他当然也会这样做），而且是因为他想使他人变得有美德。这最明显地体现在他对《大学》首章即"大学之道，在明明德，在新民，在止于至善"的解释中。根据一般的解释，"明明德"和"新民"是两个不同的条目：前者与己相关，使自己原有而目前被蒙蔽的明德明起来；后者则与他人有关，爱他人（原文是"亲民"，但朱熹认为应当是"新民"）。这种理解也会遭到深层意义上的对德性伦理学的自我中心的批评，特别是如果我们在通常的意义上把爱人理解为为他们提供物质的和外在的善。然而，在朱熹的解释中，实际上只有一个条目，就是使一个人原有的明德明起来。我们看到，朱熹宣称圣人的教导就结晶在这三个字的短语中，即"明明德"，它涵括了儒家道德修养的一切。因此，对朱熹而言，"若论了得时，只消'明明德'一句便了，不用下面许多。圣人为学者难晓，故推说许多节目。今且以明德、新民互言之，则明明德者，所以自新也；新民者，所以使人各明其明德也"①。

因此，当一个学生问"新民必本于在我之自新也"时，朱熹做了肯定的答复。② 在朱熹看来，虽然"明明德，便欲无一毫私欲；新民，便欲人于事事物物上皆是当"③，但是，它们实际上不是两件相互分离的

① 黎靖德. 朱子语类. 长沙：岳麓书社，1997：275.

② 同①284.

③ 同①339.

事。这样，一个人应该认识到“若是新民而未止于至善，亦是自家有所未到”①。因此，如果一个人不帮助他人明其明德，他就不能宣称已明了自己的明德。朱熹再三强调了这一点：“德既明，自然是能新民……此个道理，人人有之，不是自家可专独之物。既是明得此理，须当推以及人，使各明其德。岂可说我自会了，我自乐之，不与人共”②，“我既是明得个明德，见他人为气禀物欲所昏，自家岂不恻然欲有以新之，使之亦如我挑剔揩磨，以革其向来气禀物欲之昏而复其得之于天者。此便是新民”③，“教他各得老其老，各得长其长，各得幼其幼。不成自家老其老，教他不得老其老；长其长，教他不得长其长；幼其幼，教他不得幼其幼，便不得”④。

所有这些都表明，对朱熹而言，明己之明德包含新民（帮助他人明其明德）。换言之，如果一个人只满足于自己具有的“美德”而对他人之美德缺乏兴趣，那么，我们就不能认为这个人已经具有美德；既然“有德”之人对他人美德缺乏兴趣，这一事实即表明他缺乏美德，因而不具有美德。因此，当一个学生问“明德而不能推之以新民，可谓是自私”⑤ 时，朱熹做了肯定的回答。在他看来，“大抵私小底人或有所见，则不肯告人，持以自多。君子存心广大，己有所得，足以及人。若己能之，以教诸人，而人不能，是多少可闷！”⑥ 例如，如果一个人具有“慷慨”的美德，却没有兴趣使他人变得慷慨，那么我们就不能把这个人看作慷慨之人。我们通常认为一个人即便没有使他人慷慨也可能是慷慨的，因为我们头脑中所想的仅仅是物质的和外在物品的慷慨：一个人愿意与他人分享这些物品，却没有使他们也愿意与他人分享其物品。然而，朱熹却提出了一种更为宽泛的慷慨概念及其相应的吝啬概念，以说明通常意义上的慷慨的人不仅不是慷慨的，而且实际上可能是吝啬的，它总是与另外一个恶即骄联系在一起：“骄者必有吝，吝者必有骄”⑦。

为了说明这两种恶的联系，朱熹首先举吝于财的例子：“人之所以

---

① 黎靖德．朱子语类．长沙：岳麓书社，1997：242.

② 同①339.

③ 同①241－242.

④ 同①322.

⑤ 同①339.

⑥ 同①404.

⑦ 同①841.

要吝者，只缘我散与人，使他人富与我一般，则无可矜夸于人，所以吝。”① 然而，朱熹强调：“非只是吝于财，凡吝于事，吝于为善，皆是。”② 朱熹举吝于技能的例子说，他有一次看到两个人，不愿意互相告诉对方各自的技能，即使是一些无关紧要的事，因为他们担心如果他们这样做了，他们就没什么好夸耀的了。在朱熹看来，这与美德的情况完全相同。一个具有“美德”的人却不关心使他人变得有美德也是吝，因为此人认为如果其他人也具有了他的美德，他就没啥好夸耀的了。而且，不像吝于财和吝于技的人，即便不与他人分享也能保持这些财富和技能；吝于德的人不与他人分享美德就不可能保持其美德，因为如果他没有与他人分享其美德，那么他就丧失了美德。此外，不像一个人的财富，与他人分享就会减少，一个人的美德与他人分享，将不会减少，反而会增加。

朱熹关于吝于德的最后一点，在他对孔子金律即“己欲立而立人，己欲达而达人”（《论语·雍也》）的解释中更加明白。朱熹注：“二者（立与达）皆兼内外而言。”③ 朱熹所谓“外”指的是每个人都欲求的事物，如福、寿、康、宁。④ 这是我们对金律的通常理解：既然我想福、寿、康、宁，那么，我也应该帮助他人福、寿、康、宁。朱熹对孔子金律的解释的独到之处是，他强调了它的内在方面。在上段引文紧随其后的话便表明了这一点：“且如修德，欲德有所成立”⑤，这就表明，有德之人也应该帮助他人成就美德。因此，对朱熹而言，金律的深层含义是：如果一个人想发展自己的美德，他应该帮助他人发展其美德；如果一个人想成就自己的美德，他应该使他人也成就其美德。在另外一处，朱熹更加明确地表达了这一点：“我心之所欲，即他人之所欲也。我欲孝弟而慈，必欲他人皆如我之孝弟而慈。……只我能如此，而他人不能如此，则是不平矣。”⑥ 在与朱熹对话中，一个学生很好地表达了孔子金律的内在方面，他说：“如己欲为君子，则欲人皆为君子；己不

---

① 黎靖德．朱子语类．长沙：岳麓书社，1997：841.

② 同①.

③ 同①846.

④ 同①958.

⑤ 同①758.

⑥ 同①322.

欲为小人，则亦不欲人为小人。”①

在此关系中，我们再来看朱熹如何解释《论语》第四篇第十五章，因为它经常被视为孔子金律的一个版本。在这段话中，孔子说“吾道一以贯之”，他离开后，学生试图理解他所说的一贯之道，曾子说就是忠恕之道。这在历代的注解中引起了困惑，因为孔子说吾道一以贯之，而曾子却提到二而非一。因此，关键在于看忠与恕的含义。朱熹采纳了程颐的解释，“尽己之谓忠，尽物之谓恕”②。因此，在朱熹看来，“忠恕只是一件事，不可作两个看”③，因为忠，即尽己蕴含着恕，即尽物。一方面，既然尽己之人不能宽容自己的道德缺陷，那么，他也不应该疏忽他人的道德缺陷。因此，当一学生问有恕道之人是否宽恕他人的道德缺陷时（因为恕的字面含义之一是宽恕），朱熹说：“此说可怪。自有《六经》以来，不曾说不责人是恕！……不成只取我好，别人不好，更不管他！”④ 另一方面，既然尽己之人总是做善事，那么，他也应该帮助他人去做善事。如此，朱熹建议说：“人以事相谋，需是仔细量度，善则令做，不善则勿令做，方是尽己。”⑤ 这里很清楚，朱熹把恕（帮助他人成为善人）作为忠（尽己）的一部分，因为“成己方能成物，成物在成己之中”⑥。

因此，在朱熹儒家的德性伦理学中，真正的有德之人既关心他人的外在的和物质的福利，亦关心他们的德性。无疑，尽管朱熹并不知道西方哲学家提出的对德性伦理学之自我中心的批评，但其德性伦理学显然避免了这一批评。

根据我们明确主张的也是实际运用的方法论，做中国哲学的方法至少部分地被作者所考虑的读者类型所决定，既然一个在西方语境中做中国哲学的人要说给西方的哲学家听，那么，他必须铭记一个重要的问题，为什么西方哲学家应当关注中国哲学。他们几乎没有兴趣去学一些在中国哲学传统中所发展出来的不好的甚或荒谬的哲学观点；对于中国哲学家提出的一些与他们自身传统中类似的、尽管通常不那么系统的观

---

① 黎靖德. 朱子语类. 长沙：岳麓书社，1997：958.
② 程颢，程颐. 二程集. 北京：中华书局，2004：306.
③ 同①602.
④ 同①629.
⑤ 同①435.
⑥ 同①120.

点，特别是当这些观点在中国哲学中出现更早时，他们或许稍微有些兴趣甚或感到惊讶；然而，他们最想知道的是可以从中国哲学中学到什么，或者中国哲学家对他们一直面对的问题有什么更有价值的说法。我们并不宣称这是在西方语境中做中国哲学的唯一方式，但我们确实认为，它至少是一种正当的方式；进一步说，它可能是一种更有意义、更为重要和更富有成效的方式。

二、比较哲学的在地普遍性与研究语境

相对于其他哲学体系而言，每一种哲学体系都是他者，都不是哲学的全部，只是哲学的个别。比较哲学将哲学研究中的“一”与“多”的问题以十分尖锐的方式呈现出来。换句话说，比较哲学的基本立场就是要打破某种哲学体系的独尊地位。比较哲学是对不同哲学体系进行的对比性研究，是在肯定哲学基本实体或者说基本哲学问题的前提下对哲学进行的实质性研究，要在“多”中寻找“一”。就此意义而言，比较哲学的研究性质具有“之间”的特点，它触及的是“哲学间性”的问题。[①]“哲学间性”关注不同哲学体系之间的共相，即“哲学家族相似性”，这也解释了比较哲学兴起的内在根源。在今日中国，比较哲学研究除了上述视角外还有一个视角，那就是中国哲学不仅要融入哲学家族，成为普遍哲学的一个成员，同时还要确认自身，完成中国哲学的身份认定。因此，开展在地普遍性的比较哲学研究，对于打破哲学各二级学科之间的壁垒，推动中国哲学为世界哲学的生成做出自身的独特贡献大有裨益。

（一）比较哲学的进路与问题意识

首先，比较哲学是一种有意识的理论建构尝试，它不同于哲学比较，其目的不在于简单说明两个或多个不同哲学文本之间的异同，而是在于促进哲学文本的“视域融合”，最终完成不同哲学体系之间交互生成新的哲学知识这一初衷。比较哲学的最初努力始于两千多年前。例

① 张志伟. 跨文化的哲学对话如何可能——关于比较哲学的几个理论问题. 学术月刊，2008 (5).

如，佛教典籍《米兰达王问经》就记载了古希腊思想和印度文化接触后产生的冲突、碰撞，这本佛教典籍显然包含了教化、传教的使命，它将印度文化作为主动的评判者，审视一位异域的国王如何从怀疑到接受佛教的过程，作者为此围绕有关地方性民族文化传统与普遍性人类思想意识如何对应、承接等问题进行了思考。同样，佛教大规模传入中国中原地区以后，也激发了许多中国学者对于外来文化和固有本土文化的比较，唐代出现的《华严原人论》即是这方面的代表作之一。作者力图站在中立的立场对外来的佛教与本土原生的儒学、道教予以对照阐述，在此过程中毫不掩饰地表达了对中国本土自古以来的若干根本性的传统哲学观念的批判性态度。

真正意义上的比较哲学是迟至 19 世纪末才形成的，它是近代东西方文化交流与冲突的产物。一些跨越东西方两个文明的学者成为无畏的先行者，如麦克斯·缪勒（Friedrich Max Muller，1823—1900）开启的宗教学研究突破了西方神学哲学对东方民族及其文化的刻板印象，力图融合全部现存的人类信仰现象做出理性考察，宗教学其实成为狭义比较哲学的最为典型的表现形式和初期形态。不仅如此，缪勒还组织各类专业人士将大量东方文明典籍翻译为主要西方文字，东方文明典籍在西方知识界得到阅读和评述，才有了以后广泛而且持续进行哲学思考和批判的可能。与此同时，以严复为代表的中国启蒙学者也把许多欧洲学术名著译为中文，中国部分士大夫可以自如地接触到西方思想的核心内容，从而使中国文化传统与西方思想进行比较研究成为可能。在这之前有印度人将英文文献译成本国文字，在这之后有日本人将西方哲学文献译成日语，这些精心选择并被组织翻译的东西方传统思想原典，使那个时代的各国哲学家进行较为严肃的比较哲学研究成为可能。但那时的比较哲学仍以西方学者的研究为主，对他们来说是主动做出的内生性激励，而对东方学者来说则是受到西方哲学的刺激，以此观照自身的思想文化传统而予以回应，更为主要的目的是在整理故旧国学的过程中完成创造性转换或自我更新。从一定意义上说，近代以来的东西方比较哲学既扩大了西方人的哲学视野，增加了哲学研究的素材，也促成了东方人的哲学再现。

正如美国哲学家巴姆所言，最广义的比较哲学比任何其他哲学分支都更为古老，因为哲学就是在不同思想传统的刺激下才得以获得自身的素材和养料，就此而言，任何一个哲学家的思想都无法离开比较这一视角。[①] 巴姆由此认为比较哲学是高于其他哲学分支的哲学研究领域。比较哲学应是世界所有文明的所有观点的比较，但在现阶段却难以实现，退而求其次，至少应是对世界三大主要文明，即西方、印度和中国，做出整体比较，才有望构成现代比较哲学的主体内容。比较哲学将自己置于所处的历史进化的链条之中，从事比较哲学研究因而不得不面向过去，根据历史事实（民族文化传统）来解释人类思想发展（哲学萃取），更确切地说，由跨越文化的历史事实来总结人类思想发展的历程。这促成哲学研究的动态性和立体性，也使人们深思置身诸多文化传统且不断流变的文化传统之中的哲学研究如何得出确定性的结论。

比较哲学涉及不同的文化传统，日本著名学者中村元将比较哲学称为比较思想，他认为，无论是在国外还是在日本，目前比较思想的研究尚处于混沌状态。在日本，明治维新以后，随着西方文明的传入，日本知识界开始广泛关心这样一个重大问题，即作为日本文化背景的东方文化与西方文化之间的比较考察问题，但很难说这些关注就是哲学性的，或者构成了哲学问题。中村元甚至预言比较思想将来大致会朝着两个方向发展：一是特殊化方向。或者着眼于某一地区或某一社会，去解释某一民族的哲学思维的传统和特征；或者着眼于某一时代，去揭示相同时代的东西方文化或民族所具有的哲学思维特征。二是普遍化方向。即超越了时代和民族的差异，把各种不同的思想或思维放在一起，互相批判，以此来寻找它们的共同点。[②]

也有学者认为，比较哲学扩展了哲学本身的“数据库”，从而身处当代哲学的中心课题——“他者”问题的最前沿。中国哲学的合法性问题是比较哲学中“他者”问题的集中体现，是对西方文化霸权主义的有力挑战。当然，也要注意比较哲学的可能性问题与科学哲学中的可比性、可兼容性、可通约性问题，语言哲学中的可翻译性问题，以及伦理学和宗教哲学中的相对主义问题密切相关。[③] 从不同时期有代表性的比较哲学研究者所做的工作来看，他们都认可比较哲学不仅为一般哲学研究提供了素材，而且也具有方法论意义，比较哲学促使哲学将文化（地

① 冯禹，邢东风. 宏观比较哲学名著评介. 北京：中国人民大学出版社，1996：175.

② 中村元. 比较思想论. 吴震，译. 杭州：浙江人民出版社，1987：134.

③ 倪培民. 探涉比较哲学的疆域. 学术月刊，2006（6）.

方性知识）融入哲学问题的讨论之中。比较哲学最初是为了解决跨文化情境下哲学的传承、转述、移植等方面的问题，它不仅关注不同文化背景下哲学形态所呈现出来的同一性或差异性等表象，更关注哲学存在本身。这无疑为哲学研究对象的扩展和哲学方法的应用等提供了广阔的天地。

（二）比较哲学在中国的兴起

在中国，中西文化比较的出现可以追溯到明末的启蒙运动时期。方以智在《物理小识·自序》中曾断言西学“详于质测而拙于言通几”，他所做的中西比较所得出的结论简直令今人难以置信，因为他认为西方学问忽略了对根本道理亦即哲学问题的探讨（“通几”），而中国传统思想之所长是对政治学或统治学（“宰理”）的重视。囿于当时尚未全面认识西学，中国士大夫相信中国思想的长处恰恰在于思辨性及对根本性学问的追究上。正因为如此，中国文人曾经有足够的自信提出“中体西用”的学说，“中体”的核心是“道德文章”“心性天命”“性理学”。

哲学或者更具体地说中国哲学，在一定程度上可以认为是在与西方哲学的比较中产生并确立的。自西学东渐以来，西方的哲学思想被陆续引入中国并产生重大影响，比较哲学的问题也就随之产生。当西方哲学作为“他者”出现时，相关研究集中于在比较中总结各自的特征、寻找中西哲学的异同、讨论中国哲学何以自立等问题，比较哲学逐渐形成。由此可以认为，中国哲学的合法性与比较哲学在中国的制度化建构紧密相连、互为影响。

作为官费生留学过欧洲的严复比当时的绝大多数国人对西学了解更多，因此，他不遗余力地译介西学名著，传播西学，并试图以西学之长来弥补中学之不足。例如，他区分了政界自由与伦界自由，认为前者“乃与管束太深为反对”，后者则是“个人对于社会之自由”①，只有个人独立于社会，现代伦理才可建立。现代性的职业伦理、公共伦理都由此而来。严复还明确提出过改造中国的三大纲领：“一曰鼓民力，二曰开民智，三曰新民德。”② 所谓“民力”“民智”“民德”都是就全体国民而言的，是从确立转型期国家新意识形态角度立论的。

① 严复集：第五册．北京：中华书局，1986：1284.

② 严复集：第一册．北京：中华书局，1986：35.

一些思想家表现出了独特的“本土问题意识”，梁启超便是一例。梁启超十分清楚地意识到国家富强与国民意识的现代化有关，故倡导新民，对中国道德的转型问题给出的回答是兴公德。在他看来，“吾中国道德之发达，不可谓不早，虽然偏于私德，而公德殆阙如”，导致“中国数千年来之束身寡过主义”。这就需要兴公德，因为“知有公德，而新道德出焉矣，而新民出焉矣”①。公德与私德的二分引发了国人在道德问题上的深入思考。实际上，梁启超的这一思想来自日本明治思想家福泽谕吉。梁启超在戊戌变法失败后逃亡日本，利用日文汉读法大量阅读日本书籍，“思想为之一变”。可见，梁启超的思想包含了非常明确的引西入中、借日援中的比较立场。

1903年，张之洞等人主持制订的《奏定大学堂章程》获得清政府恩准。该章程规定大学堂分预备科、大学专门分科和大学院三级，其中大学专门分科又分设政治、文学、格致、农业、工艺、商务、医术七科。此方案一公开，王国维就撰文予以激烈的批评，认为独缺哲学是该《章程》的一大败笔。哲学是一切人类思想的根基，“《易》不言太极，则无以明其生生之旨；周子不言无极，则无以固其主静之说；伊川、晦庵若不言理与气，则其存养省察之说为无根柢。故欲离其形而上学而研究其道德之哲学，全不可能之事也”②。王国维非常明确地将哲学作为一门独特的基础性学科，认为中国传统思想的精华也在于拥有了哲学之本。

新文化运动时期，西学东渐已经成为许多中国开明人士的共识，其中不少人并不想简单拿来或移入，希望做中和或融通，因此，出现了中西思想比较的一个高潮，为数不少的思想家投身其中，试图全面总结中西文化或东西方文化的差异。例如，李大钊就曾在他的多篇时文政论中指出东西方文明的重要差别。他把东方文明称为“南道文明”，而将西方文明称为“北道文明”。他说：“南道得太阳之恩惠多，受自然之赐予厚，故其文明为与自然和解、与同类和解之文明。北道得太阳之恩惠少，受自然之赐予啬，故其文明为与自然奋斗、与同类奋斗之文明。”③早期从事中国哲学和西方哲学研究的很多中国学者都通过比较的方法与

---

① 梁启超．饮冰室合集：第六册．北京：中华书局，1989：12.

② 王国维遗书：四．上海：上海古籍书店，1983：38.

③ 李大钊．东西文明根本之异点//蔡尚思．中国现代思想史资料简编：第1卷．杭州：浙江人民出版社，1982：128.

视角进行相关研究。时人常常将这样的学者称为“学贯中西”“通览古今”，这种赞誉确实反映了当时哲学界的总体倾向：只有以中国思想文化为参照才能理解西方哲学，只有将西方哲学转换成中国概念才能被接受，这是第一代乃至第二代中国哲学学者不得不面对的现实。

梁漱溟的《东西文化及其哲学》通常被认为是中国比较哲学的第一部代表作。梁先生在此著作中对西洋、中国、印度三种哲学体系从形而上之部、知识之部、人生之部三个方面进行了深入比较。他认为，形而上之部西洋与印度为同物，但研究动机不同，中国则自成一种；知识之部是西洋哲学的中心问题，中国几乎没有，印度有研究但不兴盛；人生之部西洋粗浅，中国最盛，印度此方面归入宗教。① 梁先生的比较哲学研究所选取的三个维度基本上参照西方哲学，在西方哲学的概念框架之下进行分析，但他的宗旨是深入挖掘中国传统思想的资源，以建构现代中国哲学的体系。这一比较哲学的研究立意深入中西哲学的核心，并由此揭示和探究中国哲学之本质，这也成为现代新儒家群体（包括中国港台地区和海外的一些著名学者）研究中国哲学的一个相当流行的做法。

牟宗三在多个场合指出，从西方哲学的观点来看，哲学的精髓在于形而上学，形而上学的核心在于超越的观念。中国哲学的超越观念有其特性，即“内在性”是中国哲学与西方哲学的不同之处。② 方东美所展开的比较哲学研究同样是在中西交汇的背景下，以形而上学为中心，直探中西哲学的内涵与底蕴。他将处于不同时代之不同民族的形上学分为如下形态：西方形上学为“超绝”形态，这种形态的弊端在于视世界为二分状态，认为整个世界呈现为二元对立，它自身存在难以克服的严重困难；中国形上学为“内在超越”形态，“全部现实，无论作为某种实有、某种存在形式、某种生命形态或某种价值类型，一方面不能被视为涤除所有自然实物与过程后悄然享受彻底自我封闭之特权的独立先验客体；另一方面也决不能严格限定于去除了真正活力后的实际或幸福领域。中国人的理论拒绝两分的方法，否认二元的真理，据其视角，人和宇宙乃被视为一体建构，其中所有相关的事实构成了建造由低到高不同层次‘上层建筑’的牢固基础”③。方东美认为这种形态是唯一正确与

---

① 梁漱溟．东西文化及其哲学．北京：商务印书馆，1997：76.

② 牟宗三．智的直觉与中国哲学．台北：商务印书馆，1971：190-191.

③ 方东美．中国哲学之精神及其发展：上册．郑州：中州古籍出版社，2009：15.

合理的形态。方东美的比较哲学研究坚持中国文化本位的立场，承认中国哲学“天人合一”思想的优越性，但又难免陷入“东方中心论”的偏执之中。

新文化运动一百多年来，比较哲学一直是作为研究中国哲学的主要方法，用西方哲学的立场、流派、思维或方法对传统中国哲学进行解析和批判，最终的结果是以西方哲学框架体系剪裁和定性中国思想。例如，胡适以西方实验主义哲学为指导撰写了第一部中国哲学史专著，冯友兰以西方新实在论哲学为指导写中国哲学史，李石岑、范寿康以马克思主义为指导写中国哲学史。我们认为，比较研究的方法虽然使中国哲学获得了“合法性”存在，却是以忽视自身原创思想为代价，遏制了中国哲学自身发展的原动力，这种方法如不反思，将影响中国哲学在世界哲学语境下的发展。

（三）比较哲学的在地普遍性路径

印度当代哲学家拉哲在《比较哲学导论》一书中指出，哲学应当从人开始，比较哲学的出发点和归宿点也是人。哲学是人的生活指南，哲学应该阐明人的本质，给人提供一幅描绘他自身的图景，说明人的思想、行为是怎样的。人是理解和评价哲学传统的裁判者。① 拉哲反对那种认为哲学起源于人们的好奇心的观点，指出哲学的真正起源在于人类对于高于现实的存在的追求，无论人们所追求的是宇宙、社会还是国家。中、西、印三大哲学传统也基于此而各显特色。西方哲学强调控制自然和注重社会改革；中国哲学强调改造自我以适应国家与社会并改革之，却未能将问题的触角延伸到任何物质的或精神的终极基础；印度哲学也强调自我控制，但所控制的只是人的内在精神，并且它一直推延到终极的精神本源。比较哲学要通过揭示不同地区、不同文化的人们如何解决生活中的问题，为人类更完美的生活提供启示，同时应提供人类一统的意识，帮助人们创造一个和平、繁荣的世界。在此意义上，中国哲学、印度哲学和西方哲学，有各自的片面性，所以特别需要互补。中国、印度、西方三大哲学传统都有扩展、补充的必要。印度哲学需要的是恢复早期吠陀和弥曼差派的原初的行动主义。从纯粹的神我主义出发

---

① 冯禹，邢东风．宏观比较哲学名著评介．北京：中国人民大学出版社，1996：92-93.

并不能培养出崇尚生活的思想，但是从崇尚生活出发却可以发展出健康的神我主义。印度哲学还需要建立社会意识的形而上学基础。西方哲学需要对人的存在的内在精神注入热情，没有它，哲学就不能从既定的物质中正确区分灵性和精神的自由。西方虽然有伟大的圣人、伟大的道德和精神领袖，但总的说来，内在精神的自我肯定与信仰混淆在一起，因此它无法在哲学中找到一个适当的位置。中国哲学需要不懈地对内在精神和外在物质的终极做系统思考，以发现在这两个方向上的人类存在之根。人是这两个方向的平衡点，中国人保持了平衡。他们从来不迷恋于任何终极的追求。拉哲主张东西方结合的目的就是打破“东方”“西方”的观念，去除“文化块状领域”的误解。[①] 换句话说，比较哲学的目的就是实现不同哲学的融合。

另一位同样盛名卓著的印度哲学家达亚·克里希纳（Daya Krishna）通过对印度哲学梵语术语的研究发现，大多数印度哲学的研究，都是在用西方的概念和范畴来理解梵文，依然是如何把一种概念结构翻译成另一种概念结构的问题，此语境下的比较哲学乃是把西方模式悄悄强加于人的做法。他指出，比较哲学的理想范式应该采纳解放者的定位，即通过比较研究促成每一种哲学传统实现共同的解放，因为真正意义上的比较哲学是将每一种哲学传统从过去的固有束缚中解放出来，与此同时，也实现了每一种哲学传统放弃支配地位及其标准，并最终达成每一种哲学传统在平等对话中的共在。[②]

比较哲学研究不仅在印度，而且在日本也有持续的关注和令人欣喜的成果。早在1927年，铃木大拙的《禅佛教论集》所阐发的禅之悟性就在西方引起了极大的反响，使西方人意识到东方思想也包含心灵哲学、认知哲学、人生哲学、逻辑学等丰富内容，这促使东西方思想的交融在更深层次的心智领域中进行。几乎与此同时，西田几多郎开创的“京都学派”致力于东西方思想的相互了解和沟通，并试图使佛教“无”的观念融入西方的“存在”“实践”等理智化哲学结构当中。阿部正雄在《禅与西方思想》一书中重点论述了禅、佛教以及和西方思想（基督教思想）的比较研究，通过剖析西方人与佛教徒在思维方式上的结构性

① 冯禹，邢东风. 宏观比较哲学名著评介. 北京：中国人民大学出版社，1996：69-99.

② 达亚·克里希纳. 比较哲学：是什么和应该是什么?. 第欧根尼，1989（1）.

差异，了解西方几位代表性的思想家与基督神学家对禅的吸收和改造。松尾宝作也从佛教的角度进行比较哲学的研究，他在《比较哲学与十二缘起的解释》一书中对十二“缘起”和马克思的唯物史观进行了比较研究，发现了十二缘起新的解释方法的线索。川田熊太郎的《佛教的思想形态论——比较哲学的研究》也从佛教的角度进行比较哲学的研究。

在日本，比较哲学专门性的著作以峰岛旭雄等人撰写的《比较哲学方法论的研究》为代表，该书对比较哲学的研究方法做了开创性的专门工作。全书的重点是通过比较哲学而突出“心源”研究的问题。峰岛旭雄等人明确主张比较哲学的目的是探寻人类思维的结构，东西方哲学所具有的思维逻辑是比较哲学方法论得以成立的根据，比较哲学在本质上属于实证性、结构式的研究，通过实证和结构方法的使用，探寻某种具有普遍性的人类精神源泉，并以此为基础建立起一种可以包容东西方哲学的“普遍哲学”，所以该书所肯定的“对比”“实证”方法并非科学意义上的方法，而主要是带有阐释性、论证式的哲学方法。

在英语世界里，美国的比较哲学研究相对成熟。1939 年夏天，夏威夷大学主持召开的首届“东西方哲学家会议”标志着比较哲学从此成为一门受国际学术界认可的独立学科。与会学者一致认为，东西哲学都不是自足的，都不具备全面整体的哲学特征，都只能作为新的世界哲学的组成部分。为了推动比较哲学的发展，夏威夷大学于 1951 年创办了专业学术刊物《东西方哲学》，对比较哲学的发展起到了极大的推动作用，该杂志至今仍然是比较哲学研究的重要学术阵地，为从事比较哲学研究的学者们提供了一个良性互动的平台。1960 年，美国国会设立“东西方文化暨技术交流中心”，并与夏威夷大学密切合作，开展国内外的比较哲学研究工作，使夏威夷大学成为美国名副其实的比较哲学研究重镇之一，也形成了今日比较哲学研究领域内著名的“夏威夷学派”。此外，哈佛大学的“东亚研究中心”、密歇根大学的“中国研究中心”、西弗吉尼亚州马歇尔大学的“世界哲学史研究所”等都是国际公认的比较哲学研究的重要机构。[①]

“夏威夷学派”的领军人物安乐哲一直致力于从语言比较——比如对于翻译效应的思想自觉，对比不同语言的语法、语义和语用——入

① 彭越. 西方比较哲学发展概述. 广东社会科学，1995（4）.

手，在对关键词的相关分析中逐步达到哲理比较，这样的路径取得了一些显见的成果：通过浸入跨文化的语言及其语境，从而获得概念、命题层次上的哲学比较所身处其间的比较情境，概念与命题之间的同异得以自然呈现。① 比如，用“Focusing the Familiar”代替“Doctrine of the Mean”来翻译“中庸”，关于《中庸》的译文是他运用上述研究视角翻译中国哲学经典的成果。② 在翻译《老子》时，他对道家关于“无”的一系列概念如“无为”“无知”“无欲”做了辨析。③ 他认为“无为”不是“non-action”，而是“nonassertive actions”（自然而然的非武断的行为）；“无知”不是“noknowledge”，而是“unprincipled knowing”（非规定或准则性的认知）；“无欲”不是停止或没有欲望，而是“objectless desire”（非目标性欲望）。④ 安乐哲的翻译方法有效地避免了不同哲学体系间在概念理解上的“格义”与“附会”，但未免有使译文的可读性与可理解性大幅降低之嫌。⑤ 牟博通过对现代中国哲学和中西比较哲学中的建设性交锋—交融的反思，进入元哲学和元方法论的层次，提出了“建设性交锋—交融”的方法论策略。牟博指出，该策略旨在去探索那些来自各种哲学传统（或者来自同一传统中的不同风格/取向）的不同思想方式、方法论途径、洞察、概念性/解释性资源，比较它们如何通过反思性批判和自身批判而相互学习，从而为共同的哲学事业（对一系列通过哲学解释而共同关注的问题或论题）做出贡献。⑥

可以说，在比较哲学研究领域，人们已经大体取得了共识：第一，比较哲学要摆脱文化比较、思想比较的空泛性，进入哲学基本问题层面。换句话说，比较哲学要达到哲学研究的深化和质性提升。“在‘哲学’成为一种世界性的知识体系，‘科学’成为一种有力的价值尺度的现代社会里，我们需要做的是努力改变西方人对‘哲学’与‘科学’的

---

① 张祥龙．比较悖论与比较情景——哲学比较的方法论反思．社会科学战线，2008（9）．

② Roger T. Ames，David L. Hall. Focusing the Familiar：A Translation and Philosophical Interpretation of the Zhongyong. Honolulu：University of Hawaii Press，2001.

③ Roger T. Ames，David L. Hall. Dao de jing：A Philosophical Translation. New York：Ballantine Books，2003.

④ 温海明．比较哲学方法论简论．云南大学学报，2008（1）．

⑤ 李明辉．中西比较哲学方法论省思．中国哲学史，2006（2）．

⑥ 牟博．论比较哲学中的建设性交锋—交融的方法论策略．社会科学战线，2008（9）．

地方性定义，使它们摆脱西方文化狭隘的地方性、经验性的内容，从而扩展为一种新的世界历史时代的新概念。”① 第二，比较哲学起始于对他者的观照，引入异域文明中的不同哲学体系是必要的，同时自我检视也是必不可少的，本土哲学的自主性并非故步自封、唯我独尊，相反，只有在开放的语境下才能得到终极辩护。第三，比较哲学的最终目的是建构具有普适性的世界哲学，以融汇东西方不同哲学传统。其实，“世界哲学”反映的是从古至今中外思想家们的最大公约数，如古希腊斯多葛学派的世界主义、中国先贤的大同世界。“世界哲学”并非存在论意义上的实体，而是方法论意义上的问题意识和价值论意义上的开放、宽容精神，其中包含了同中之异、异中之同，对哲学研究者而言，就是放弃画地为牢、排外主义的观念，参与全世界范围内的哲学问题论争。

然而，比较视域本身具有双重性。一方面，它关涉被比较者的显现/隐匿；另一方面，也关涉比较自身的显现/隐匿，由于实际存在四种可能的关系形态，因而任何特定的比较研究难免挂一漏万。尽管如此，我们仍然不能否认比较视域和比较哲学研究的必要性。由揭示本土的时代精神（重大时代问题）出发，自如地兼及自身哲学传统和其他各种哲学资源，在逻辑自洽、言说得意中做出合理论证。这不仅应该成为比较哲学的常态，而且应该成为当代哲学研究的主要表达形式。保护各国哲学体系的多元性与扩大人类的共识基础，二者同样重要。笔者将这样的尝试解读为建构具有“在地普遍性”的世界哲学之努力。“普遍性”反映的是哲学本真，是哲学的共相，同时也是全球化这一时代背景的基调。但我们总是以自身的方式诠释哲学之共相，文化传统、国民性、社会—国家关系等具体条件既提供了我们进行哲学运思的资源，又形成了我们只能如此思考的阈限。因此，我们所做的比较哲学研究一定是在地化的。“在地普遍性”世界哲学促使我们在不失哲学理念、学术理想的前提下，关切吾国吾民，此时此地，从而提供复调、立体的共在图景。

① 吴根友. 求道·求真·求通——中国哲学的历史展开. 北京：商务印书馆，2014：358.

三、西方世界中国哲学研究的“三重约束”

毫无疑问，中国哲学在西方哲学界的状况不尽如人意。虽然美国哲学协会（American Philosophical Association，APA）年会东部、中部和西部各分会上中国哲学专场的数量有了显著增加（尽管仍然主要出现在小组议程而非主要议程），同时研究中国哲学的英文出版物数量也有了较大提高，但至少依旧存在两大问题。其一，在研究型大学，尤其一流研究型大学里，缺乏具有中国哲学专长的学者。布鲁雅（Brian Bruya）最近对此做了一番研究，结果发现，在具有博士项目的美国大学哲学系从事专职中国（或亚洲）哲学研究的 9 位学者中，只有 4 位一开始是作为中国（或亚洲）哲学学者而被招聘的（其余的都是以西方哲学的某专长，如伦理学和古希腊哲学，而进入具有博士项目的哲学系，他们或者一开始对中国哲学也有一些兴趣，或者只是在进入这些研究型哲学系以后才开始从事中国哲学研究）。而全美哲学博士项目中总共仅有 9 位专职中国哲学学者能够指导博士学位论文。① 其二，与研究中国哲学或亚洲哲学的专门刊物相比，综合哲学期刊发表的中国哲学论文少之又少。奥伯丁（Amy Olberding）发表在美国哲学协会通讯上的研究专门探讨了这一问题。她发现综合哲学期刊自 1940 年以来每 10 年只刊发了 3～4 篇中国哲学方面的论文，且无增长之迹象。②

当然，上述两项研究不过是证实了中国哲学研究者很久就已经有了，尽管有些含糊的共同感觉。真正的问题在于，如何扭转这种不尽如人意的局面？这里最重要的是，在英语世界研究中国哲学的学者应该而且可以受到奥伯丁所谓的“双重约束”。我们不妨以王阳明研究中的若干方面作为例子来具体说明如何在这样的双重约束下从事研究。由于这

---

① Brian Bruya. The Tacit Rejection of Multiculturalism in American Philosophy Ph. D. Programs: The Case of Chinese Philosophy//Dao: A Journal of Comparative Philosophy. Dordrecht，2015，14（3）.

② Amy Olberding. Chinese Philosophy and Wider Philosophical Discourses: Including Chinese Philosophy in General Audience Philosophy Journals. APA Newsletter，2016，15（2）.

样的研究有可能被指责为对中国哲学断章取义，我们将说明从事这种研究的学者还需要满足第三重约束。

（一）英语世界中国哲学研究者的“双重约束”

要扭转中国哲学在英语世界的这种边缘状况，必须先弄清造成这种局面的原因。万白安（Bryan Norden）所说的“沙文民族主义”[①] 或布鲁雅所说的“对多元文化主义的隐性排斥”，可能在某种程度上合乎事实，尽管主流西方哲学家可能不会予以承认。然而，笔者认为更为直接的原因在于，西方主流哲学家对中国哲学缺乏兴趣，这种缺乏本身既导致又成因于对中国哲学之价值的无知。布鲁雅所讲的一则逸闻清楚地反映了这一点。布鲁雅了解到美国某大学的哲学系想建立一个全美排名前十的哲学博士项目，于是就问该系的系主任，他聘用了哪位中国哲学专家来帮助他达到这个目标。这位系主任的回答让布鲁雅感到很吃惊：“中国哲学有助于解决那些当今哲学家致力研究的问题吗?”[②] 言外之意是说，第一，倘若中国哲学有助于解决当今哲学家致力研究的问题，那么哲学系自然会聘用研究中国哲学的学者；第二，中国哲学无益于此。

我们完全可以质疑上述第一点：即使（或者正因为）中国哲学不能帮助解决当前哲学家所关注的问题，哲学系仍应该聘请研究中国哲学的专家，这样他们可以引进西方哲学家目前没有关注但应该关注的问题，从而开阔他们的视野。不过，我们旨在质疑第二点：中国哲学不能帮助解决西方主流哲学家目前所关注的问题。当然，要使他们信服，从事中国哲学研究的学者不能只是抱怨现状，而是应该比西方主流哲学家承担更多的责任来扭转这一不尽如人意的局面。事实上，他们既然不了解中国哲学，我们就不能指望他们某天突然来兴致阅读中国哲学，因为他们确实忙于处理一些令他们，同时也令我们，或应当令我们感兴趣的哲学问题。相反，我们有责任激发西方哲学家对中国哲学的兴趣，尤其是通过展现中国哲学恰好可以对西方主流哲学家所关注的（至少某些）问题

---

① Bryan Norden. Three Questions about the Crisis in Chinese Philosophy. APA Newsletter on Asian and Asian Philosophers and Philosophies，2008，8（1）：4.

② Brian Bruya. Introduction：Chinese Philosophy as a Resource for Problems in Contemporary Philosophy//Bruya ed. Philosophical Challenge from China. Cambridge，MA：MIT Press，2015：xiii.

提出一些有意思的观点。

正是在这一点上，奥伯丁的观点令人赞赏。她认为，研究中国哲学的学者在提高西方哲学家对中国哲学的兴趣方面存在双重约束。一方面，他们不仅需要“紧扣主流话语中已有的问题、兴趣点或范式”①，而且必须解释中国哲学能就这些问题、兴趣点或范式提供一些主流话语没有讲到的东西。这一点很重要。如果研究中国哲学的学者不把中国哲学与西方哲学联系起来，或者即使把中国哲学与西方哲学联系起来了，但仅仅说明了两者有类似的思想，或者还进一步发现了中西哲学之间的某些差异，但不能说明中国哲学也是有意思的、合理的或有说服力的（如果不能证明中国哲学比西方哲学更有意思、更合理或更有说服力的话），那么就几乎不可能让那些对中国哲学还不感兴趣的西方哲学家开始对中国哲学产生兴趣。另一方面，如果研究中国哲学的学者使中国哲学观点看起来“极为怪异，偏离受西式教育的哲学家所熟悉的思想，那就会引发另一种类型的抗拒”②，因为对于西方主流学者而言，这些观点可能看起来是非哲学的，属于他们眼中的东方神秘主义。奥伯丁如此概括西方主流哲学家对中国哲学研究者提出的、在她看来几乎是不可能的因而也是不合理的双重约束：请你们告诉我们一些我们在西方哲学中没有见过的东西，但同时要保证这些东西看起来确实是我们所熟悉的、我们称之为哲学的东西。③

要回答如何在西方哲学语境中研究中国哲学的问题，就必须回答我们为什么要在这样一种语境中研究中国哲学；而要回答这一问题，就必须弄清楚我们的中国哲学论著是写给谁看的。当然，我们的论著也要写给研究中国哲学的同行看。然而，如果我们想要把广大的西方哲学家当作受众——这一点很重要——那么，我们就必须追问，为什么这些对中国哲学知之甚少，甚至一无所知的西方哲学家应该对它感兴趣。一个重要的答案在于，中国哲学即使在今天西方哲学家所感兴趣的问题上，也能做出一些重要的贡献。

若想做好这项工作，首先，我们应该熟悉西方哲学家关注的问题，

---

① Amy Olberding. It's Not Them, It's You: A Case Study Concerning the Exclusion of Non-Western Philosophy. Comparative Philosophy, 2015, 6 (2): 15.

② 同①.

③ 同①.

西方哲学传统就这些问题所发展出来的不同观点，以及这些观点面临的问题；其次，我们要看看中国哲学家关于这些问题是否有不同的、更好的观点。这在本质上就是奥伯丁所说的双重约束，只是在表述顺序上颠倒而已。为了更清晰地呈现这种双重约束，我们应当指出，“虽然我们让西方哲学决定讨论什么问题，但我们让中国哲学对这些问题有最终发言权”①。由于我们并不认为中国哲学整体上优于西方哲学，这种比较研究所选择讨论的问题不可能是系统性的。一方面，在这样的比较研究中，至少在初始阶段，我们将不讨论某些在中国传统中可能非常重要，但对西方哲学家而言太过陌生或很难与他们目前所关注的问题相关联的问题。另一方面，还有一些重要的哲学问题，要么西方哲学家已经提出令人满意（或至少比任何可以在中国哲学传统中发现的观点更令人满意）的看法，要么西方哲学所发展的观点虽令人不甚满意，但中国哲学也无法提供更好的看法。我们的比较研究不涉及这两方面的问题。

关于这种研究哲学的方式，应说明以下几点：第一，虽然我们旨在从中国哲学中寻找更好的办法解决西方哲学传统提出的问题，但这并不意味着采用这种办法的学者必须先确定一个西方问题，然后才开始从中国哲学中寻找其解决方案。在某些情况下可能确实会这样做，但研究者也可能先是觉得中国哲学的某个观点特别有意思且意义重大，然后去看西方哲学家如何应对类似的问题。然而，这两种方式都带有很大的偶然性：有时候，研究者可能看到西方哲学传统关于某一具体议题的代表立场很成问题，但在中国哲学中找不到一个更好的解决方案；另一些时候，研究者可能发现某个中国哲学观点特别有意思，但它对于解决西方哲学中的问题并无助益，因为它所涉问题不是西方哲学所要处理的，或是因为西方哲学自身在这个问题上已经发展出了同样有意思或更有意思的见地。在大多数情况下，从事比较研究的学者或多或少都熟悉中西传统，可以判断中国哲学中的哪些问题最有可能帮助解决西方哲学传统中的问题，然后仔细研究这两个传统在这些问题上的一些具体看法。

第二，尽管这种研究中国哲学的方式旨在解决西方哲学传统提出的问题，但它并不会像初看起来那样存在歪曲中国哲学的危险。一方面，它不同于试图利用当代西方哲学流行的理论来解释中国传统哲学的做

---

① 黄勇．西方世界中国哲学研究者之“三重约束”．文史哲，2017（2）：77．

法，那样的话可能确实会歪曲中国哲学。例如，针对当下美德伦理的问题提出儒家的解决方案，我们不必主张或论证儒家伦理也是一种美德伦理，至少不必说它是一种西方意义上的美德伦理。另一方面，诚然，这种研究方式所呈现的中国哲学图景是不完整的，但它本就无意呈现一幅完整的中国哲学图景。也就是说，它只是研究中国哲学的一种方式，需要其他很多方式加以补充和支持。

第三，显然，这种研究中国哲学的方式不仅仅是文本研究，因为它旨在为目前西方哲学家所关注的问题提出新的、有意思且合理的解决方案，而且是提供一种“富有洞见的解释，以尽力复原文本写作的最初情景，进而有可能把握作者原意”①。不过，更重要的是，它也不同于可能易于与之混淆的纯粹的哲学建构。纯粹的哲学建构存在以下危险：它“一开始就和激发了哲学建构努力的历史资源相疏离”②，因为“一个人如此开展研究时，可能不会直接从所比较的两个传统中引经据典，虽然他可能用脚注来解释自己思想之根源”③。为了证明中国哲学可以对解决当代西方哲学家所感兴趣的问题做出重大贡献，就需要证明这些贡献确实基于对中国哲学文本的扎实研究、仔细分析与合理解释，而这一坚实基础经得起对同一文本其他解释的挑战。尽管我们在运用中国哲学文献去挑战西方哲学观点时必须进行筛选，但很重要的一点是，我们在运用这些文献时不会歪曲它们在原始语境中的含义。就此而言，布鲁雅最近一项以中国哲学视域挑战西方哲学的重要研究与此处倡导的研究有所不同，至少从他的构想而非他或其项目参与者的实际开展情况来看是这样，布鲁雅的研究“并不要求明确提及中国哲学资源，即使它的主要观点必须包含中国传统，至少把中国传统作为灵感的源泉”④。

第四，奥伯丁正确地强调，“试图促使人们对非西方传统感兴趣的中国哲学学者所面临的这种双重约束对这些学者提出了一种迫切而不可

---

① Aaron Stalnaker. Overcoming Our Evil：Human Nature and Spiritual Exercises in Xunzi and Augustine. Washington：Georgetown University Press，2006：15.

② 同①15-16.

③ Kwong-loi Shun. Studying Confucian and Comparative Ethics：Methodological Reflections. Journal of Chinese Philosophy，2009，36（3）：467-468.

④ Brian Bruya. Introduction：Chinese Philosophy as a Resource for Problems in Contemporary Philosophy//Bruya ed. Philosophical Challenge from China. Cambridge，MA：MIT Press，2015：xv.

能达到的要求”①，因为它要求我们深入了解两种传统。处理这个问题有一个法子：不管是就具体的研究项目而言，还是就一般的哲学兴趣而言，把研究的重点缩小到形而上学、认识论、伦理学、政治哲学等哲学的子域。例如，如果想看看荀子将如何回应针对美德伦理学的情境主义（situationism）批判，我们所需要的只是充分掌握针对美德伦理学的情境主义批判和《荀子》文本，而这还是办得到的。同时，从事中国哲学研究的学者也不应该把熟悉西方哲学的当代著述视为一种额外的负担，因为那也是一种有意义的经验。中国哲学并没有在总体上优于西方哲学。就某些论题而言，我们可以从西方哲学中学到很多；即使在那些中国哲学有更好东西要说的问题上，我们研究西方哲学仍然可以获益良多。

（二）在双重约束下研究中国哲学：以王阳明研究为例

因此，奥伯丁的以下观点是值得赞赏的：主流的英美哲学能否更多融合中国哲学，“取决于（英美哲学）能否将其经常宣扬的批判精神用于自身，能否审视自己的预设、预期和实践”②。不过，英美哲学能否自我批判，至少部分取决于中国哲学研究者可以在多大程度上满足双重约束的要求。奥伯丁在上面提到的那篇论文中做了精彩的案例研究：儒家关注日常的良好举止和礼仪的深层道德意义，这可以对当代哲学伦理学做出贡献。这项研究本身就是满足双重约束的一个成功尝试，旨在通过吸收这些中国哲学家的思想以解决目前困扰西方哲学家的若干问题。这里虽不宜展开这样的实质性研究，但它有助于表明，道路尽管崎岖，前途却是光明的。

1. 命题性知识（Knowing-that）、能力之知（Knowing-how）抑或动力之知（Knowing to）？赖尔（Gilbert Ryle）对命题性知识和能力之知做了经典区分。③ 前者是理论性的，后者是实践性的。赖尔做此区分，意在强调能力之知，它在西方哲学史上没有得到足够重视——依赖尔之见，西方哲学史在很大程度上持唯理智论。这一区分值得赞赏，尽

---

① Amy Olberding. It's Not Them，It's You：A Case Study Concerning the Exclusion of Non-Western Philosophy. Comparative Philosophy，2015，6（2）：15.

② 同①31.

③ Gilbert Ryle. The Concept of Mind. New York：Barnes & Noble，1949.

管近来出现了两种来自相反方向的挑战：有人说，能力之知无非是命题性知识的一种[①]，另外又有人说，命题性知识不过是能力之知的一种[②]，这两种观点虽方向相反，但都在试图将其中一种还原成另外一种。其实，赖尔的问题不在于区分这两类知识，而在于人们往往误以为这两类知识已经穷尽了一切可能有的知识。比如，艾文贺（P. J. Ivanhoe）、杜维明、库珀曼（Joel Kupperman）、拉法尔（Lisa Raphals）、陈来与郁振华等研究中国哲学的学者试图把儒家的道德知识观念理解为能力之知而非命题性知识。然而，命题性知识或能力之知都不足以解释儒家知识的独特之处。我们不妨来看王阳明的良知概念。良知之为知，不仅关乎何谓善何谓恶，而且还关乎好善恶恶，但赖尔的命题性知识和能力之知都不包含好善恶恶这一层。譬如，我知道我应该爱我的父母并知道如何去爱他们（此二者分别属于赖尔所讲的命题性知识和能力之知），我仍有可能不爱他们。但是，如果我有爱父母的良知，那么，它便包含三种知识：其一，我知道应该爱我的父母（命题性知识）；其二，我会，即我有动力去爱他们（动力之知）；其三，上述二者又必然会驱使我寻求最合适、最有效的方式去爱他们（能力之知）。这里所讲的“动力之知”跟赫瑟林顿（Stephen Hetherington）和赖蕴慧（Karyn Lai）所讲的“动力之知”不尽相同。[③] 他们所讲的动力之知事实上只不过是一种高度发达的能力之知，而我们所讲的动力之知乃是促使人们采取相应行动的知识。这一知识概念的充分发展将使儒学能够对当代知识理论做出重要贡献。

2. 信念（belief）、欲望（desire）抑或信欲（besire）？当代关于道德理由内在论和外在论之间的争论，接受了休谟在试图解释行为理由时对信念和欲望所做的区分。争论的焦点在于信念是否可以单独成为行动理由。理由内在论者认为，任何行动理由必须服务于某些广义上理解的既有欲望，即威廉斯（Bernard Williams）所讲的“主观动机集

---

① Jason Stanley, Timothy Williamson. Knowing How. The Journal of Philosophy, 2001, 98 (8): 411-444.

② Stephen Hetherington. How to Know: A Practicalist Conception of Knowledge. Malden, MA: Wiley, 2001.

③ Stephen Hetherington, Karyn Lai. Practising to Know: Practicalism and Confucian Philosophy. Philosophy, 2012, 87 (3): 375-393.

合”（subjective motivational set）①；而理由外在论者则认为，信念可以单独促使一个人做出行动。② 有些反休谟主义者提出假设，认为可能存在一种既有信念也有欲望的心理状态③，奥尔瑟姆（J. E. L. Altham）为此造了一个词“信欲”（besire，包含 belief 和 desire）。④

的确，王阳明的“良知”正是在这个意义上的一种信欲：它不仅包含着相信某事是善的因此应该去做的信念，而且包含着一种去做的欲望。然而，从休谟主义的传统来看这一概念是难以理解的，实际上有人认为它很怪异。主要的问题在于所谓的与世界的适应方向上的冲突：信念需要（被改变以）适应世界，而世界则应该被改变以适应欲望。但是，如果存在一种信念欲望兼而有之的单一心理状态“信欲”，那么这种状态与世界之间就会产生一种适应方向上的冲突：作为信念，它需要与世界相适应；而作为欲望，它又要求世界与其相适应。不过，儒家特别是王阳明能够对此做出回应。一方面，无论怪异与否，信欲这种心理状态确实存在。即便王阳明的良知概念存在争议，王阳明用来解释良知的比喻显然不会有争议：好好色（欲望），知道它是好色（信念），二者不仅同时发生，而且处于一种单一的心理状态。另一方面，至少就王阳明的良知而言，如果我们能够区分两类信念，即描述性信念和规范性信念，那么信欲就不会显得怪异了。描述性信念必须（被改变以）适应世界，规范性信念则不然。例如，如果我们相信每个人都应该爱他/她的父母，但在这个世界上并没有人这么做，这并不意味着我们必须改变信念以适应世界。相反，我们可以要求改变世界以适应我们的信念。这样一来，信念和欲望就有了相同的由世界到心灵的适应方向，冲突也就不会产生。

3. 道德实在论（moral realism）、反实在论（anti-realism）、有待

---

① Bernard Williams. Internal and External Reasons//Williams. Moral Luck，Cambridge：Cambridge University Press，1981：101-113.

② T. M. Scanlon. What We Owe to Each Other. Cambridge，MA：Harvard University Press，1998：33-34.

③ John McDowell. Mind，Value Reality. Cambridge，MA：Harvard University Press，1998.

④ J. E. L. Altham. The Legacy of Emotivism//Graham MacDonald，Crispin Wright，eds. Fact Science，and Morality：Essays on A. J. Ayer's Language，Truth and Logic，New York：Basil Blackwell，1986.

反应理论（response dependent theory）抑或有待感发理论（stimulation dependent theory）？从表面上看，若置身于当代道德理论中关于道德品质之性质的实在论与反实在论之争，王阳明显然属于反实在论。他明确主张心具万物之理，而且他也批评朱子心外求理。例如，人与父母之间关系的理乃是孝，它在一个人的心里，而不在父母之身。然而，王阳明同时也说：看到自己的父亲，心自然知孝；看到自己的兄弟，心自然知悌；看到孺子入井，心自然知道恻隐。[①] 所以，尽管孝在一个人的心里，他只有看到父母时才知道去行孝。在此意义上，王阳明的道德理论介乎实在论和反实在论之间。艾文贺比较了王阳明的理论与麦克道尔（John McDowell）的有待反应理论，后者处在极端道德实在论和反实在论之间。[②] 麦克道尔认为，道德品质类似于洛克的第二性，比如颜色和声音：它们是事物中的性质，但又有待于感知者的反应。[③] 然而，我认为王阳明和麦克道尔之间有着显著的区别。在麦克道尔看来，道德品质在物，虽然它们有待于我们的反应；而在王阳明看来，道德品质在心，虽然它们有待于事物的感发。正是在这个意义上，王阳明认为道德品质是有待于感发的。考察王阳明关于心对外物的“感”“应”说，我们可以探究王阳明的理论在何种意义上是独特的，它如何避免激进道德实在论和反实在论明显碰到的问题，以及它如何避免麦克道尔略微温和的有待反应理论中不那么明显的问题。艾文贺在上面提到的论文中已经对此有所触及。

4. 对恶人的同感（empathy）：宽容、反对，抑或帮助？在王阳明看来，如果一个人的心即良知没有受到私欲的蒙蔽，那么他便是一位仁者，也就是说，与万物为一体。这里，王阳明赞同程颢的观点，认为具备“仁”就是能感觉到身体的痛痒，因此具备真正的“仁”就是能感觉到万物的痛痒，与万物合为一体。斯洛特（Michael Slote）认识到，王阳明在这里提出了与同情（sympathy）相对的“同感”概念，在西方哲学中这一概念的出现要晚得多。然而，斯洛特又立即补充道，当代关

① 王守仁. 传习录：上//吴光，钱明，董平，姚延福，编校. 王阳明全集：卷一. 上海：上海古籍出版社，1992：6.

② Philip J. Ivanhoe. McDowell, Wang Yangming, and Mengzi's Contributions to Understanding Moral Perception. Dao, 2011 (10): 273-290.

③ John McDowell. Mind, Value Reality. Cambridge, MA: Harvard University Press, 1998: 131-150.

于同感的哲学及心理学研究大大超越了所有早先对这一概念的讨论，包括王阳明的理论。[①] 斯洛特的评价有一定的道理，但我们仍然可以从王阳明的同感论，尤其是他对恶人同感论中学到很多。这并不意味着，我们要像莫顿（Adam Morton）所说的那样，了解使一个人邪恶的外部条件，继而原谅他的邪恶行为。[②] 它也不是斯洛特所说的第二序同感。在斯洛特看来，“如果一个人对他人的行为表现得缺乏同感，那么同感之人就会因这样的行为感到心寒，我想说对行为主体的这种（反思性）情感构成了道德反对”[③]。斯洛特强调，既然一个同感之人应该感觉到同感客体的情感，同感之人从缺乏同感的人那里感到此种寒意正是因为“缺乏同感的人在对他人的态度或情感上是冷酷的（或硬心肠的，或非常冷漠的）”[④]。然而，既然第一序的同感不仅是感觉到一个人（身体）上的疼痛感觉，而且包含帮助那个人祛除疼痛的动机，那么类似地，感到第二序同感的人不应该只是感觉到缺乏同感的人的冷酷，同时也应该想去帮助缺乏同感的人祛除他的冷酷，只有这样才能算得上是一个同感之人。然而，此非斯洛特所言，而恰是王阳明之意。王阳明将遭受外部或身体之痛苦的人与遭受内部或性格之痛苦（罪恶）的人对举，进而抱怨说，很多人会自然地感觉到前者的痛苦，但对后者无动于衷。因此，在王阳明看来，一个真正的同感之人，也能感觉到恶人应该、可能或者会感觉到的内在疼痛，同时也想去治愈恶人（内在或性格上）的疾病，使恶人不再作恶。[⑤]

由此可见，在一些当代西方哲学家感兴趣的问题上，王阳明可以做出有意义的贡献。当然，这样的例子还很多。事实上，王阳明关于道德之恶的看法可以发展出一个既非逆喻（oxymoron）[⑥] 又非悖论[⑦]的道德

---

① Michael Slote. Moral Sentimentalism. Oxford：Oxford University Press，2010：6.

② Adam Morton. Empathy of the Devil//Amy Coplan，Peter Goldie. Empathy：Philosophical and Psychological Perspectives. Oxford：Oxford University Press，2010.

③ Michael Slote. Moral Sentimentalism. Oxford：Oxford University Press，2010：35.

④ 同③37.

⑤ 对恶人的同感：我们能从王阳明那里学到什么//杜维明，张广智. 天人合一与文明多样性. 北京：光明日报出版社，2015：651-675.

⑥ Bernard Williams. Internal and External Reasons//Williams. Moral Luck. Cambridge：Cambridge University Press，1981：251.

⑦ Thomas Nagel. Mortal Questions. Cambridge：Cambridge University Press，1979：34.

运气概念；他的“以天地万物为一体”[①]（在一个人对其自身美德的关心要求其关心自然的意义上）可以发展出一种与西方传统中不同的不以人类为中心甚至不以自我为中心的环境美德伦理学；他对道德教化方式的广泛讨论有助于回应美德伦理学所遇到的情境主义责难。如果我们考察中国传统中王阳明之外的其他哲学家，那么可讨论的问题就会呈指数增长。我们从事中国哲学研究的专家必须深入中西两大哲学传统来展开这样的比较哲学研究，也必须明白，我们在试图达到奥伯丁所说的“迫切而不可能达到的要求”。尽管如此，我们给出的问题列表可以使我们有信心面对那位哲学系主任所提出的问题：“中国哲学有助于解决那些当今哲学家致力研究的问题吗?”我们可以响亮地回答：“是的!”

（三）在英语世界研究中国哲学的第三重约束

我们试图说明，至少是为了改变中国哲学在西方哲学界的边缘地位，在西方哲学语境中从事中国哲学研究的专家可以而且应该在其研究中接受奥伯丁所谓的双重约束。就是说，他们应该能够向西方主流哲学家表明，一方面，中国哲学传统中有一些为西方哲学家所不熟悉的东西；而另一方面，这些东西也不能是他们完全不熟悉的方面。这是奥伯丁对双重约束的表述。换句话说，一方面，中国传统哲学家也能参与讨论西方哲学家今天感兴趣的问题；另一方面，中国传统哲学家在这些问题上所持的一些看法不仅与西方哲学传统中的有代表性的看法不同，而且可能比后者更有道理。这是我们对双重约束的表述。但不管是奥伯丁的表述还是我们这里的表述，这种双重约束似乎都会使从事中国哲学研究的学者所进行的工作有断章取义之嫌。例如，为了说明王阳明对当代西方哲学中的道德运气概念可能做出的贡献，我们就会把王阳明著作中的有关段落从其上下文中抽出来，而这样做就可能曲解王阳明这些话的原意。

关于这样的批评，一方面，我们必须说，在从事学术研究中一定的抽象（这里所谓的抽象指的是将一位哲学家的某个思想从其上下文中抽离出来，而不是指与具体相对应的抽象，尽管这两种抽象也不是完全没有关系）是不可避免的。不然的话，我们就无法就王阳明哲学的某个方

---

① 王守仁. 大学问//吴光，钱明，董平，姚延福，编校. 王阳明全集：卷二十六. 上海：上海古籍出版社，1992：968.

面写学术文章；每次写王阳明的时候就必须呈现王阳明思想的全貌，因而就必须写专著。并且可能这还不够，因为我们不能把王阳明从其所属的儒家传统中抽离出来：离开了儒家传统是无法理解王阳明的。然而这还是不够，因为王阳明也受到了佛教的深刻影响，而中国的佛教又是从印度来的，印度的佛教又与印度教思想密不可分……这样我们就必须写系列专著。这显然是不现实的。就此而言，我们把某个中国哲学家的某些思想从其哲学体系中抽离出来以回应当代西方哲学家的问题也不是完全不合理的。

另一方面，我们也必须注意到，当我们把某个哲学家的某个思想从其哲学体系中抽离出来时，也确实有断章取义和歪曲原意的可能。怎么避免这个问题呢？这里我们必须区分一位学者的研究过程和其写作过程。虽然我们不得不承认，在我们从事写作时，我们只能关注某个哲学家的某个方面，但这种写作是建立在研究的基础上的，而在从事研究时，我们就必须把我们所关注的这个哲学家思想的某个方面与别的方面联系起来，甚至把这个哲学家的思想与影响了他的以及被他影响的其他哲学家的思想联系起来。只有这样，才能确保我们对某个特定研究中所关心的这个哲学家思想的某个特定方面的理解是正确的，从而我们可以将这个因此而得到正确理解的方面从其所属的这个哲学家思想的其他方面合理地抽离出来，以回应当代西方哲学家所关心的问题。只有通过这样的研究，我们才能在中国哲学中真正发掘出能对当代西方哲学家所关注的问题做出贡献的资源。因此，在西方哲学语境中从事中国哲学研究的学者，在其从事本书所推崇的那种研究时，除了上面提到的双重约束外，还需要接受另一约束，即第三重约束：他们向西方哲学家所呈现的中国哲学，应该能够得到在中国哲学语境中从事中国哲学研究的学者的认可，也就是说，这是建立在对中国哲学家的文本和历史研究基础上的。

第二章　比较哲学的理论形态与研究方法

众所周知，哲学是由西方传入中国的，作为一门学科与知识门类，中国哲学是依照西方哲学范式而建立的。从某种意义上来说，这也算是近世以来中西文化交流时西方文化对中国文化的一项“馈赠”。由于中国哲学诞生的这种文化比照背景，因此，中国哲学从一开始就是在比较哲学的土壤和语境中展开的，甚至可以说就是比较哲学的一种特殊形态。甚至从更广泛的意义上说，中国人在中国研究哲学，都是或隐或显地带着比较哲学的眼光来看待哲学及哲学问题的，因而注定研究的是比较哲学。更简洁地说，比较哲学就是中国哲学的命运。因为所有说汉语的中国人要在有意识与无意识的思维过程中运用汉语来从事隐性或显性的思想翻译。

当然，说比较哲学是中国哲学的命运，并不意味着中国哲学就没有自己的民族特性。恰恰相反，当西方的哲学观念经过汉语或隐或显的翻译之后，就或深或浅地打上了中国文化的印记。深厚的文化传统，特殊的现代化经验，这些作为哲学思考之土壤的广义文化背景在很大程度上影响到哲学的中国特征。而自然科学知识作为一种普遍的知识形态，也会在相当大的程度上影响到现代世界各民族哲学的思维方式、思维的精密程度，从而对世界历史时代里的哲学的普遍性特征有决定性的影响，中国哲学作为世界哲学的一种思想形态，自然也不会外在于这一世界历史时代里的哲学共性。但当哲学思考的对象与内容涉及人的存在方式、社会管理与人性诸问题时，哲学的地方性、民族性的特征又会逐步凸显出来。正是在这种范式的中国与西方之间、表达的民族与世界之间、方法的特性与共性之间，比较哲学不断调试着自身的思想和问题场域，寻求着更为切实而有效的理论形态和研究方法，从而为哲学思想的创新和比较哲学的繁荣提供新的范式和资源。

一、比较哲学的学术视野与方法论

在西方，哲学是科学与很多学科之母。然而，哲学不是今日中国人所理解的科学。在德国古典哲学与近现代哲学研究中，德国哲学家一直致力于把哲学做得更科学。文德尔班的《哲学史教程》就充满着这种哲学的企图，而胡塞尔就想要哲学为科学奠定基础，把哲学做得比科学还科学。然而，德国哲学家所理解的科学不是我们今天在狭隘意义上与技术紧密相连，甚至就是绝对准确性、正确性意义上的科学。德国哲学家所理解的科学更多是合乎理性、合乎逻辑，具有逻辑的必然得出的准确性、明确性等意思。如文德尔班认为，德文中的“Wissenschaft”（科学）一词，就是古希腊哲学家柏拉图、亚里士多德学派中的“哲学”一词，而这个词比英文、法文中“科学”一词的意义要广泛得多。因此，文氏认为，“一般哲学指的是我们认识‘现存’事物的井井有条的思想工作，而个别‘哲学’指的是特殊科学，在这些特殊科学里我们要研究和认识的是现存事物的个别领域”①。

文氏所讲的“一般哲学”在古希腊是指第一哲学，即形而上学，也即中国人所理解的作为哲学学科的哲学——包括形而上学、认识论、伦理学或道德哲学、逻辑学、历史哲学、政治哲学等。而文氏所讲的“特殊科学”，即各门类的自然科学，如物理、化学、生物学等。这样一来，在中文语境里讨论哲学问题，在西方人的语境里就不太容易被理解。甚至在西方哲学的大传统里，欧洲大陆的哲学传统特别是德、法哲学传统与英、美哲学传统也有相当大的差异。好在他们有一个大传统为他们的相互理解提供了巨大的传统基座。而在中国与欧美之间，因为对“哲学”的理解不同，很难在短时间内让欧美的哲学家们理解“中国哲学”。

① 文德尔班．哲学史教程——特别关于哲学问题和哲学概念的形成和发展：上卷．罗达仁，译．北京：商务印书馆，1996：8.

对此，我们不必着急让他们承认中国有哲学、中国哲学是哲学。我们能做的而且要有信心去做的事情是：在比较哲学的视野里，吸收西方哲学的长处与优点，努力发展中国哲学。一方面尝试着说一些让他们听得懂的哲学语言，另一方面要自信地说我们自以为是哲学的话语。

（一）哲学、中国哲学与比较哲学

在我们看来，哲学思维方式作为人类的精神花朵，它是广义的人类文化的有机组成部分，它的根深深地扎在民族生活与文化的传统之中。作为人类文化中最为精华的一部分，哲学总是具有地方性特征。特别是在国别史的时代，哲学的文化性特征更为强烈与鲜明。即使在今日的世界历史时代，哲学的文化特征仍然强烈而鲜明。就哲学的逻辑思维特征来说，中国传统哲学更重视辩证逻辑思维。佛教传入中国后，这一辩证逻辑思维又得到进一步发展。当代中国哲学在吸收了马克思主义哲学传统后，辩证逻辑思维又在新的形态下得到发展。特别是与生动的社会实践相结合，当代中国的辩证思维又获得了新的营养，从而在各种社会制度与政策的制定过程中体现出一种包容性的特征。“既……又”的句式不仅是当代中国官方文件的话语句式，也是中国民间社会的话语句式。而这个句式所体现出的哲学思考方式就是典型的辩证逻辑思维。

从较粗的思想史线条来看，欧陆哲学传统中的英国经验主义传统与德法的思辨的理性主义传统之间有明确的差异。欧陆的德国哲学传统与当代英美的分析哲学传统也有具体的文化差异。东方的中国哲学、印度哲学与欧美传统的哲学，其差异更是明显。因此，我们并没有一个普遍的哲学。至少人类的哲学史到今天为止仍然是一个国别史性质的哲学时代，因而全球范围内的所有哲学家、哲学流派都是中国传统文化意义上的“诸子百家”。古希腊哲学、欧洲哲学、美国哲学、中国哲学、印度哲学，都是一种地方性的哲学。从某一地方性的哲学传统出发，肯定或否定其他传统的哲学是或不是哲学，恐怕在理论上都会陷入庄子在《齐物论》中批评儒墨之间是非之争的理论陷阱。在世界历史时代，我们要追求的可能正是庄子“以道观之”的超越态度，对各种带有地方性特征的哲学内在的所是、所然、所可与所非、所不然、所不可，要有比较清醒的认识，然后去追求一种大写的世界哲学或真正的哲学。

经济的全球化过程，让作为地方性的古希腊哲学、欧洲哲学与世界其他民族文化照面。19、20世纪的西方哲学裹挟着西方经济扩张、军事征服、文化殖民的大潮，以普遍的姿态降临于东方与中国。中国人依西方哲学的葫芦画中国哲学的瓢。无论是胡适的《中国哲学史大纲》依照他所理解的美国实证主义哲学形式写中国哲学史，还是冯友兰的两卷本《中国哲学史》依照新实在论的思想写中国哲学史，还是后来依照苏联传过来的马克思主义哲学范式写中国哲学史各种类型的教材，中国哲学史的书写与中国哲学研究，其主流都是依西方哲学史中某一家、一派的思想范式来书写中国哲学史、研究中国哲学。这种哲学史的书写与哲学研究，我称之为在不自觉的“判教”理论下从事哲学史研究与哲学研究。这种“判教”式的哲学史书写与哲学研究，不能说没有价值，恰恰相反，它把哲学的基本元素带入了中国，激活了中国思想中与哲学本性相关，或者说具有哲学本性特征的思想与观念，从而让中国哲学从自发、自在的形态变成了自觉、自为的形态。

当代中国的比较哲学研究，就应当从理论上自觉反省20世纪中国哲学研究中的种种“判教”现象，对“判教”式哲学研究中的诸现象加以总结并分析其中的得与失，从而改善、改进我们今日及未来的中国哲学研究，使哲学真正成为中国哲学，并写出真正带有中国哲学味的中国哲学史来。当然，世界哲学的曙光早已经升起，无论是黑格尔哲学中“绝对精神”式的“世界哲学”，还是后来雅斯贝尔斯的“世界哲学”构想，发源于古希腊、经过漫长发展历史而形成的近、现代欧洲哲学，已经逐渐从地方性的知识变成全球性的公共知识，而中国哲学在谭嗣同的“仁以通为第一义”的“仁通”哲学观里，也展示了某种程度的世界性。哲学的中国性不排斥中国哲学的世界性品质。换句话说，中国哲学的发展不应当外在于西方哲学、印度哲学、伊斯兰世界的哲学，而应当充分吸收它们的哲学精神，使之成为中国哲学的有机组成部分。只有这样，中国思想才具有哲学的品性而成为中国哲学，从而构成“世界哲学”的有机组成部分。

“比较哲学”研究一定要涉及“比较”。然而，“比较”不是附会或比附。按照《现代汉语词典》的解释，“附会”的意思是：“把没有关系的事物说成有关系；把没有某种意义的事物说成有某种意义”，如牵强附会、穿凿附会等，有时也写“傅会”。[①] 就词典的定义来看，“把没有

① 现代汉语词典．修订本．北京：商务印书馆，1996：394.

关系的事物说成有关系”，其实就是对事实的真相缺乏研究，以主观想象为能事，制造甲事物与乙事物之间的关系。这种做法的动机与目的会因人而异，然就其缺乏对事物之间关系真相的把握而言，是有共性的。此一层意思上的“附会”因而就带有较强的主观作伪的成分，有时可能含有某种恶意。“把没有某种意义的事物说成有某种意义”，主要从语言层面着眼，把某个词、某个命题、某种理论，依照自己的意思加以发挥，说成某种意思，因而以故意的曲解、误解来证成某种理论或命题的现实的目的。这一层意义上的“附会”如果要上升到哲学解释学的层面来思考，未必不是某种创造。就中国哲学史的经验来说，程颐与朱熹都将《易传》中“一阴一阳之谓道”的命题解释成“所以一阴一阳者谓之道”。如程颐说：“‘一阴一阳之谓道’，此理固深，说则无可说。所以阴阳者道，既曰气，则便是（一作有）二。”（《二程遗书·伊川先生语一》）又说：“离了阴阳更无道，所以阴阳者是道也。阴阳，气也。气是形而下者，道是形而上者。形而上者则是密也。”（《二程遗书·伊川先生语一》）朱熹认为，“阴阳，气也，形而下者也；所以一阴一阳者，形而上者也。道即理之谓也”（《周子全书》卷七）。他还说：“阴阳非道也，一阴又一阳，循环不已，乃道也。只说一阴一阳，便见得阴阳往来循环不已之意，此理即道也。”（《朱子语类》卷七十四）这种意义上的“附会”已经超出一般词典意义上的语义解释，而上升到一种思想的创造了。不过，像胡适当年所批评的肤浅的“附会”现象，如有人认为“基督教是墨者的绪余，墨家的‘巨子’即是‘矩子’，而‘矩子’即是十字架”①，在比较哲学与比较文化的研究过程中还是要努力避免的。

不过，我们也应该有足够的思想准备，即基于对文化或哲学理论的不甚了解而以自己熟悉的哲学与文化现象类比或同化他者的“附会”倾向，在比较哲学与比较文化的研究过程中，可能在相当长的时间内还会存在。之所以如此，主要在于人类的认识能力有限，当然也与人的价值偏好或深层次的文化“前见”有关。故对“附会”现象的认识不能过于简单化。从言说者的动机角度看，我们可以分出“无意的附会”和“有意的附会”两种形式。无意的附会主要归因于认识能力的不足而导致以熟悉的思想与文化解释或同化思想与文化上的他者。而有意的附会则可

① 胡适.《国学季刊》发刊宣言//胡适选集. 天津：天津人民出版社，1991：153.

能有不同的动机，一种可能是出于对思想或文化上的他者根本上瞧不起，不认真加以研究而自以为是地以自己的思想或文化同化或解释他者；另一种可能是出于“攀缘”的心理，认为对方的思想观念好，但不服输，认为我们也有这种思想或观念。而“有意的附会”中又可以进一步分出“善意的附会”与“恶意的附会”，当然也可能是中性的，既无善意也无恶意的附会。

从“附会”的效果来看，一种浅薄的附会当然会导致极其错误的、毫无价值的认识结果；但也有一种比较有哲学解释学意味的误解与曲解，这种“附会”就其认识的价值而言可能没有多少学术性，但可能会产生一种积极的思想成果。例如佛家在中国的传播与接受的过程中所出现的情况——魏晋南北朝时期的“六家七宗”，就是其中的典型例证。

（二）比较哲学研究面临的若干问题

比较哲学与比较文化如何能做到异同的比较，并通过察其异同，观其会通，最终实现新的哲学创造，而不是一种优劣的比较，进而是价值的审判，最后以一方取代另一方，实现哲学帝国的一统天下？这既是一个理论的问题，也是一个实践的问题。作为理论形态的哲学研究工作，首先是人类的理性认知活动，因而首先面临的是一系列理论的问题。就比较哲学的研究工作来说，我个人认为至少有如下七对问题不能不认真思考。

第一，如何在我们的心灵深处确立这样一种认识的起点，比较哲学是在从事一种不同民族、不同阶段、不同哲学家思想体系之间的差异认识，而不是在做——至少首先不是做一种优劣的评价。中国古代哲人老子讲“涤除玄览”，庄子讲“心斋”“坐忘”，现代西方哲人韦伯讲“价值中立”，胡塞尔讲“悬置”。他们所言在各自的思想体系里皆有特殊的含义，然而从认识论的角度看，这些说法都有一个共通点，那就是涤除认识活动过程中的“前见”，特别是根深蒂固的价值偏见，努力按照事物或认识对象的本来面目认识对象自身。这种要求，从人的认识活动特征和过程来说，其实是一种理想性的要求，但实际上做不到。因为人的认识活动总是在自己的历史文化活动中形成一种系统的认识系统后才能认识其他。如果用镜子来做比喻的话（当然不是完全适宜），必须首先是镜子，然后才能反映对象。认识的主体必须让自己的思维成为比镜子更明亮的识别机体，而且更具有镜子所不具备的“反思”能力，才有可能比较准确地认识自己的对象物。而人的思维不是一面镜子。这一思维机制里自然而然地含有价值判断的成分，只是这种价值判断成分有时是隐性的，有时是显性的；有的思维主体价值成分多些，有些思维主体价值成分少些。而要让思维之镜达到一种绝对的平滑，不含一点价值判断的成分，那只能是一种理想性的要求，而在具体历史文化活动中形成的思维主体往往难以做到。

这里有一种深度的矛盾，作为历史文化活动中思维主体的人自然而然地含有价值判断的认知倾向，而我们的比较哲学与比较文化的认知活动，首先又要求我们尽可能地“涤除”“悬置”这种价值判断，何以可能？

这当然涉及人的主体能动性问题了。人的思维虽有镜子反映对象物的浅表的认知活动层面，也有高于这种直接反映对象物的深度、能动的层面。克服认知活动过程中的天然性直观与习惯性的理所当然，不断地后退到对认识活动主体思维机制自身的反思与调整，这是人的思维认知不同于镜子的最根本之处。因此，在比较哲学与比较文化的研究活动过程中，我们可以通过不断地“涤除”“悬置”我们思维主体中的显性的、隐性的价值判断的干扰，达到对认知对象的“逼真的理解”，这在理论上是可能的，在实践上也应该是行得通的。

第二，我们要意识到，比较文化与比较哲学研究，不可避免地带有认识冒险的成分。为了让自己的认识成果的社会负面效应降低到最小的程度，我们要以知识探险的小心翼翼的态度来对待我们的认知对象。冒险与探险有什么不同呢？日常经验生活中的冒险，当然是带有一种侥幸的态度去追求一种自己想得到的东西，而没有认真地思考自身的能力，更没有充分地尊重在得到自己可欲对象过程中的困难，以及可欲对象自身的不可得到性。探险则不一样。即使是对认知对象的第一次探险，也是在充分估计接近对象的困难的基础上，带上自己所能想象得到的工具以应付这些困难。很多探险活动是失败的。但这种失败不是没有意义的。最显而易见的意义是为后人的继续探险积累一些正面的经验，提供一些反面的教训。而冒险则很难具有探险，哪怕是失败的探险的意义。思想与学术研究的冒险往往是徒增纷扰，佛斥之为“戏论”！

第三，由于人的活动总是有目的的活动，比较哲学与比较文化的理论研究当然也是一种有目的的理论活动。然而，每个研究者的具体目的是不一样的，用列举的方式很难穷尽。从分类的角度看，也是从叙述的方便角度看，大体上可以分为两种理论目标：一是在比较中求同存异，一是在比较中存同求异。这两种理论目标如果在比较研究的过程中首先作为研究者的一种理论起点，则又可以从目标转化成一种方法与途径，从而形成比较哲学与比较文化研究活动中的两种致思原则与路向，其理论研究活动的认知结果当然也就迥异了。

不过，由这两种研究路数得出的“逼真的认知”结果，从一个综合的角度看可能恰恰是互补性的，可以帮助人们比较全面地认知被研究的对象面貌。而在实际的研究活动中，具体的研究者本人可能既在做一种求同存异的工作，又在做一种存同求异的工作。但这不妨碍我们从理论上对比较哲学与比较文化的研究工作给出这两种类型的划分。

第四，诚如朱志方教授在《〈比较哲学原理〉纲要》一文提到，比较哲学其实也涉及翻译理论和科学哲学中的“不可译”与“不可通约”的问题。我在此处将这两者综合成“不可交流”的问题，从而构成与“不可理解”相对应的问题，以之作为比较文化与比较哲学的第四对理论问题。“不可译”是涉及两种语言之间的思想交流问题，“不可通约”主要是两种理论范式或模型之间的对话问题。在我看来，其实都是涉及比较哲学与比较文化中的“不可交流”的问题。“不可译”更偏重于交流的工具——语言的有效性问题。对于一个既了解甲语言，又了解乙语言的人，异质文化是可理解的。如果所有讲甲语言与乙语言的人都能相互掌握对方的语言，则“不可译”问题就不是比较哲学与比较文化的理论问题了。

“不可通约”的问题也是类似于“不可译”的问题。牛顿经典力学的理论与爱因斯坦的广义相对论的力学理论之间不可通约，但我们经过学习，都能理解两种理论的内容。因此，这两种理论之间能否通约就是一个次要的问题。只要我们用它们来处理不同的领域里的问题就够了。

尽管两种异质的文化与不同的理论之间存在着“不可译”与“不可通约”的现象，但并不绝对影响我们对两种文化与各种理论的理解。那么导致我们理解异质文化与不同理论体系的根本原因何在？这当然要返回到我们人类自身的生存状态的层面。比较哲学与比较文化之所以可能，就在于我们的思维能跨越语言和理论体系的概念系统，在生命存在的层面达到一种相互理解，从而实现相互交流。

第五，异以贞同，同可异致。在比较哲学与比较文化的研究过程中，有时恰恰可以通过相异的文化现象、哲学论述，达到对人类某些共同理想追求的认识。同时也可以发现，同一个目标，有时也可以通过不同的方式来实现，从而实现“异以贞同，同可异致”的相互印证，达到殊途同归之妙。

第六，察其异同，观其会通。在比较哲学与比较文化的研究过程中，我们还可以通过对不同文化与哲学体系异同表象的扬弃，实现一种综合创新。这是比较文化与比较哲学研究的理想境界和根本任务。

第七，同不泯异，异不互斥。有人担心，比较哲学与比较文化的会通工作可能会导致不同民族文化之哲学独特性的丧失。这种担忧是有道理的，但其结果可能不会出现。如果不是某种政治与经济力量的操纵与故意为之，比较哲学与比较文化的文化交流工作可能会增强各自不同文化与哲学的自身特质，丰富其内涵，纠正其偏颇与偏狭。最终将是同不泯异，异不互斥。关于这一点，在宗教对话和中西医结合中可能表现得更为突出。黄超博士的论文揭示了段德智教授在这一方面的睿识与卓见。世界各大宗教都有自己的独特信仰。而一种宗教之所以是这种宗教，其核心与本质正在于这一信仰。世界各大宗教在宗教文化方面可以对话，但在信仰层面很难统一为一种信仰。师领副教授以障碍性贫血的中西医治疗模式的不同为例，深入论述了中西医在原理、方法、具体治疗技术方面的根本性差异，进而对中西医结合的常识性、流行性的思想进行了富有深刻启示意义的质疑。这两篇文章似乎在哲学层面都给我们提供了一个值得深思的思想原则问题：如何能做到同不泯异，异不互斥？就宗教文化的复杂性而言，在我们可预见的未来还不可能让世界统一为一种宗教；同样，伴随着中国经济的发展，中医或其他非西医系统的各民族医学自身理论水平与治疗技术的提高，西医与其他医学系统也不可能取代，天下尽为西医独霸的局面。之所以如此，除了现实社会的民族、国家利益与社会就业人群的利益驱动之外，更为重要的是不同宗教信仰与医学系统自身包含着其他宗教与医学系统无法取代的合理性的因素。

这里借用罗尔斯在《政治自由主义》一书中所使用的“多元合理性并存”的概念来说，当今还能存在并能发挥作用的不同文化、哲学系统，都或多或少地包含着一种合理性。比较文化与比较哲学的研究就在于通过“辨同异，别共殊”（萧萐父语）的细致梳理工作，彰显各种文化、哲学系统的合理性，然后各种文化、哲学系统自主地吸收其他文化、哲学系统的合理性，而增强自身文化、哲学的生命力。从这样的角度看，比较哲学与比较文化的研究还在于为不同文化系统与哲学的相互认识、学习、交流提供一个知识王国的自由、民主的理论平台，以防止“文化沙文主义”在知识领域里实行专制。

比较哲学与比较文化的研究工作其意义在于，通过扩大自己对异己文化与哲学体系的认识而达到对对方的一种理解与肯认，并能从中吸取自己之所需，而不在于同化或吃掉对方。没有一个真实的人是全知全能的，而且能从全方位的角度看清楚整体宇宙的问题。西方文化中的上帝，佛教文化中的如来佛，中国文化中的圣人，都是这种理想化的人的观念形象。由这样有缺陷的人而组成的群体，进而国家、民族的文化也都是在漫长的历史过程中发展出一种主流的看问题的系统方式。出于各种现实利益的驱动，这些看问题的系统方式总想借助于一种现实的权力而成为一统天下的精神统治者。比较哲学与比较文化的研究工作则在于要消解这种文化与精神王国里的专制神话，而试图以文化联邦的形式形成一个“世界哲学”的视野，促进知识王国的自由、民主共体的诞生，从而真正实现世界各民族文化和平竞争、相互促进、共同发展，为世界的万民社会造福。

文化比较是在两种以上不同文化研究活动中自然产生的一种文化研究活动。文化比较研究由于文献的不足，或由于研究者对他者文化的相对陌生，在研究过程中常常得出在母文化人士看来非常不贴切的结论与观点，从而导致有些人否认文化比较研究的可行性。其实，文化现象正如其他的认识对象一样，对于研究者来说都有一个由浅入深的过程。在文化比较研究的过程中会出现一些不甚准确，有时甚至是错误的结论，这是难以避免的认知现象，符合人类认识的一般规律。正是从这一认识规律出发，我们完全可以理解梁启超、侯外庐等人在明清思想史研究领域里，在借用西方的思想来贞定、评价中国思想家的思想特性时出现的一些比附的观点。但他们开创的比较文化研究的新视野，将明清思想史的研究纳入世界史的范围之内，则是他们的开创之功。在比较文化研究的领域里，是将异质文化作为参照系，还是作为评判标准，是两种非常不同的比较文化研究的活动。

将他者文化作为参照系的文化比较研究活动，首先，要求研究者持有价值中立的态度来尽可能地认识他者文化的特征，并将其描述出来，然后再将异质文化中与母体文化的异同之处做一准确的“对勘”——我在这里借用了校雠学的概念，从而拓宽我们文化的视野。其次，我们要注意不同文化所处的时代差异，不能将一个民族较为发达的、年代靠后的文化现象与一个民族年代靠前、较为不发达的文化现象进行比较，从而得出文化的优劣论。最后，还要重视不同民族文化发展的特殊形态，如中国自秦汉至明清两千年的历史，基本上是郡县制下的一统帝国的政治与文化形式，以农耕经济为其主体，从而形成中华帝国特有的大一统的农业文明形态；欧洲社会自古罗马帝国解体后，形成了独特的封建诸侯政治形态。由于基督教势力的逐渐强大，在相当长的历史时期内形成了基督教教权凌驾于世俗王权之上的“政教合一”的神学政治时代；而在秦汉以后的中国社会，则是以世俗王权统治各种宗教教权的中国式的“政教合一”形式。如果再向前追溯，中国文明在西周时代所形成的礼乐制度，在秦汉以后又逐渐形成的礼法制度，与古希腊社会重视法制、罗马帝国重视法律的文化传统，都不一样。在人类未进入工业化的时代之前，这些不同文化体系很难简单地说孰优孰劣，而只能说，在人类追求人性完善、现实生活幸福的标准下，各有优劣。

在人类处于国别史的时代，每个民族都有以自己文明形态为中心的心态。中华帝国的华夏文明优越感不是独一无二的。钱钟书先生对此曾指出：“古希腊、罗马、亚剌伯人著书各以本土为世界中心。”如法显在《佛国记》中称印度为“中国”而以中国为边地，并引家铉翁的说法：“中有定名而无定位”，“随地而各不同”①。由此可见，古代的中国人称自己所处的位置为世界中心，并不是夜郎自大。这是因为人们的地理知识所限的缘故。亚里士多德的《政治学》一书，其中充满着对非希腊文明圈以外的欧洲及东方文明的蔑视，将它们称为野蛮的民族。如亚里士多德在该书卷三第十三章论君主政体形式时说：“君主政体的另一属，其权力类似僭主（专制），常常见于野蛮民族（非希腊民族）各国中。……因为野蛮民族比希腊民族为富于奴性；亚洲蛮族又比欧洲蛮族

① 钱钟书．管锥编：第四册．北京：中华书局，1986：1556．

为富于奴性，所以他们常常忍受专制统治而不起来叛乱。”① 亚里士多德生活在公元前四世纪至前三世纪，大约与孟子处于同一时代。而这时的华夏文明不说比古希腊文明高明，至少是与古希腊文明处于同一高度。由此可见，在近代文明到来之前，希腊人、欧洲人的文化偏执论，自大情结，一点也不比中国人逊色。

以明清学术与思想研究为例，我们要问，为什么我们要以西方的文明作为标准来衡量中国文化有没有现代工业性因素，能不能成为现代文明的源头活水？宋明理学究竟是创造了“以理杀人”的理学，还是培养了民族的气节？1840 年鸦片战争的失败以及接踵而来的一系列现实政治、军事的失败，导致了中国人对自己文明价值的怀疑，进而产生了否定自己文化传统，要求全面学习西方文明的心态。而关于明清学术与思想的现代性的问题，宋明理学究竟是进步的还是落后的问题，都只是服从这一大的民族自强的功利要求，因而，20 世纪的宋元明清的学术与思想研究，尤其是明清学术与思想研究，价值要求在先、事实认定在后的程序倒置，使得明清学术与思想研究产生了很多主观臆断的学术结论，对宋明理学的价值贞定也表现得相当偏颇。广义的意识形态要求——现代性的宏观叙事方式在很大程度上成为明清学术与思想研究的蔽障。

但是，从参照系的角度看，西方近代的很多价值观念在中国明清之际的思想家著作中又确实存在着！当时的很多思想家，有的是相互了解的，如黄宗羲与顾炎武、顾炎武与傅山、王夫之与方以智、方以智与黄宗羲，但也有一些是互不通信息的，如陈确与王夫之、戴震与袁枚等，他们是不通声气的。但是，他们的著作中都有一些共同的新思想。这些新思想与近代西方哲学家、思想家提倡的人道主义、个人权利、思想自由、言论自由、反对专制的民主政治等观念，都非常接近。这样一种普遍的社会精神现象持续三百年之久，就不是一种偶然的精神现象，而是代表了一种新的时代要求。这种新的时代要求也不是这些思想家个人在头脑里凭空产生的，一定有它的社会基础。只是这些新思想要求的表述方式、实现过程与西方近代社会有相当大的差异，以至于有些人否认中国曾经产生过这样的新思想！这也不符合思想史的真实。

① 亚里士多德．政治学．吴寿彭，译．北京：商务印书馆，1965：159.

在比较文化研究的过程中，如何在理论上自觉到以异质文化为参照系与以异质文化为价值评价标准二者之间的不同，是一个非常关键的问题。当以异质文化为价值评价标准时，则会对自己母体文化做出非常有害的割裂、取舍。如果以异质文化之是为是、之非为非，更会造成民族文化的虚无主义倾向。但是，我不能否认异质文化的参照系意义。这种参照系既可以使母体文化的某些零星的、不成系统的、暂时还处于非主流的新思想显示出其理想的光芒，也可以在比较的视野里彰显母体文化中的新思想所具有的普适性及其自身特质；既能在寻求各民族文化的融合的道路上与其他民族达成文化共识，又能强化民族文化自身特质，增进民族文化的自我意识与认同感，为抗拒现代文化的同质化，为保证现代真正的多元文化做出自己的努力。

其实，现在我们从事的中西文化与哲学的比较研究，在耶稣传教士来华时就已经开始。德国哲学家莱布尼茨是最早从事这方面工作的欧洲哲学家。自 16 世纪以来，中西文化与哲学的交流虽然是历尽坎坷，曲折艰辛，但一直在进行着，从未中断，只是有隐显之分。中西文化各有自己的现代文化的“源头活水”，亦各有自己的内发原生的现代文化根芽与精神动力，只是有“顺产”与“难产”之别。在比较哲学与比较文化研究的活动中，萧萐父先生提出的辨同异、别共殊，辨异中之同、析同中之异的方法，以及通过这一方法达到“东西慧梦”的圆融与理解，值得借鉴。

二、比较哲学的元问题及道德形态学方法

比较哲学视角与道德形态学方法的内在关联，一直是文化政治哲学和道德哲学讨论中不可回避却又始终未曾探究的课题。从比较哲学的元问题看，比较性思维和比较问题的背后是不同道德体系和文明体系的自我定位、自我理解和相互关联及互竞互争的问题。它涉及在当今文明多样性背景下如何从比较思维开出道德形态学方法，进而在古今对看、中西互镜的道德形态学探究中革新比较哲学思维类型及其启蒙视野。这里从比较哲学的元问题切入对该问题的思考。

（一）比较哲学的元问题

不论从何种意义上看，比较哲学在当今中国学术系谱中都应该被划到“高端学术”之范畴。人们若非对哲学本身及相关文化政治问题有深切之体认和深入之研究，是很难在这一领域登堂入室、一窥堂奥的。因此，如果往深里看，就不难发现，这是一个对学问、思想和知识条件均有很高要求的领域。仅就其两个特点，即就其比较跨界的跨文化的学问特质和说通历史、说通理论、说通现实的“通古今合内外”的思想禀赋特质而论，就不难看到这一派学问的大气磅礴。一般公认的比较早的比较哲学的代表作是梁漱溟先生的《东西文化及其哲学》。它在今天仍然被看成是这方面的经典。现代新儒家（包括梁漱溟在内）从熊十力、冯友兰、金岳霖、贺麟到牟宗三等学者，无一例外地是在比较哲学的视域中进入对儒家思想的现代性论题进行阐释的。从这个意义上，我曾指认，比较哲学视角无疑是百余年来中国学术中最为引人入胜的视角。

然而，如果回顾这一段学术史，对于中国比较哲学的问题意识及方法论自觉而言，始终存在一个如何超越习常“所思”的那种理解范式和思想方式，从一种文化前提批判的视角进入比较哲学的问题。我们称该问题为“比较哲学的元问题”。比如说，对儒家伦理的研究，始终存在一个如何从伦理思考方式或伦理思维的儒家范式进行考辨的问题。这个问题如果仍然在儒学之“所思”的方向上而不是在一种文明多样性的视野下，就很难跳出儒学之“所思”的限定。这是说，“思”儒学之“所思”隐含着一种比较哲学的“元问题”，其实就是进入一种前提批判的比较哲学之视域。换句话说，要对那种在“自然态度”下对文化前提不做深究的研究进路进行一种批判性之审思，以匡正“比较”二字之义理。这里要强调指出，这种“自然态度”一直以来是构成有“比较”而无“哲学”的比较哲学之误区的根由。比如，以西方形而上学的概念逻辑的思维方式定义哲学，就会得出中国古代思想中没有“哲学”的结论，这实际上没有问及“哲学可能以另一种方式”出现在中国古代思想中。因此，人们习见的比较哲学，易于在“虽有所思”却缺少“思‘所思’”之“思”的思想深度。它忘记了，对比较哲学而言，对比较之视域的“所思”进行“反思”，实际上更为根本，意义也更为重大。

在这一点上，至少有三个前提性的问题，是我们在“思所思”的意义上（而不仅仅在“所思”的意义上）理解比较哲学及其方法时绕不过去的“元问题”。这就是哲学形态的“一与多”“古与今”“中与西”。

首先，由比较哲学看哲学形态的“一”与“多”，必须突破“本质主义”的理解方式。我们只有在一种复数的、多元的“哲学形态”的理解性共识中，才能敞开比较哲学的视角。那种通过先行楔入对哲学形态的一元“普遍本质”预设，而将某种文化谱系中的哲学及特征确认是唯一的绝对真理的体系或正统权威的观点，必然会封闭比较哲学所必需的二维的或多维的比较视差。因此，以本质主义思维方式看问题，哲学史就是一个“形而上学古战场”。哲学爱智的根本任务，就是在探寻存在本质的基础上思考“物之由来”和“人之根本”。对“一”的迷恋，对“在”（或事物本身）的执着，对“实体”的偏好，使传统形态的哲学往往坠入“起源幻象”而无法真正进入比较哲学视域。此外，本质主义还为普遍主义或基础主义哲学预留了一个意义论或价值学的起点或制高点，从这里产生了普遍主义“独白式”的哲学形态，在“普遍性—特殊性”框架下内含在诸“特殊性”中发现“普遍性”之旨趣。这意味着，如果哲学的目的只是将某一种哲学作为唯一普遍之物一再表述出来，那它就会陷入“普遍性幻象”。哲学之“存在”（无论是单数的存在还是复数的存在）的历史表明，哲学必须破除上述两种“幻象（起源幻象和普遍性幻象）”，才能真实地面对作为复数的哲学形态的多样性和差异性，在尊重差异的前提下进入比较哲学之论题域。

其次，从比较哲学看哲学形态的“古”与“今”，必须走出历史虚无主义的价值图式。历史虚无主义有两种形式：一是“厚今薄古”，是在“现代性”尺度上表现出来的历史虚无主义；二是“厚古薄今”，或曰“发思古之幽情”，是在“后现代性”尺度上表现出来的历史虚无主义。在“古—今”之别的跨越历史时间长度的比较哲学的诸进路中，问题的关键在于如何看待现代性。一般而论，现代性的核心是把古代世界的伦理、价值、社会习俗或风尚、人们的生活方式及哲学理念彻底颠覆。“一切稳固的东西都烟消云散。”这个历史过程引发的总体文明转型，被称为“现代性”。它隐含了“除旧布新”的价值预设和文明“物化”的虚无主义逻辑。以现代性为尺度衡量古代哲学或其他文明传统中的哲学，就会坠入“厚今薄古”的隐蔽的历史虚无主义泥淖。尼采曾经对欧洲虚无主义的价值方式进行揭蔽。他指出，现代欧洲隐蔽的虚无主义危机表现为“最高价值的自行贬值”，危机的爆发就是现代世界的精神危机或价值危机，就是“上帝之死”。他写道：“关于另一个世界的观念为何总是没有好下场？形成批判‘这个’世界的局面——这到底意味着什么？”① 尼采的全部著述都可看成是对此作答。他从悲剧时代古希腊人的思想经验和生命体验中感悟：现代人已经走进“虚无”之中。尼采的口号“重估一切价值”把现代性描绘成了一条“从自己后尾吞噬自己”的“巨蟒”。这是一切后现代哲学及文化以“厚古薄今”的方式对现代性进行解蔽和颠覆时彰显出来的一种“彻底的”历史虚无主义，即在一种“古—今”对比中将现代性隐蔽的虚无主义公开揭示出来。无论是在“现代性”尺度上，还是在“后现代性”尺度上，当比较哲学在哲学形态之“古—今”维度展开之时，它面临的最大危险就是历史虚无主义的价值图式。

最后，从比较哲学看哲学形态的“中”与“西”，必须警惕西方普遍主义的话语压迫。在这一点上，比较哲学需要先行澄清一个基本概念，即每一种哲学在其世界意义和历史意义上都关涉普遍性，在其初始文化语境和时代精神境遇下都是具有普遍意义的哲学，是人与物、我者与他者、人与世界，以及诸神、现实生活等实存维度的思考和筹划。黑格尔说，“普遍的东西是自由的威力”②。然而，在当今比较哲学的“中—西”维度，面对西方普遍主义话语的全球扩张及其“文化殖民”（或意识形态霸权），一切非西方话语的哲学都面临丧失“普遍性”的危险。如果我们考虑到任何一种民族特性总是与人类命运共同体的普遍性密不可分，那么就必须承认，任何“可比性”的前提是文化理念、价值方式和生活世界的多样性，也就是一个民族或国家从其特性或它的“这一个”出发用以定义“普遍性”的哲学的多样性或文明的多样性。“放弃了对‘普遍性’的界定，就是放弃了一种特殊具体存在的文化。”③ 因此，比较哲学的“中—西”维度，关联到如何看待当代中国社会生活的基本形式和西方现代性的普遍主义范式之间的相互关系。说

① 尼采．权力意志：重估一切价值的尝试．张念东，凌素心，译．北京：中央编译出版社，2000：319.

② 黑格尔．逻辑学：下卷．杨一之，译．北京：商务印书馆，1981：270.

③ 张旭东．全球化时代的文化认同：西方普遍主义话语的历史批判．北京：北京大学出版社，2005：6.

到底，就是在一种比较哲学的视角下思考如何重构中国现代性的问题。中国自鸦片战争后遭遇西方现代性的全面挑战。挑战如果集中到一种文化政治层面看，就是“普遍—特殊”的辩证法。即为了抗拒普遍性的丧失，在比较中坚持一种特殊性，反而成了哲学由以界定其普遍性的方式。从这一意义上看，比较哲学需要对“构成思想”的那种体制化的西方现代性进行反思，才会在遭遇西方普遍主义的话语压迫之时保持清醒和张力，真实地面对中国现代性问题。

（二）比较哲学与道德形态学方法

比较哲学的“元问题”有其深层关切。问题内核就是对哲学用以构成思想的前提进行批判和反思（思“哲学之‘所思’”），并由此进入哲学形态的“一与多”“古与今”“中与西”的深层关联。比较哲学突出的思维特质，是在这种关联中展现的“比较思维”类型。一方面，它预设了作为总体的普遍性的存在。如果没有这种相对于“总体”而言的普遍性，可比性或比较根本无从谈起。另一方面，预设的总体又不是靠“绝对命令”或“第一因”之类的形而上学理念来定义其普遍性，而是靠特殊性的自我理解来呈现其普遍性，即总体或“普遍物”存在于个体和“个别物”的表象之中。如果说比较哲学最终以“认同”为旨归，那么它所寻求的“认同”不是对某种特殊性的认同，即不是轻率地站在某种“个别物”的立场否认普遍意义的存在，而是对特殊形态中内含的普遍意义的认同。这就是一种良好的比较哲学的内在要求。

我们依据对比较哲学元问题的理解，勾勒一个抽象模型（该模型使比较哲学的普遍性理论预设的重要性得以突显），再以儒学或儒家伦理的现代性问题为参照对该模型进行阐释，从而使比较哲学视域中的道德形态学方法得以凸现。

1. 比较哲学的抽象化推论模型

我们把有关可比性概念的反思进行简化抽绎，形成如下两个推论的程式：

【Q1 程式】Q1（即问题一）是：为什么要拿 A 和 B 进行比较？如果 A 和 B 没有可比性，比较不具备合法性。因此，比较 A 和 B 的前提，是二者必须具备可比性。标记为：Q1［A，B］。

得出大前提：只有 A 和 B 有可比性，才能拿 A 和 B 比较。

【Q2 程式】将 Q1 转换为一个技术性问题 Q2。Q2 是：如何衡量 A 和 B 具备可比性？关键在于两个因素：第一，预设 A 和 B 之间存在一总体性的 C，它是 A 和 B 的普遍性体现（可比性的前提）；第二，从 A 中看它内含的 C 性，再从 B 中看它内含的 C 性（将可比性转化为比较过程的环节）。因此，通过普遍性 C 反观 A 和 B，A 与 B 在深度关联中构成了一种比较互镜的关系。标记为：Q2［（A，B），C］。

得出小前提：C 使 A 和 B 有可比性。

由前提得出结论：当且仅当 C 成立，才能拿 A 和 B 比较。

上述抽象化的推论尽管是一种形式化推理（并不关涉内容或质料方面），但不难看到，其中隐含着的“普遍—特殊”辩证法及其在比较哲学论题上呈现的一种“三角关系”，实际上指向了比较哲学在具体比较项目中寻求普遍性的深层关切。这个“三角关系”形成的张力若以一种抽象化模型描述，则可图示如下：

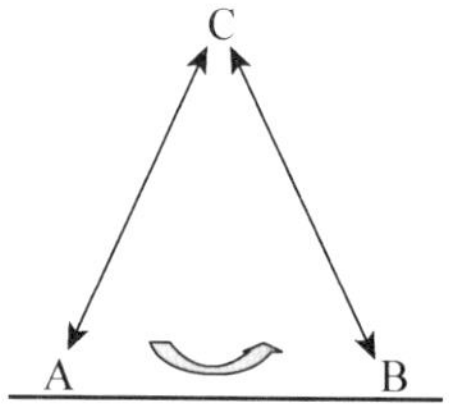

具体说，从 Q1［A，B］到 Q2［（A，B），C］的形式推论中，内含一种理论突破的可能。即，设定普遍性 C，用以指导对特殊可比项 A 和 B 的比较探究，再从特殊的可比项 A 和 B 中寻找普遍性 C，以进一步完善最初设定的普遍性 C。这一循环往复的探究过程，就是在 A 和 B 的相关性中深入挖掘 C。

2. 关于“儒家伦理之现代性”的比较哲学探究

如果我们试着将有关“内容”纳入这个形式推论之中，就会敞开比较哲学所蕴含的形态学视角。

最常见的也是最具影响力的例子，是将儒家伦理与新教伦理设定为两个可比较项 A 和 B。对二者的比较哲学研究可以在多个层面展开。但经典的也是聚讼纷纭的方面，是在经济伦理学的普遍性理论预设下展开的比较哲学论题。构成可比较性前提的理论预设，就是“现代化理论（C）”。按照韦伯预设的现代化理论（传统与现代化的断裂或对立模式），新教伦理催生了资本主义精神，因而具有现代性（C 性）；儒家伦理不能催生资本主义精神，因而不具有现代性（C 性）。韦伯的现代化理论预设（C），得出儒家伦理与新教伦理不具可比性的结论。列文森（Joseph Levenson，1920—1969）依据韦伯论题，做出断言：儒学已寿终正寝，盖其原因在于它与现代化（西方化）势不可挡的进程格格不入，只能是“无墙之博物馆”中的一件展品，而不能作为活的思想资源在 20 世纪重现生机。[①] “韦伯-列文森”命题提出了一个对汉语思想界影响重大的比较哲学论题，它把儒家社会（或受儒化价值观之影响的东亚社会）推到了一个由西方现代性话语定义“普遍性”的“影响之焦虑”之中。当代新儒家是在面对西方现代性之势不可挡和“韦伯-列文森”命题之步步紧逼的文化政治境遇中，探索儒学以及儒家伦理“能否”以及“如何”吸收科学、民主之精神资源以开出现代性的。新儒家中各家各派大多是通过对比较哲学之“三角关系”进行重构，以把脉儒家文化在现代化进程中遭遇的深刻的道德和精神危机，进而探讨儒学复兴和文明重建的当代课题。例如牟宗三的新儒学，就是从儒家精神脉络（A）与以亚里士多德到康德为代表的西学精神脉络（B）的比较视域中，探讨“‘内圣’如何开出新‘外王’”的“道德的形上学”问题。这个问题的实质就是“旧邦新命”的当代重演。说到底，是如何“从儒家传统伦理开出现代性”。于是，在现代化理论范式上就要重新审视韦伯预设的“现代化理论”（传统与现代性冲突的“短现代化”）。

从一种文明多样性视野出发，传统与现代化之关系实际上有三种模式，即“短现代化（short modernisation）”、“长现代化（long modernisation）”和“传统与现代化的‘循环模式’”。[②] 这关涉到如何对“儒家传统重开现代性”的比较哲学之普遍性理论预设（C）进行修正的问题。“‘现代化理论’所说的现代化可以被称之为‘短现代化’（short modernisation），即现代化在某一时空中完成对传统的背离、拒斥和替换。”[③] 按照这种“短现代化”的理论预设，会得出“韦伯—列文森”命题：儒家伦理开不出现代性，儒学寿终正寝了。“长现代化”理论模式是指“现代化以渐进和全面的方式将传统融入现代化”，它把现代性看成是一个贯穿文明史（从轴心文明—区域文明—全球文明）的绵延的

① 林同奇．人文寻求录：当代中美著名学者思想辨析．北京：新星出版社，2006：3.

② 姚新中．传统与现代化再思考．北京大学学报，2015（3）.

③ 同②.

扩展，而不只是一个时间点或一个固定空间范围内的过程。现代新儒家大都是通过“长现代化”理论预设（C）来思考儒学复兴的文明肌理和文化慧命的，即牟宗三所说的儒学“第三期”发展的使命：在儒学从轴心文明、区域文明走向全球文明之际，让儒学担当“旧邦新命”之使命。当然，两种现代化理论，不论“长”“短”，都存在割裂传统与现代化的弊端。而从传统与现代化不可割裂的方面看问题，会得出一种“传统与现代化的‘循环模式’”的理论预设。这种“循环模式”不只是强调传统怎样“不断地为现代性所改变”，同时也强调现代性怎样“不断地为传统所改变”。以这种传统与现代性之相互改变的良性循环为前提，把“传统与现代化之‘循环模式’”作为一种普遍性理论预设（C），以之衡量儒家伦理的现代价值，我们就会真实地进入传统与现代性的辩证统一，并由此呈现“儒家传统的再现代化”的比较哲学之论题。

3. 从比较哲学论题中开出道德形态学方法

以上关于儒家伦理的现代价值的探究，指向问题之核心：使可比较性和比较成为可能的普遍性理论之预设（C），如何在“普遍—特殊”的辩证法中，通过传统与现代化（现代性）的总体性理论之推陈出新，以适应文明多样性时代的时代精神之吁求。这里隐含一个值得深入挖掘的持续了一百多年的比较哲学论题：（1）基于“短现代化”理论预设，“韦伯-列文森”命题提出问题（儒学或儒家伦理面临危机）；（2）基于“长现代化”理论预设，当代新儒家对问题做出回应；（3）基于“传统与现代化的‘循环模式’”的理论预设，当代中国学者提出“儒家传统再现代化”的比较哲学论题。我们看到，与儒家伦理的现代性问题相关的比较哲学的三种普遍性理论预设，究其实质而言，是从哲学形态的“一与多”“古与今”“中与西”的元问题层面，步步深入，切近从“道德形态过程”开出一种“道德形态学方法”。

“长现代化”理论模式和“传统与现代化的‘循环模式’”的理论预设，优先强调从文明多样性的视野摆脱本质主义的思维方式、虚无主义的价值图式和西方中心主义的意识形态话语的压迫。由之所定义的“普遍性”在道德哲学论题（比如儒家伦理的现代性问题）上，特别强调从“道德形态过程”看待特殊具体的文化存在和道德现象。以此观之，则“新教伦理催生资本主义精神”与“儒家伦理开出现代性”在“道德形态过程”上遵循着全然不同的“普遍性理论预设”，二者之间不具可比较性。以新教伦理的道德形态过程为标杆来衡量儒家伦理的现代性问题，是以一种单一文明尺度定义“普遍性”的非比较性思维，因而暗藏了西方中心主义之陷阱。经过这样的澄清后，如果从可比较性的角度和比较的视野上，对贯穿于“道德形态过程”中的“普遍性—特殊性”之辩证法以及“传统—现代化”之相互改变的循环模式进行深入挖掘，就会触及“道德形态学方法”的问题意识。

首先是关于道德探究的物质形式方面的“形态学的视角”。海德格尔曾指认，艺术品之为“物”是使艺术得以展现的物质形式。以这种方式思考道德探究的“物质形式”方面，会得出一种道德形态学（它本质上是属于偏重道德问题之面向的“社会形态学”①）结论：使“道德”得以展现的物质形式就是“人口现象”或“人的现象”，它是与自然法则相对应的社会法则的基础。也就是说，人口数量、人口密度（社会规模）、居住方式（群落）、民族分布、人口迁徙、人口生产方式、家庭、族群、国家以及人们之间的交往方式和实践方式（包括劳动分工、职业教育、宗教信仰）等等，这些特殊具体的社会存在、文明类型和道德现象，是展现道德的普遍性和规范性的特有形式。因此，“道德形态学”就是从“人”之关联于一切物质形式、制度框架、信仰方式和话语谱系的相互关联性出发，提供理解规范性之来源和美德之构成的物质基础和实践根源的一种视角或方法。19 世纪社会学家孔多塞、密尔、涂尔干等人称之为“道德科学”②。而马克思的社会经济形态的问题意识，则内含从生产方式和交往方式的物质形式出发（包括物体系、技术系统、人口现象、话语结构、权力谱系、符号象征）揭示“道德形态过程”，

---

① 涂尔干在其一生的学术生涯中都是试图完成他在博士论文《社会分工论》中提出的任务，即通过社会形态学以实证科学的方法来研究道德事实，在此基础上建立一门“道德科学”。从涂尔干思想中一直未被充分关注的社会科学的“道德旨趣”看，他早期所论述的“社会形态学”思想实质上就是一种“道德形态学”。其道德旨趣是指社会科学力图通过研究社会生活本身来为人们的道德实践提供规范性基础，而不是从某个公设出发通过推论得出道德法则。

② 对于 19 世纪英法社会学家来说，道德科学、伦理科学、政治科学、社会科学等词汇经常是可以替换使用的。读那个时代的精英学者的著作，如孔多塞、密尔、孔德、列维-布留尔、涂尔干等的作品，就会理解他们所共享的一种主张，即道德科学是借助实证科学的方法来研究社会法则的学科。道德规范或法律是对社会法则的一种人为表达。以此观之，一门社会科学必定同时也是一门道德科学、伦理科学。相关论述，参见：陈涛．道德的起源与变迁——涂尔干宗教研究的意图．社会学研究，2015（3）。

因而展现了使可比较性和比较得以可能的普遍性。换句话说，以马克思的实践唯物主义观点诠释道德形态学的视角和方法，是一个有待展开的课题。这一课题透过实践批判或政治经济学批判的视角，反思比较哲学的普遍性理论预设，可以为诸如“儒家伦理的现代性”之类的比较哲学论题，提供一个可比较性和比较的“操作平台”。①

其次是关于道德探究的可比较性方面的“开放总体性”。比较性思维是反思“普遍—特殊”之关系的关键。它既是理解我们的文化和知识在一种分类体系的框架下既相互独立又彼此关联成为一个整体的“开放总体性”的前提，又是从这种具备“开放总体性”的比较哲学论题开出道德形态学方法的枢机。在两个特殊可比较项A和B的比较性思维中，可比较性和比较的精神实质不是一较短长或一决高下，也不是寻求“一个”统领“另一个”的权力话语。比较哲学不致力于一种超越文化语境之具体性的“普遍之人”“普遍伦理”以及超验永恒本质的抽象普遍性之探寻。它对普遍性的寻求总是以承诺特殊性为前提。“面向差异”“尊重他者”是比较性思维的基本要求。因此，摆脱对“本质主义”的柏拉图式的热情，破除对民族精神之为“绝对精神”的黑格尔式的执迷②，着眼于不同的社会经济和文化政治系统之间的相互关联并将它们放到一个融会贯通的开放总体性的整体视域及可比较性平台上进行考察，以寻求二者之间可共认的、公共的和可公度的普遍性，这有助于推动道德探究在比较哲学思考方式中进入一种道德形态学视角或方法。

最后是关于比较性思维与伦理思维的契合。比较思维对可比较性理念的坚持，使之有别于传统本体思维方式而表现为一种伦理思维方式的特质。这使得比较性思维与伦理思维的契合方式成为理解道德形态学方法的关键。概而言之，二者有很多的契合点，择其要者表现在三个

---

① 这个观点借用了张旭东对马克思主义作为可比较性和比较问题的参考系的有关论述。张旭东的表述是：“比较和可比较性一定要有一个操作平台，这个操作平台并不是每一个理论话语都可以提供的。而马克思主义可以，因为马克思主义认为统一整个现象世界的是资本、商品、生产力和生产关系。这一系列的东西都是普遍性的论述，在做西方和东方的比较时，需通过马克思政治经济学的概念过渡才可以实行。”张旭东．全球化时代的文化认同：西方普遍主义话语的历史批判．北京：北京大学出版社，2005：30．

② 这种执迷表现在黑格尔哲学为现存的普鲁士政治权力辩护的政治哲学主张。黑格尔认为，绝对精神可以通过一个基于特殊民族、宗教、种族和文化传统的理想政体将以往一切历史发展阶段导向一个总体性目标，从而在那里达到极致与和谐。

方面：

（1）二者都倡导尊重与相互影响的价值，并由之激发了重估或重构文化政治之秩序或社会生活之法则的文化批判或社会批判的一种思想势能。

（2）二者都致力于使道德探究的目标不是封闭在普遍性理论话语之内部，而是在理论与实践、普遍与特殊的相互关系中不断地打破特定事物的局限和禁锢，在面向关联性实践总体和生活的开放总体性中，寻求对道德形态过程的普遍的、辩证的把握。

（3）二者对“开放总体性”的强调，旨在确立一种尊重差异的伦理思维准则。简要言之，表现在三个方面：其一，向实践总体性开放出一种以“途中道德”① 为指引的理论思维；其二，向历史总体性开放出一种以“道德多样性”为旨归的现实感；其三，向他者总体性开放出“面对他者”的道德自我意识。比较性思维与伦理思维的契合，在道德探究的可比较性方面，凸显了道德形态学视角或方法的重要性。

（三）比较哲学的启蒙视角

尽管比较哲学会涉及一些古老的议题，特别是在道德探究维度产生了一些超历史的比较论题，但究其矛盾所关涉的核心而论，它们仍然属于现代性问题。涂尔干指出：“要想妥善地理解一种实践或一种制度、一种法律准则或道德准则，就必须尽可能地揭示出它的最初起源；因为在现实与过去之间，存在着密不可分的关联。”② 时间维度的“新—旧”“古—今”“传统—现代化”，空间维度的“我者—他者”“中—西”“本土—全球化”，使比较哲学内含的现代性在一种“元问题”深度上，指向“一与多”“普遍与特殊”“个体与总体”的辩证关联。从这一维度展

---

① “途中道德”的提法来自笛卡尔《方法论》。德国学者胡比希将之发展为“伦理帐篷”的说法，其有五个特点：一是稳定，能够遮风挡雨；二是可移动，能够面向未来开放；三是可修正错误，方便于根据环境或语境进行调整；四是符合责任分担原则，拆除后移走时由多人分担之而避免责任集中；五是满足需要，即满足人们的道德舒适感。参见：C. 胡比希. 作为权宜道德的技术伦理. 世界哲学，2005（4）。甘绍平在《人权伦理学》中讨论“人权冲突与道德智慧”时引用并对之进行评论和阐释。参见：甘绍平. 人权伦理学. 北京：中国发展出版社，2009：190-191。

② 涂尔干. 乱伦禁忌及其起源. 汲喆，付德根，渠东，译. 上海：上海人民出版社，2003：3.

现的道德形态学方法看，伦理的普遍性不再是某种先在的绝对物之呈现，而是“人”之现实的世界筹划活动中的创造与建构，是社会法则之构成及实践性人文知识之形成的过程。也就是说，是“道德形态过程”的呈现。这里内含着一种革新比较哲学思维类型及其启蒙视角的方法问题。它不是一种技术路线或一套操作规范，而是使可比较性或比较思维转化成为一种价值观和一种建立在对差异性之认可基础上的伦理思维。

当启蒙现代性刚开始浸进现代人的日常生活并在启蒙学者中催生一种“世界公民”的伦理实践类型之时，诗人歌德就兴奋地创制了“世界文学”（Weltliteratur）这个术语，表达文学阅读中不同生活世界之间的可译性和可比较性。一个人坐在原地不动就可以通过阅读开展文学的世界旅行，今天进入法国人的心灵状态，明天进入苏格兰人的生活世界，最大限度地摆脱生长环境带来的局限性和狭隘性，而变成一个眼界开阔、富有想象力的“世界公民”。[①] 尼采在《人性的，太人性的》一书第23节写下了一个标题——“比较的时代”。他说：“这样一个时代是如此获得意义的：各种世界观、各种风俗文化在这个时代能得以比较，并且一个接一个地受到体验。”[②] 尼采并不是为这个时代献上颂词。相反，他担忧的是在令人目不暇接的可比较的丰富性和多样性中人性和道德的迷失：它是否预示着更高的审美、更高的道德和更高的人性？

如果说歌德是在启蒙的意义上描画比较视域中“世界公民”之形象，那么尼采则是在一种“后启蒙”的意义上反思一个“比较的时代”的来临。如果二人生活在当今这个互联网、大数据、“云”时代，他们会以怎样的眼光看待这个以互联网和移动通信为平台的“比较的时代”和“比较的世界”呢？想象不出他们会做何评论。但有一点是确凿无疑的，那就是，哲学是时代精神的一面镜子。如果一个人的哲学思考方式和道德探究形式仍不能从比较思维和伦理思维的契合方面获得突破，不能具备一种尊重差异、面向他者的开放总体性，那他还是生活在传统本体思维和传统伦理观念的阴影之下，并不能真正理解歌德为何赞美启蒙时代的世界公民，而尼采为何担忧在一个过度启蒙的“比较的时代”精神会走进虚无。这表明，深入反思比较哲学开出道德形态学方法的意

① 张旭东．全球化时代的文化认同：西方普遍主义话语的历史批判．北京：北京大学出版社，2005：32.

② 尼采．人性的，太人性的．杨恒达，译．北京：中国人民大学出版社，2005：33.

义，需要从文化政治和观念史的意义上重新审视比较哲学的启蒙视角，以回应如下三问：如何定义“普遍性”？如何避免视角之误置？如何敞开一种形态学之远见？

第一问，道德形态学如何在“普遍—特殊”的辩证法中定义“普遍性”？

这个问题指向一种文化政治或观念史的形态学解蔽。人们运用和提出某个哲学概念或哲学范畴，或者言说某种“哲学话语”，都有其文化政治的或观念史的形态学背景。换句话说，这些概念、范畴和话语在其出场境域中总是潜隐着某种有待诠释的总体性的文化政治语境或整全的意义系统。这类似于生态学所描述的生物群落的分布，同一物种在不同“生境”形态的呈现方面所表出的功能是不同的。同样地，比方说，被释义为“实践智慧”的某一道德哲学范畴，在亚里士多德的著作中和在马基雅维里的著作中的文化政治形态呈现或观念史分布就很不相同，二者又与中国儒家思想中蕴含的“实践智慧”有很大的差异。这使从不同视角进行比较探究以勘测其形态学之构成和类型的分布、流变及演化，就变得十分必要。而从形态过程追溯其概念结构，从生活史之勘察重述其传统，就必定是在一种比较与互镜的语境参照和思想对话中使人们所探究的问题得以澄清。不论从中国语境看问题，还是从西方视角看问题，比较哲学之进入道德哲学论题就必然会以某种方式切近于以一种“道德形态学方法”进入文化政治的语境解蔽或观念史批判，而揭示这一关联总体性就是真实的比较哲学的思想启蒙。

第二问，道德形态学如何避免比较哲学的启蒙视角之误置？

比较哲学在文化政治或观念史方面易于陷入的最大迷误，是将某一语境中的价值观念或道德理想确立为唯一的普遍物或普遍价值，并赋予它以启蒙之功能。这在中国比较哲学的许多论题中时常见到，因而遭遇“缺乏远见”之指责。究其根由，则在于视角之误置，即把“西方视角”等同于“启蒙视角”，比较哲学自身所固有的启蒙视角反而隐匿不彰。它通常导致两个后果：一是将“古—今”之变的中国文化语境中自身的启蒙问题混同或简化为一种“中—西”之别的抽象比较问题，有意无意地设定了“西学”的启蒙功能和普遍意义；二是将“中—西”之别重构为“古—今”之变，进而将“中学”引以为解决西方启蒙现代性之“蔽”的灵丹妙药。前者欲以“西学”为标准治中国文化政治之“病”。

后者欲以“中学”为标准来治西方现代文明之“病”。不难看到，这里所说的启蒙视角之误置，有可能使比较哲学或是落进西化派之窠臼，或是陷入国粹派之泥淖。因而，使得这一门高端学术，或者为西学话语所主宰，或者为一种夜郎自大的文化偏执论的情绪所浸染。应该看到，比较哲学有其固有的“启蒙视角”，这是我们要重点开启的一种哲学意义上的深层启蒙。它既不是对“西方视角”无批判地认同，也不是对其片面地拒斥，而是在古今对看和中西互镜的形态学视域中拓展一种具有启蒙效应的形态学“远见”。以道德形态学方法所内含的比较哲学之旨趣而论，这一有别于“西方视角”（但又与之密切相关）的启蒙视角，包含了“形态相通”的追求和“语境互证”的史识。

第三问，道德形态学如何在古今对看、中西互镜的比较哲学视域敞开一种有别于西方视角的“远见”?

比较哲学的启蒙视角对道德哲学的意义在于，它敞开了将形态学方法引入道德哲学的时空维度。时间维度的古今对看和空间维度的中西互镜，是比较哲学在一种关联总体性视域发挥文化政治或观念史批判之启蒙功能的两大视角。基于比较哲学自身的启蒙效应，我们在道德探究的比较哲学论题上，不能就道德论道德，也不能局限于某一时空范围的“点”上从抽象原则进行道德论证或道德推理，而必须从一种形态学整体论的视角进行概念史和生活史的问题域还原、认知旨趣拓展和社会经济形态比较，以便在不同的参照体系中从长时段和大尺度的观念史论域和文化政治视角考察各种活着的道德形态。由此而论，道德形态学方法可以被归于比较哲学范畴之下。其要义在于强调“形态相通”和“语境互证”之结合。“形态相通”旨在把握道德形态转换的内在逻辑。把握了这个逻辑，就会开显不同形态之间的差异性相互激荡而引发的一种启蒙效应。“语境互证”涉及道德语汇、论证和判断的语义学分析、语用学诠释和语境论勘探，是让道德哲学的“抽象”复归其形态学的具体，并以伦理的实践性人文知识过滤这种抽象。因而，在研究视角上先行预设了两条“平行线”的相接①：以形态相通的理想为目标，它是道德形态学方法力图展现的“天际线”；以语境互证的史识为基础，它是道德形态学方法的“地平线”。尽管天际线和地平线是两条不可能相交的

① 田海平．比较哲学视角与道德形态学方法．中国社会科学报，2015-06-15.

“平行线”，但在视野上人们也会预设其相接。作为比较哲学切入道德哲学论题的尝试，道德形态学方法无疑设定了这样一种理想的“远见”。

在比较哲学的元问题的深度上反思道德形态学方法，会获得许多有益的启示。其中，最为令人瞩目的是，它所开启的文化政治批判和观念史批判，在伦理的实践性人文知识基础上将拓展启蒙视野的广度。由于道德形态学方法离不开“语境互证”之史识，“古今对看”和“中西互境”的比较思维会将比较哲学的启蒙视角收入“再启蒙”（或后启蒙），这使得以“同一性”为标记的伦理的绝对性遭遇“道德形态过程”之瓦解。而道德形态学视角和方法又赋予不同语境的“伦理”以一种切近“形态相通”的开放总体性之可能，于是在比较思维与伦理思维的契合中，各种不同的道德传统、伦理体系和普遍性法则得以从伦理的实践性人文知识的淘洗中呈现。

由此，得出两点结论。第一，道德形态学方法可以作为比较哲学方法引入道德哲学，它以“形态相通”和“语境互证”为正题法则，关注长时段乃至跨历史时段中经过各种思想观念的交锋和涤荡，特别是经过中西文化的冲突和激荡，最终沉淀的道德形态。第二，以这种方法学意识为指引，当前中国道德探究亟须在一种比较哲学的“启蒙”或“再启蒙”的文化政治批判或观念史批判中开启“道德形态学”的远见。

三、传统文化比较研究方法论

比较哲学绝不仅仅限于严格意义上的哲学理论，其触角早已延伸到对不同文化传统和不同宗教传统的比较研究，而文化传统的比较也已不再仅仅是人类学家与社会学家的一个重要工作，也成为摆在哲学家、伦理学家、神学家与历史学家们面前的一个迫切任务。当亨廷顿提出“文明的冲突”理论时，他所说的不仅是指不同文化之间的背道而驰，而且是指不同哲学理念、不同文化方式和不同宗教信仰之间的不相容性。越来越多的人认识到，我们已经进入了这样一个时代，在这个时代中，每一种世界性的文化传统，无论是规模宏大的还是范围狭小的，都已经或正在经历着与其他不同文化传统的交互作用。在当今人们心目中，文化的世界不再是由种种不同文化传统堆砌而成的松散组织结构，而是变成了一种具有多种框架结构的统一体。当然，就像不同文化传统之间的相互依赖、共同存在那样，由文化传统之间的差异与排斥所导致的文化传统冲突与竞争也在不断继续进行，有时甚至比以往表现得还更为激烈。当我们进入公元后的第三个千年之际，寻找一种能够使不同文化传统系统之间和平共处、相互补充的有效方式，已经成为经济发展、社会进步、人类繁荣以至人类生存本身的必要条件。由于传统文化在很多层面上都表现为宗教传统，本节将以宗教比较为重点来审视其对比较哲学方法论的可能启示。

（一）宗教比较研究的正误

因为宗教世界自身中存在着差异和相互依赖，所以宗教的比较研究是必要的。由于人类表达其宗教理想的方式是多样化的，因此宗教的比较研究是可能的。对于现实世界及来世，人们持各种各样的不同观点。表面上看来，这些观点互不相同，但许多学者坚信，在这些表面上互不相同的观点下面，一定隐藏着关于世界、人生和来世的相似憧憬。这些相似憧憬就为对宗教的比较研究提供了坚实的基础。在对于人类宗教本性持积极态度的哲学看来就像涓涓细流汇聚在一起最后形成奔腾的江河一样，不同的宗教表达也可以整合为一个综合体。每一具体的宗教都是这一综合体的一个组成部分，并为其发展做出自己的特殊贡献。这一哲学认为各种各样的种族、民族及人民之间都具有一种共同的基本宗教结构。尽管他们关于宗教理想的表达方式各不相同，但是，他们所追求的精神目标却是共同的，或者至少是相似的。正是在这种假定下，人们探索了对于世界各种不同宗教进行比较研究的可能性，并宣称世界宗教的统一在不久的将来即将成为现实。

另外一些学者对此持有全然不同的观点。对他们而言，与其说各种宗教是趋向一致的，倒不如说它们基本上是背道而驰的。不同的宗教之间不仅缺少相互交流的空间，它们之间更难于相互补充。正因为如此，他们对宗教比较研究持一种消极否定的态度。在他们看来，评判不同的宗教观点在很大程度上是不可能的，因为在宗教的领域并不存在一种像运行于科学领域的规律那样强制要求普遍一致的规律。在实证主义哲学的影响下，一些学者坚持认为，宗教比较研究只有在人类学与社会学研究领域才能开花结果，而在哲学与宗教研究领域则不可能有任何收获。

前者是描述性学科，后者则属于规范性学科。作为描述性学科，宗教的社会学与人类学研究肯定会增加我们有关世界各种不同文化与传统的知识，但是，要对宗教做规范性研究，这除了增加我们的迷惑与混乱之外，并不能带来任何新的知识。他们认为，世界宗教的和谐不可能由“哲学想象”来创造，而只能来自我们对于各种宗教本身的认知。差异是人类宗教信仰的本质，这一本质决定了任何使不同信仰和谐共存或把不同信仰黏合在一起的企图都是不可能成功的。

概而言之，尽管这两种不同的观点在有关宗教比较研究的可能性方面都做出了自己独特的建树，但是二者实际上都只说出了真理的某个部分，没有道出真理的全部。一方面，并没有任何强有力的证据使我们相信，人类宗教信仰的差异性本身会阻碍我们对不同的宗教信仰与不同的宗教观点进行比较研究。宗教的比较研究不仅在社会学与人类学领域是可能的，在哲学、伦理学、宗教研究等领域也是必要的。人类大多数宗教在表达形式上虽然确实具有明显的排他性特征，但是，我们不应该把这种倾向作为无视其他信仰的借口，也不应该将其看成是无须对不同宗教之间的相异性与相似性进行比较研究的依据。当代世界的相互作用已经打破了立在不同传统之间的篱笆，各种宗教的史实也已经表明了不同宗教的共存只能始于人们对于其他信仰之存在的意识和认可。对于其他信仰的忽视将产生误解，误解会滋长敌意，而敌意会发展成为战争与毁灭。由信仰间的敌意所导致的这种战争与毁灭，是与宗教的本质相违背的，因为宗教的本质在于通过在不和谐的世界中创造和谐与和平来找寻一条实现永恒与永远幸福的道路。要在世界中创造和谐与和平，我们就必须减少不同传统间的误解与敌意，要减少误解与敌意，就必须促使不同的信仰之间进行对话，要促使不同信仰之间的对话，我们就必须对不同宗教的理论与实践进行比较研究。

另一方面，尽管我们不同意上述认为宗教比较研究是不可能的消极主义观点，但是我们也必须承认，消极主义在认识宗教比较研究中与生俱来的困难与问题方面，确实有其可取之处，至少含有部分真理。如果我们能具有这样的见识，我们就会避免在这一领域经常重犯的错误。比如，在过分的热情驱动下，有些学者在进行比较时常常会将他们所研究的课题过分简单化。在大卫·李特尔及萨母纳·推斯看来，在宗教比较研究领域存在三种主要的错误用法。第一，企图把“整个宗教传统”如基督教、佛教及伊斯兰教等类型化，然后从宏观的角度对它们进行泛泛的比较，从而使比较研究呈现出一种过分简单化的倾向。这样一种比较研究方法忽视与模糊了每一种传统内部的错综复杂的变化与差异，用这种方法去分析宗教现象，与其说是澄清了错综复杂的宗教现象，还不如说是歪曲了各种不同的宗教现象。第二，宗教比较研究时常具有辩护性，无论这种辩护是以公开的方式还是以隐藏的方式进行，都会使人对其研究结果的客观性产生怀疑。第三，在比较研究的基础上，企图建立用以解释宗教起源与发展为目的的理论。

为了防止这些误用，我们必须时刻牢记人们对于宗教信仰表达的差异性，既不要为过分简单化的倾向所误导，也不要被表面上的一般看法所愚弄。对于宗教比较研究的正确态度是，在相信人类本性具有连续一贯的确定性的同时，又要注意在比较任何两种人类传统的特殊形式时采用审慎的比较研究方法。只有我们在对宗教进行比较研究时自始至终贯彻不偏不倚的公正原则，我们才能取得比较研究的成功。但在现实实践中，人们似乎很容易把比较研究建立在自己的宗教信仰的基础上。这种倾向也没有什么错，问题是这种方法时常引导人们在他们自己喜欢的宗教背景下做出判断。在这类的比较研究中，无论最后得出什么样的研究结论，他们总是以各种各样的形式宣称某一种宗教比另外一种宗教更为高级，或者某一种宗教才是独一无二的。以贬低其他的宗教来抬高某种宗教，或者独断地论证“其他的宗教应该向这种宗教学习”都是危险的举动，因为它会产生与比较研究之目的相违背的后果。这种研究方法之所以降低了比较研究的价值，不仅是因为其中渗透了研究者自己的宗教信仰，而且是因为它违反了比较研究的基本原则，使得不偏不倚的公正原则让位于偏见。这种形式的比较，不仅不能产生理论价值，而且在实践上也是有害的，因为它马上会招来其他宗教传统的反对。在相信其他宗教传统的人们看来，这样的研究与其说是科学研究的结论，不如说是激起人们愤怒的挑衅行为。

任何合格的宗教比较研究必须以公正性原则为基础。公正性原则并不排除研究者自己的宗教信念，也不把研究者个人的价值观与比较本身的价值相分离。在宗教比较的历史上，曾经有过一段时间人们特别追求比较研究的绝对客观性，并试图将研究者与研究对象完全分离开来。为了获取所谓的绝对正确的结论，人们不得不割裂此事物与他事物的关系，在孤立状态下对事物加以考察。为了保证研究的客观性，就不允许任何属于个人的价值进入他们对于所观察到的事物的解释中。这是一种机械客观主义的研究方法，这种研究方式早已被人们抛弃了。解释学理论已经超越了自由主义或启蒙时代对于客观性的理解，从而产生了这样一种认识，任何解释都是在解释者个人价值的氛围中做出的。做研究工作，就是要在被观察对象与观察者或被解释对象与解释者之间建立一种关系。因此，任何对于宗教的解释，如要具有可信性的话，都必须以结论开放、倾听、建设性的批判以及理解为目的的对话为基础。

如果像这样来理解公正性的原则，就必须在观察与阐释的过程中实现。世界上并没有任何一种绝对“完善”的引不起任何批评的宗教，也不存在一种完全“客观”的评价标准。公正的比较研究，并不意味着研究者不应该对这个或者那个传统做任何的判断与评论，也不意味着研究者应该总是把自己放在所比较的两个传统的正中间位置。公正性原则指的是研究必须从开始到结束，都对比较双方使用同样的判断标准。公正性原则坚持任何宗教传统都必须获得尊重的精神，但它也允许人们拒斥任何经典著作或传统实践中的某些与人类宗教信仰的原则不相协调的东西，从而使人们可以在适当的时候根据认真的思考做出有价值的判断。没有这种正与反、有利与不利两方面的判断，比较研究将是浅薄的和表面的。但是，公正性原则限制研究者做出随意的、片面的以及前后不一致的判断。在这个意义上，研究者本身的价值与信念也必须得到检验与考察。这是一个开放与自我评判的反思过程，而对于这一过程的理解又是实行公正性原则的最重要因素，也理所当然地是任何成功的宗教比较的前提。

(二) 在不同的宗教之间找寻相似点

一种恰当的宗教比较研究包括三项任务：找寻相似点，发现不同点，并且由于重叠与相互包含的原因，要从相似之中发现不同，在不同之中找寻相似。比较研究必须首先在不同的宗教间找寻相似点，这是任何比较的起始点。有两种找寻宗教间相似点的基本方法：一种是考察它们的现象学框架，另外一种则是考察它们本身的结构。

尽管宗教世界具有多样性，是由多维空间组成的，但其现象学的框架结构则非常清楚。就其空间而言，既有在世界范围里被人们实践的

“世界性宗教”，也有在特殊区域由特定人群或民族所信奉的“地区性宗教”。就其时间而言，既有主要以对原始信仰与实践的历史记载为基础根据的“传统宗教”，也有通过改革旧信仰与旧仪式或者通过创造一套全新的信仰与礼仪而形成的“改革宗教”或“新宗教运动”。就宗教的本质而言，既有依附于一种单一的信仰与实践并排斥任何其他传统要素的“单一宗教”，也有通过调和不同信仰、仪式与伦理观念而形成的“合成宗教”。通过这样一种现象学的描述，我们就能够马上发现两种宗教之间是否存在明显的“相似性”，例如，它们到底是世界性宗教，还是地区性宗教；它们是具有将自己的教义普遍化的潜力，还是完全囿于自己的起源；它们是仅以传统为依归，还是能够适用于现代世界；对于其他不同的宗教传统，它们是持一种较为开放的态度，还是基本上坚持它们自己的信仰，对其他的宗教传统持一种排斥的态度。发现类似这样的种种相似性是非常有趣的事情，但还不足以作为学术研究的根据，它至多可以作为社会学与人类学研究的开端。为了在不同的宗教间找到更为基本的共同特性，我们还必须特别详细地考察我们打算比较的这些宗教传统的结构特征。

我们所说的结构特征，是指那些能够反映一个宗教内部结构及相应功能的本质特征，对于宗教结构的分析是与宗教的定义相联系的。在试图比较不同的宗教之前，对于什么是宗教有清楚的认识是极为重要的。我们给宗教下的定义是这样的：宗教是以寻求克服生命局限的方式为内容，并以这种方式来探求对生命的终极意义之理解的学科。要克服生命的局限性，宗教必须把它的视野由短暂扩展到永恒，必须去发现生命的终极意义，必须考察人类存在与有限世界以及人类与无限的双重关系。我们在人类存在与现实世界的关系中寻求生命的终极意义，同时又在人类的存在与无限的关系中才能体会到怎样克服生命的局限以到达终极或无限。所以，在宗教世界中，人类并非孤立地存在着。他们不仅存在于个人与个人、个人与群体的关系中，而且还存在于人类与超越、人类与自然的关系中。超越、人类与自然构成宗教大厦基础结构的三块基石。

对于宗教结构内部的研究可以以极为错综复杂的方式来展开。但是，为了理解这一复杂结构，我们可以用一个简单的包括 A、B、C 三点的三角形来表示。在这个图形中，A、B、C 分别用以表示超越、人类与自然。建立了这个图形之后，我们就可以在这三点的相互关系中发现宗教的结构与功能。如下图所示：

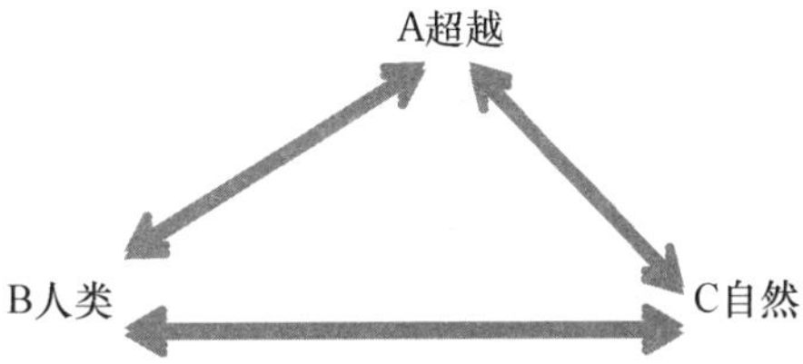

任何一种成熟的宗教，都具有某种以此三点为基础的结构，而这三点所代表的东西在表现形式上又是多种多样的。这三点中的每一点与其他两点的关系，都构成宗教理论与实践的三个方面，这三个方面既可以清晰地相互区分，又十分紧密地相互联系。第一方面以 A 为中心，以起源于 A 然后再扩展到与 C 的各种关系为内容。因为这些关系都起源于 A，又因为 A 代表着超越，所以，它们经常以宗教的“超越”方面为世人所知。“超越理论”与神学学说有所不同，后者在基督教、犹太教以及伊斯兰教文献和习惯用语中，指的是关于上帝的研讨。但是，其他宗教并不谈论这样一个有意志的上帝或诸神。这样，宗教中关于超越的论断指的是对“无限”、对有意志的或无意志的“无限”与人类存在和自然世界的创造关系的理论反思。宗教的超越方面以超越为中心，而超越又几乎可以表现为任何形式。它可以是一种品质如智慧、爱，一种关系如和谐、统一，一种特殊的自然实体如太阳、大地、天、河流、动物等，一个特殊的人类个体或群体如某个国王、死去的人们，作为一个整体的自然即大自然，一种纯粹的形式或者纯形式领域如善、真、全部理念，纯存在如一、存在自身、存在基础，或者超越的活性人格神如安拉、耶和华、上帝。所以，虽然或许我们同意并不是每一种形式的世界宗教都有某种上帝的概念，但我们必须承认，许多宗教中都包括某种超越的方面，无论其关注的是通过外在于人性力量或人格神的拯救，还是强调人类自我的超越。一般地说，世界性宗教的超越的典型形式就是一种既高于自然也高于人类的力量、能力或人格。在这样的超越形式中，人们往往相信超越的人格或力量既能够控制人类事务与命运，也能够决定自然的演化方式。根据这种超越原则，人类存在及自然在本质上是依赖于超越的。

宗教结构的第二方面，以 B 为中心，以起源于 B 并从 B 推展到 A 与 C 的各种关系为内容。代表的是人，而以人为中心始发的关系可以称之为某一宗教的“宗教”方面。“宗教”一词，既可以在广义上也可以在狭义上来使用。广义的宗教是指宗教主体与宗教客体之间的所有关系，指与超越生命局限和寻找生命的终极意义有关的所有宗教理论与宗教实践。但我们这里所说的“宗教”是在其狭义意义上使用的。狭义的宗教主要是指在宗教结构中的三个方面之一，即作为宗教主体的人类与作为宗教客体的超越及自然的关系，指宗教主体通过与“无限”交流、通过使生命与自然界相和谐来发现生命的终极意义的活动。在发展这些关系的过程中，人发明并提升了某种特殊的信仰、感情、崇拜、礼仪、行为与生活方式。由于这一方面集中于从作为宗教主体的人推展到作为宗教客体的超越这一关系上，所以，我们可以很容易地把它与超越方面相区别——超越方面以宗教客体以及从宗教客体到宗教主体的关系为中心，而“宗教”方面则以宗教主体及从宗教主体到宗教客体的关系为中心。宗教表述的典型形式是信仰。信仰是一种态度，是对超越的向往。宗教比较研究的重要问题，是关于信仰究竟能否适度地发挥其功能的问题。一种功能适当的信仰，可以建立起宗教主体与宗教客体之间的交流关系，一种功能出现故障的信仰，则会堵塞甚至完全破坏这一交流，从而使宗教主体不能够到达超越的境地。当这种情况发生时，宗教的“宗教”方面就会开始退化，从而为宗教的超越关系或伦理关系所遮蔽。

宗教的伦理关系是我们所要论述的宗教结构的第三方面。人类不仅存在于他们与超越的关系中，他们以此得到或者追求生命的终极意义，也存在于他们与自己以及与自然的关系之中，并通过这些关系在日常生活中拓展生命的意义。宗教的伦理方面以 B 为中心，以其与自身的关系 B 与 A 及 C 的关系为内容。寻求生命的最终意义，必须在关于人的本质及活动的意识中才能得以展开。在这个意义上，宗教的伦理方面是超越方面与宗教方面的合理延伸。在宗教结构的三角形中，伦理之所以是宗教的伦理，是因为人类本性与行为是以其与超越的关系的方式表达出来的。道德之所以具有指导行为的功能，其原因不在道德自身，而在于道德所追求的是宗教的终极意义。因此，宗教伦理学与所谓的哲学伦理学及人类学领域的伦理学不同，因为宗教伦理是以道德准则及观念的超越价值为基础的。道德的权威是在人与神圣之间的交流中表现出来的，而神圣是道德权威的源泉。在寻求生命的终极意义的过程中，人们关于环境的伦理意识得以提升，认识到自然与人类是伙伴关系而不是竞争、敌对关系。宗教伦理学的目的，是通过道德的努力来发现生命的终极意义，从而克服生命的局限性，而不是为人们自己的行为与动机提供理性的辩护。由于人与超越、人与人自己的关系具有多样性和复杂性，所以宗教伦理与纯理性伦理的界限有时很难划分清楚。但是，在宗教传统的框架内，宗教伦理时常不外乎以下两种类型中的一种，或者是从属于神学的伦理或者是等同于超越的伦理。在前者，伦理对于超越目标而言只具有次要的工具的意义，而在后者，伦理本身则被视为通向超越的唯一途径。

宗教的三个方面，超越、宗教与伦理，就是这样分别由三种关系形成。超越关系是从超越 A 到人 B 到自然 C 的扩展，宗教关系是从人到超越、到自然的扩展，而伦理关系则是从人到其他人、到自然的扩展。见下图：

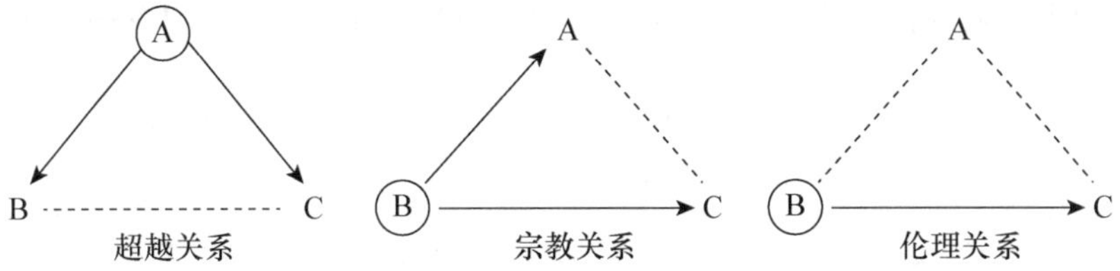

一般说来，任何宗教体系内部都包含这三个方面，且任何宗教传统的核心概念也都含有这三个方面的内容。如果我们能够恰如其分地区分这些不同的方面，那么我们的比较研究就可以避免将两种宗教简单地混合在一起，就能够深入地比较它们的具体方面和内容。在这三个不同的方面中，两种不同类型的宗教的超越概念之间的相似性最小。如上所述，尽管每一种宗教都拥有超越的概念，但这并不意味着其超越观必然地把关注点放在上帝或上帝的创造上。我们必须认识到超越可以有多种多样的表现形式，而不同的宗教在探讨超越的特性上也表述各异。在宗教方面即在人类追求超越的过程中，在渴望达到永恒或对终极的崇拜中，我们可以发现不同宗教之间具有较多的相似性。信仰可以指向不同的客体，不同的宗教传统在仪式与象征上也可能很不相同。但是，这些不同表述的基本原则在很多方面带有普遍性，那就是要超越短暂并达到永恒。当我们进入伦理领域，我们可以看到，尽管不同类型的宗教之间在超越原则与宗教导向上大相径庭，但还是存在着极多的相似之处。不过，我们不应该把这些“相似”理解为“相同”。不同的宗教传统在道德学说的形式、“完善”的理念、构成完善的美德以及美德的功能上可能十分不同，从而使它们不仅在伦理价值的实质上相互区别，而且在道德规范、规则与制度的形式和结构上也各具特色。

不同宗教之间的相似点不仅存在于它们相对应的方面，诸如此一宗教的超越理论与彼一宗教的超越理念，而且也存在于所有这三个方面的混合方式之中。宗教结构内部这三个方面的相互作用与相互影响是所有形式的宗教的基础，而它们的相互作用和影响的方式大体上也是相似的。在相互依赖关系中，超越方面往往起着决定性的作用，超越是其他两个方面的基础，而其他的两个方面则被视为超越的延伸或应用。但是，在它们的相互作用中，宗教与伦理方面也不是消极的或者完全被其超越原则所先天决定的。一方面，它们可以推动对超越的探讨，加深人类对其根本原则的理解；另一方面，它们还能将这一根本原则应用到实践中去，使超越原则不再是外在于人的东西，而是成为人们自身之中的东西。

（三）不同宗教之间的区别

在宗教比较研究中，我们必须把宗教之间的共性和差异结合起来进行考察。我们必须在两种宗教传统的差异的背景中来讨论它们的共性。从某种意义来说，对于宗教比较而言，不同宗教之间的差异比它们之间的共性更为重要，因为正是这些差异导致了两种全然不同的宗教传统。如果我们对宗教之间的这些差异没能给以足够的注意，我们的比较就会误入歧途。宗教的共性基于人类的共同本质，而宗教的差异则反映了人们对文明、文化以及传统的多样化表达。不同的文化、不同的生活方式，甚至不同的语言都会加剧宗教信仰表达方式的差异，都会产生不同形式的世界观。宗教间的多样性是为什么要进行宗教比较研究的原因之一，同时，也是追求协调各种宗教共存这一目标的真正困难所在。要解决这个问题，我们就需要这样一种宗教分类模型，它既能反映出不同宗教之间的本质和结构上的差异性，又能忽略不计它们在起源与地理等方面的差异。

为了建构这样的模型，我们需要返回到上述三角形的宗教结构中去。每一种宗教的基本结构都是由那三点所支撑起来的，而每一种宗教的表达方式也都必然具有三个方面的意义。当然，不同宗教强调的重点是不同的。这些不同的强调会产生不同的关系，而这些不同的关系又会反过来形成不同的宗教结构。宗教关系与宗教结构中的这些差异，促使我们把世界宗教划分为三种原型，每一种原型都通过关注于三角形中的一点而展现出其独特的特性，因为在该原型里，所有的关系，无论是人与人之间还是人与超越之间的关系都是以这一点为中心而发展起来的。见下图：

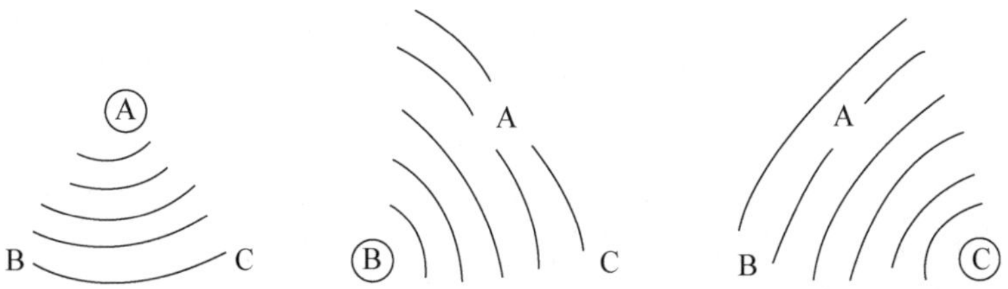

以神为中心的宗教　　人本主义的宗教　　自然主义的宗教

第一种类型的宗教是围绕 A 点发展起来的。这一类型的宗教以信仰超越为特征，而这个超越则被理解为活的、有人性的神性存在。因此，我们最好把这类宗教称为“以神为中心的宗教”。在这种宗教中，神或者表现为单一的存在，或者表现为多元的存在，但无论如何，神总是所有关系的起始点和终结点。作为这种宗教之中心的神是一切富有意义的关系的源泉。更确切地说，一切关系的意义和价值都不过是神性存在的具体化，人和自然是通过神性存在的创造和无处不在的恩赐而与神性存在发生联系的。作为宗教崇拜的超越力量，神性存在是人类达到超越的唯一启蒙者和推动者。B 点人类和 C 点自然依赖于神的存在，并从神性存在及其创造中获得其在宇宙中的地位和价值。人类达到超越的希望，只有通过占据了人们心灵的神性存在才能得以实现。人们对待彼此和对待自然世界的态度，是基于人们模仿神性的需要而产生的。由于以神为中心的宗教不仅强调神性，而且也特别强调人们对于神的恩赐的反应的重要性。所以，以神为中心的宗教并不否认人类对于他们自己的存在与行为的责任。但是，这一类型的宗教坚持人的责任是由神性的存在而产生的，其根源在于神对人的关照。没有神的启蒙，人不可能做出任何有意义的事情。以神为中心的宗教将自然与自然存在物看成是神的创造的标志。因此，在整个体系中自然与自然存在物没有任何独立的地位。典型的以神为中心的宗教是犹太教。在犹太教中，上帝是所有生命的起点和终点。其他的宗教，如基督教和伊斯兰教，也具有这一宗教在理论与实践上的许多特性。

宗教的第二种类型是人本主义的。人本主义宗教以人为中心点，人的超越被视为是人性的圆满实现。由于人本主义这一概念已经获得的某种技术含义常常指的是 18 与 19 世纪产生的一种哲学学派，我们需要在这里对人本主义做出新的定义。我们这里所使用的“人本主义”一词指的是一种与在神性之中寻找拯救源泉的有神论相对立的传统。因此，人本主义宗教坚持认为，人类能够并将通过在其本性与心灵中圆满实现人性的方式而达到超越。在这类传统中，人类超越的过程被看作一种通过人自己在道德与政治上的努力而进行的自我修养过程，自我修养因此不仅具有道德意义而且具有超越意义。人本主义宗教有时也把超越看成是来自神的权力，有时甚至会承认超越具有神的尊严和权威，应该受到尊敬。但是，与以神为中心的宗教不同，人本主义宗教反对把任何关系的起源归结为神的创造，认为人类关系始于人类存在，是由圆满实现的人性所界定和设计的。人本主义宗教在 B 点上实现了其结构的平衡，而把超越内化为人的本性，并将人性的完满实现视为达到超越的标志。超越的内化产生了一种与以神为中心的宗教类型相区别的精神性。在人本主义宗教的框架中，超越是在人类智能所建构的观念中得以解释和理解的，而不是由神的启示所给予的。人本主义宗教强调——超越无论是以人格还是以非人格的形式出现——它或他与人类世界的统一，而不是强调它或他与人类世界的分离。在它看来，维持这种统一，与其说是具有神力的救世主的工作，还不如说是人类的责任。

作为超越之神的功能更多地存在于对宇宙法则与规律的表现中，而不是存在于对个人的意志的表达中，所以超越之神并不直接干预人类事务，而是间接地通过人的活动而发挥作用。与此相适应，人本主义宗教认为，超越更多的是一种道德活动过程而非来自神的赐予。人本主义宗教虽然也追求超越，但它拒绝接受超越只能由神来启蒙的观点。它把人的超越看作人的完善，在这种完善中人突破了自己的局限，发现了人类生命的终极意义。它坚持认为人性与超越的本性是完全一致的，因此，生命短暂而忙碌于世俗世界的人有能力改造自身，从而将自身提升到永恒与神圣的层次。儒家尤其是理学和心学，是这一类型宗教的典型表现。基督教也明显包含着与人本主义宗教相类似的倾向，因为基督教认为耶稣基督是其中心与焦点，而耶稣基督同时既是真正的神又是真正的人。一些现代的基督教神学家认为，基督教中存在着重要的人本主义因素，比如强调耶稣是位道德教化者，基督就是人类的典范，拯救实际上是人类对于耶稣召唤的回应，等等。我们承认，这些教义确实是基督教教律的组成部分。但我们也将力图证明，这些所谓的人本主义的教义是以下述事实为基础的：只有上帝通过耶稣基督才能提供人类拯救的可能性。因此，基督教基本上并在本质上是一个以神为中心的宗教传统而不是一个以人为中心的宗教传统。

第三种宗教类型是自然主义的宗教，在这一种宗教中，C 自然或者自然法占据着中心地位。无论是超越还是人类存在都被看作是自然的一部分或者自然过程的产物。只有跟随着自然，人才能达到超越。某些自然主义的宗教或许相信有一个高于万物的神的存在，但这一神的存在的功能与作用最终还是要让位于自然法则。另外一些形式的自然主义宗教或许会强调人要参与自然的进化过程，但是，这种参与并不能证明人优越于自然。相反，人的价值之所以能够实现，就在于人是自然的一部分，人之所以能够达到超越也是由于大自然的力量。道教是这一宗教类型的典型表现。在道教中，作为自然法则的道，不仅是人类的创造者，也是人和神存在的保证。佛教或许也可以看作是自然主义的宗教，但是，在虔信阿弥陀佛的净土宗那里，佛教则可以视为一种以神为中心的宗教。

以上我们关于世界宗教的类型分类，清楚地揭示了不同宗教之间结构与关系的差异。但是，我们不应该过分地强调宗教类型之间的界限。因为如果这样，我们就会给人这样一种印象，即世界中有某种纯粹的以神为中心的宗教、纯粹的人本主义宗教或者纯粹的自然主义宗教。我们应该这样认为，尽管每一种类型的宗教都有它们自身的独特性，因而理所当然地可以与其他的类型相区别，但是，这些类型中没有任何一种是绝对的、不能被其他类型所包括的。三种宗教类型时常是交相重叠的。以神为中心的宗教中有人本主义的因素，人本主义宗教中有以神为中心的宗教的因素。所以，当我们比较两种不同的宗教时，我们不仅应当区分它们，把它们划分为各自不同的类型，比如这一种属于以神为中心的宗教，而那一种则属于以人为中心的宗教，我们还应当留意到它们之间各种各样的重叠方式，比如说，我们要特别注意以神为中心的宗教中的人本主义因素以及人本主义宗教中的神性因素。以下正是我们在上面的论述中所着力强调的，我们必须认真考虑共性中的差异，也必须认真检查差异中的共性。

综上所述，不同宗教之间尽管形式不同、结构各异，但对它们之间进行比较不仅是完全可能的，而且是绝对必要的。但是，我们对于不同宗教之间进行比较研究，必须坚持一种正确的态度，那就是在相信人类本性具有一贯确定性的同时，还必须注意选用不同的、恰如其分的、适合不同比较对象的比较方法。在比较研究中，我们应该确定一种自始至终得到贯彻的、不偏不倚的公正性原则。虽然这种公正性原则并不等于把研究者价值与比较本身的价值完全相分离的绝对客观性，但要求比较者必须去掉自己的偏见、必须确保比较在同一价值判断标准下进行。比较研究具有结论开放、尊重比较对象传统、富有建设性和以理解为目标这样一些特征。比较的目的就是在不同的宗教之间寻找出共同的相似点和不同的差异所在，注意在共性中找出差异，在差异中找到共性，在不同传统之间的区别与联系中挖掘不同传统的现代价值所在。

第三章　比较哲学的学术立场与文化重建

所谓比较哲学，简言之，即以比较的方式和样态来实现哲学和思想创新的一种哲学存在。在此意义上，比较哲学研究不仅具有而且需要明确的学术立场，否则比较哲学便无异于“无偏好”的思想陈列。但与此同时，比较的目的并不是“判教”，而是在理解对方的同时更好地理解自己，进而达成哲学“会通”的愿景。因此，比较哲学实际上面临的乃是双重的思想“负担”，一方面要在比较中坚守一定的思想价值和学术立场，不能因哲学的比较而消弭自身的价值站位；另一方面又不能固守某种价值本位，从而使哲学比较沦为思想的“排序”，而应当敢于走出“文化围城”，在注重“本源”建设的过程中加强文化互补，实现哲学的综合创新。此举不仅有助于实现文化重建，即在比较中整合多种文化资源的优势，实现一种哲学的自我超越，同时也是时代发展对哲学创新的现实需要，是哲学研究与文化创新的内在要求。

一、比较哲学研究的学术立场、价值与可能性

在西方比较哲学与比较文化研究的过程中，有些西方学者批评其“文化沙文主义”的倾向，中国学者就“文化沙文主义”现象在比较哲

学中的出现是否可以避免也提出了某种质疑。[①] 然而，比较哲学与比较文化研究中的“文化沙文主义”的倾向，即“判教”问题，需要更进一步地从哲学理论上加以思考，并给出尝试性的回答。这是比较哲学与比较文化研究领域里一个非常复杂的理论问题和现实问题，这里仅以理论探索的姿态来试图回答这一问题。

（一）“判教”与“比较”的所指

无论是比较哲学，还是比较文化研究，都不是传统佛教中的“判教”行为，即以自己的理论为标准，判定其他理论与学说在把握真理的方面为次一级的、不成熟的理论。也许在日常生活中，人们一开始不自觉地从“判教”思维出发来审视其他形式的哲学与文化，但从哲学反思的角度看，这种“判教”思维方式并不因为它是自然而然的因而就是合理的。恰恰相反，这是一种应当经过理性的反思而必须努力加以克服的狭隘思维方式。狭义的“判教”活动，是指中土佛教理论中一种依据自己对佛教教义的理解，而对佛教教义次第展开的内在逻辑进行理论分析的宗教教义的学术研究活动。[②] 广义的“判教”活动，则是指学术研究过程中某些学者或思想家从自己推崇的一种理论出发判别其他理论成就高低的学术活动。这样一种广义的“判教”学术活动，在中国先秦学术史中就已经有了萌芽状态。《庄子·天下》从道家理论出发，对各家各派的理论加以评判；《荀子》中的《非十二子》《解蔽》等篇则从儒家的角度对各家各派的理论得失进行评判。《韩非子》中的《显学》《五蠹》等篇，司马谈《论六家之要指》，都可以看作一种广义的“判教”文章。

与此广义的“判教”思维活动颇为类似的另一种学术研究，就是“比较”研究。在“比较”研究活动过程中，固然也有两种或两种以上的理论之间的异同、高下的比较，并给出一个判断，然与“判教”活动不同的是：“比较”研究不应当以研究者自以为是的某种理论为标准来判决另一种理论的是非、高下，而是将用来做“比较”的两种或两种以上的理论相互作为对方的参照，寻找出其中的异同，并进而析出其中的

① 朱志方.《比较哲学原理》纲要//比较哲学与比较文化论丛：第1辑. 武汉：武汉大学出版社，2009：10.

② 参见吕澂的《中国佛学源流略讲》（北京：中华书局，1979）117-132页以及该书附录部分有关天台宗、慈恩宗、华严宗的“判教”思想的介绍。

"异中之同"与"同中之异"，最终达到一种"视域融合"。

不过，在"比较"研究中，如何避免庄子在《齐物论》中所批评的现象，即简单地站在甲或乙，或合取甲乙的立场上对甲、乙进行裁判。这是比较研究必须避免的思维陷阱。而庄子在《秋水》中曾提出"以道观之"的超越方法，从而与以物观之、以俗观之、以差观之、以功观之、以趣观之的五种"判教"的方法区别开来，这是我们要认真加以吸取的哲学判断。

当然，我们会自然地追问：庄子的"以道观之"是否也是另一种"判教"而不是一种真正的哲学判断呢？我们认为，"以道观之"的方法虽然是由庄子学派提出来的，但不是仅仅站在以庄子为代表的理论角度来判定其他学派的理论得失，而是基于一种理想性的整全角度来发掘万事万物各自具有的本性与独特价值。经验世界中的每个人都是有局限性的存在者与活动者，不可能做到无偏的判断，然而，这并不能否定人们从理论上设想以整全的角度来评价万事万物的可能性，以及将对整全性的要求作为一种最高级的方法去追求。换句话说，"以道观之"的判别方法，不只是有利于庄子学派一家的方法，而且是从此方法出发也可以判别庄子学派自身的不足，并且从理论上说并不给庄子学派任何优越于其他学派的评判地位。从道的角度看，万物皆有自己内在的价值，不同的理论、学说即使各具一定程度的真理性内容，然而都不能穷尽真理，而至多只能说具有部分的真理性。虽然，庄子学派可能自认为它们的学说达到了"以道观之"的高度，然而从他者的角度看，庄子学派所把握的真理也只是"道"之一隅。因此，"以道观之"可以作为比较哲学一个理想性的原则或思想的出发点。

在现代西方哲学史中，雅斯贝尔斯的《大哲学家》为中、西、印的比较哲学研究提供了一种值得关注的新文本。该书将哲学家分成三种不同的类型，即思想范式的创造者、思辨的集大成者、原创性形而上学家三大类型，然后将中、西、印不同的哲学家纳入三种类型之中，形成一种"世界哲学"视域下的新哲学分类。[①] 雅氏的这种做法与以往单纯从西方哲学的知识体系出发来裁量中国与印度，以及其他民族哲学的做法相比，显然是一种巨大的思维转向。这种思维转向对于我们今天继续从

---

① 卡尔·雅斯贝尔斯. 大哲学家. 李雪涛，李秋零，王桐，等译. 李雪涛，校. 北京：社会科学文献出版社，2010.

事比较哲学与比较文化的研究工作提供了极其有益的启示。不过，雅氏的比较哲学成果仍然带有“判教”的痕迹，即他没对自己的比较研究基础进行一种理论的清理，而是在一种自我设定的思想范式下进行不同的理论之间的比较研究，对于自己文化传统的思想给予了更多的肯定，而缺乏从他者的角度对自己的文化进行有力的批评，因而距离一种理想性的比较哲学研究还有相当大的距离。

什么是“比较”研究的理想前提呢？这是从事比较哲学与比较文化研究者首先必须加以追问并予以回答的理论问题。在全球化时代，思想与文化的“比较”研究活动开始之前，我们必有一预设的价值原点，那就是我们将认定某些价值是我们人类可欲的与必需的。超越“比较”研究活动中“判教”思维的影响，决不意味着我们在价值追求方面是处于一种绝对的“白板”状态。当代思想与文化的“比较”研究活动——无论是比较哲学，还是比较文化研究活动，似乎都应当服从如下两个原则：其一是，发掘并维护本民族文化的独特性；其二是，探索并贞定人类文明的共通性原则。这两个原则既有内在的联系，又在一定程度上表现出矛盾的特性。然而，从辩证法的高度看，它们之间是辩证的、统一的。各民族文化的独特性原则是保证人类文化多样性的绝对要求。确立人类文明的共通性原则是“地球村”时代世界公民生活的必然要求。因此，关心本民族文化的独特性与探索人类文明的共通性原则，都内在关联着人类共同体的健康与未来命运，因而就成为当今比较文化与比较哲学研究的价值起点。与此价值起点具有内在联系的现代性原则，就是每个个体平等、自由而全面的发展。“比较”研究不能忽视现代文化给予我们人类的这一“绝对命令”。而上述所说的三条原则——各民族文化的独特性原则，人类文明的共通性原则，人的平等、自由而全面发展的现代性原则——就构成我们今日世界哲学“以道观之”的超越视角，也可以说是最基本的出发点。

接下来，比较哲学与比较文化要首先面对的是如何对我们讨论的问题进行一种哲学的贞定，如，什么是哲学，什么是科学？只有在大致可以接受的哲学观与科学观的基础之上，我们才可以谈论中国哲学与西方哲学的比较，谈论中国有没有科学、中医是不是科学，以及科学的诸种形态等问题。否则，我们所有的自觉与不自觉的“比较”研究活动，都是一种或明或暗的“判教”活动。在经济全球化与文化多元化的世界历史的新阶段，任何一种正统的或变相的“判教”思维，都不利于世界范围内的“诸子百家争鸣”① 的学术活动。一些好心的西方学者，以及一些坚持概念明晰性的中国学者，认为“哲学”只能是古希腊意义下的“哲学”，中国没有哲学而有思想，思想不一定比哲学低级，中医不是科学不影响中医的价值等观点，在学术上也许可以成为一家之言，然而在实际上是不利于中国哲学、中医的发展的。

当“哲学”成为一种世界性的知识体系，“科学”成为一种有力的价值尺度，置身于现代社会的我们需要做的是努力改变西方人对“哲学”与“科学”的地方性定义，使它们摆脱西方文化狭隘的地方性、经验性的内容，从而扩展为一种新的世界历史时代的新概念。重新定义哲学与科学将是比较哲学与比较文化所要面对的一项具体的学术任务。顾颉刚在讨论许慎的《五经异义》（已佚）与《白虎通德论》的不同时，曾经也涉及我在这里所论的“比较”研究的理论问题，尽管他并不旨在谈论这一问题。他认为，这两部书的着眼点都在于比较同异，然而，《白虎通德论》“在比较之后作主观的取舍，乃是求取信仰的正鹄”；而《五经异义》“将各家同异之点一一胪陈，目的乃在显示他们的真相”。“固然在显示了真相之后也要加以别择，但这就是批评的态度而不是信仰的态度了。”②

在此，我将“求取信仰的正鹄”的比较称为“判教式的比较”，而将“显示真相的别择”的比较称为“求知式的比较”。固然，在文化研究领域，特别是在涉及宗教信仰领域的问题时，“求知式的比较”并不很容易做到“显示真相”的理论目标，如基督教的上帝信仰与佛教对于佛的信仰，这二者之间我们无法判断哪种信仰是“信仰的真相”。但是，如果我们换一个角度来思考此问题，即对“信仰”这一精神现象做一历史的、多元的比较文化的研究，也许我们就会发现，作为带有相当强的主观倾向性的“信仰”本身，是没有什么对与错之分的。每一种信仰都植根于一种文化传统，并与一定的历史阶段里人们的社会生活相适应。

① 萧萐父先生晚年多次讲到，要勇敢地参与世界范围内的诸子百家争鸣活动。而他在晚年的文章中也说道：“我们面临的是‘世界性的百家争鸣’，海内外中国哲学的各流派，都将在‘国际范围的百家争鸣中接受考验’。为此，中国哲学文化必须经过一个自我批判的阶段，进行系统全面的反思。克服各种‘理论上的盲目性’。”吹沙三集．成都：巴蜀书社，2007：6-7.

② 顾颉刚．战国秦汉间人的造伪与辨伪//古史辨自序：上．石家庄：河北教育出版社，2000：175.

如果明白了“信仰”这一精神现象的“真相”，则我们对于各种具体的信仰现象，如信上帝、信佛或者信仰其他，它们之间其实都可以相互尊重、相互并存的，不必以某一种信仰为正宗而排挤、打击其他种信仰。而这或许正是“求知式的比较”相对于“判教式的比较”的优胜之处。现代社会呼吁“宗教宽容”的价值诉求，恰恰应当建立在“求知式的比较”宗教与比较文化研究的理性认知基础之上。

（二）“判教”与“比较”的性质区分

我们究竟需要一种什么样的思想与文化“比较”研究的理论？在此，我们再引顾颉刚批评中国传统士大夫之学时所说的一段话，作为传统的“判教之家学”与今日所追求的“求是之比较”二者之间不同的一种说明。顾颉刚说：“旧时士夫之学，动称经史词章。此其所谓统系乃经籍之统系，非科学之统系也。惟其不明于科学之统系，故鄙视比较会合之事，以为浅人之见，各守其家学之壁垒而不肯察事物之会通。夫求学术者与天下共之，不可以一国一家自私。凡以国与家标识其学者，止可谓之学史，不可谓之学。执学史而以为学，则其心志囚拘于古书，古书不变，学亦不进矣。为家学者未尝不曰家学所以求一贯，为学而不一贯是滋其纷乱也。然一贯者当于事实求之，不当于一家之言求之。”① 在这里，顾颉刚批评了“鄙视比较会合之事”，“各守其家学之壁垒而不肯察事物之会通”的“一家之私学”，倡导一种“科学之统系”的“学”，并认定这种“天下公器”之“学”的性质是：“然一贯者当于事实求之，不当于一家之言求之。”让其“学术应直接取材于事物”，以“辨然否”为旨归，而消除“家学”之蔽障。② 这一学术理想，似乎可以借为今日比较哲学与比较文化研究的学术理想，同时又提醒我们：比较哲学与比较文化之研究，也是一种科学的认识活动。认识活动的一项重要任务就是追求认识结果的正确性，也即是通常所说的“真理”。

这样一来，对于各种哲学形态与文化形态的研究，在认识论层面就无法避免对其中的真假、是非、对错的判断。而对于那些带有较多真理性认识的哲学体系或文化体系，我们理当给予更高的评价。相反，那些

---

① 顾颉刚．《古史辨》第一册自序//古史辨自序：上．石家庄：河北教育出版社，2000：48.

② 同①48-49.

带有较少真理性认识的哲学体系或文化体系，理当被给予较少的肯定，因而也就应当处于相对低一级的层次。这种比较哲学与比较文化研究的认识论成果，我暂且称之为思想的“鉴定”，从而与上文所否定的“判教”思维区别开来。

思想的“鉴定”与“判教”究竟有什么根本的不同呢？依据上文所论，我们所说的“判教”，是指以一种哲学体系或文化类型为对错、优劣的标准，来审判其他哲学体系与文化类型价值的高低。不同哲学体系或文化类型在把握事相的准确程度上的真理性内容有多有少，这是可能的，这也是思想史和文化史的真实。在人类文明的发展过程中，每一种哲学体系或文化类型因为其所把握事相的真理性认识的多少而自然构成一种高高低低的人类文明的立体图景，但这种认识论层面依据真理性认识的多少而给出文化价值的相对差异性的论断，并不是一种“判教”，而恰恰是基于比较哲学与比较文化研究之后，参照事相而言得出的真理性认识。这一真理性的认识告诉我们，每一种哲学体系与文化类型在把握事相的过程中可能皆只有其相对性的价值，而无法担当裁量其他哲学体系或文化类型价值的重任。

在人类认识的无限过程与无限边界面前，所有的包含着或多或少的真理性认识的哲学体系与文化类型，都只是人类认识无限世界和对世界的无限认识的大网上的一个纽结。假如世界是一个无限大的大象，甲哲学体系或文化类型偏重于从大象的腿说世界的柱状特征，乙哲学体系或文化类型偏重于从大象的耳朵说世界的扇状特征，而丙哲学体系或文化类型偏重于从大象的尾巴说世界的绳状特征，其他 N 种多的哲学体系或文化类型偏重于从大象的其他方面说世界的特征，如果我们以其中的任何一种哲学体系或文化类型为标准，来判断其他种说法的高低，这种判断就是“判教”；如果我们以人类意识中理想型的“大象”为标准，来分别析取其中的不同说法的可取之处，则就是一种科学的求真性的认识、判断与鉴别，而不是“判教”。

也许有人会说，有一种哲学理论、文化类型把无限的大象的所有特征都说出来了。那么这种哲学理论、文化类型是否就可以胜任“判教”的任务呢？对于此种设想，我们尝试做如下回答：

其一，这一设想在逻辑上是不成立的。既然世界是无限的大象，就没有一种哲学理论或文化类型把握这个无限大象的所有特征。“无限的大象”只是一指示性的言语形式，它指向的是一个没有边界、永远开放、动态的无始无终的存在自身，而不是对存在自身的定义与规定。

其二，所有哲学体系与文化类型，都是由非常有局限的人创造出来的，因而不可能把握无限的哲学体系、文化类型。

其三，所有的真理性认识都只是相对的真理性认识。这种相对性从相对于无限的世界而言是相对的，从相对于不同个人在具体的历史条件下的认识能力而言是相对的，以及从认识主体对于无限世界认识维度的相对性而言是相对的。

其四，作为认识论的结果——真理性的认识，具有较大范围的可公度性，即有相对大的范围内的可接受性。这种可接受性可以超越某种理论与教义原则的影响，而以地球上的人是同类，必须把对方当作人看待的基本原则作为认识论真理的基本前提。换句话说，所有认识论的真理性认识不得具有或隐或显、或直接或间接的反人类的思想倾向。

我们可以根据人类认识能力及其相互的可理解性，说某种哲学、某些哲学体系或文化类型更有真理性，或者说具有相对多一点的真理性认识，但绝对不是说某种哲学体系或文化类型可以上升至绝对真理的高度，以之作为标准来裁量其他哲学体系与文化类型。只有相对好一些的哲学理论或文化类型，但不存在可以作为标准的哲学体系或文化类型。由此可知，运用传统的“家学”观念来从事比较哲学与比较文化研究行不通，运用变相的“家学”——如固守一国之学、一种宗教文化传统之学、一个学派之学的“新家学”，也无法从事比较哲学与比较文化的研究活动。作为“天下公器”的现代之“学”当以追求全人类的福祉为最高目的。而就学术研究的自身目标而言，比较哲学与比较文化研究则应当是：观其异同，求其会通，探寻公是。通过比较哲学与比较文化的研究工作扩展人类认识的视野，避免各种认识之蔽。就学术研究的社会责任来说，既解决学术领域内的理论问题，也解决人生与社会问题。比较哲学与比较文化研究的目标，也与一切学术研究的终极目标相通，即造福于人类的生活。

求同存异，辨其异中之同、同中之异，探寻公是，是比较哲学与比较文化研究的基本任务。力求在文化价值的认同方面达成某些低度的共识，是“世界历史”的新时代对比较哲学与比较文化研究提出的现实要求。在扩大低度共识与维护多元文化并存的思想张力中，使比较哲学与比较文化的学术研究活动充满着长盛不衰的生命力。

（三）比较哲学与比较文化研究的主体立场

我们深知，当今世界是一个充满多重矛盾的人类共同体，一方面是经济的全球化，另一方面是文化的本土化。经济全球化需要文化一体化作为文明的支撑。追求多元、合理的价值形态，对抗经济全球化过程中出现的“文化同质化”的现象，保存人类文化生态的多样性，这样一个看似矛盾的生活现象，其实从人类生存的深层次需求来看是相辅相成的。从文明发展的趋势看，“全球化”恰恰给各民族文化的发展以一种方向感，它要求人类在“地球村”时代具有同类相爱的人文心理和伦理精神；“本土化”则满足人们的故乡情结而给人一种家园感，使人们在全球化时代里成为随心而游的文化“旅行者”，而不是沦为文化的“流浪汉”。人们从自己熟悉的、固有的文化传统出发理解人类的共同命运及人类一体化时代里的低度共通原则，在深爱自己民族精神时，以一种博大的胸怀欣赏、接纳、吸收他者的文化。比较哲学与比较文化研究，正是基于对当今及未来世界文明发展方向的体认，要求不同的学者在各自的专业学术领域里从事新文化的建设与创造工作。

众所周知，“轴心时代”的四大文明基本上以独立的形式创造出来，现代文明是通过资本的扩张方式把全世界各民族拉扯到一起的，其间充满了血腥的掠夺与屠杀。20 世纪两次世界大战给人类带来的心灵创伤至今仍未痊愈。核战争的阴影与乌云也时常漂浮在人们的头顶。然而，我们今日及未来人类所处的“地球村”时代，则需要一种从根本上来说全新的文化理念。这种文化理念的核心内容是：人类文明在一体化的趋势下必须坚守人人相爱的理念，并以人人相爱为文化心理起点，以平等、互惠、和平、协商的方式实现文明间的交流与对话，从而实现人类文化核心理念的再创造。要实现这一伟大的抱负，在目前的情况下，必须通过人类文明的综合创新。在中国，则大体上需要经历“漫汗通观儒释道，从容涵化印中西”（萧萐父语）的漫长过程，迎接世界性的文化核心理念再创造的未来。

文化核心理念再创造是一崇高而遥远的理想，但它能给我们人文学者的学术与文化研究提供一个方向。朝着这一方向，“比较哲学与比较文化研究”要反对单一的“求同”或“立异”的目标。对此，萧萐父先生有非常透彻的论述。他说：“只有把‘寻根意识’和‘全球意识’结合起来，通过‘两化’，实现中国文化的解构重构，推陈出新，作出新的综合创新，才能有充分准备地参与世界性的‘百家争鸣’，与世界学术多方面接轨、多渠道对话，从而对人类文化的新整合和新发展作出应有的贡献。”①

今天以及未来的人类要做两件大事：一是要真切地超越国界、民族、地区利益的限制，维护人类共同的生存根基，让地球成为全人类的共同家园；二是要拓展生存空间，让人类逐步走出太阳系的自然力量给予人类的限制，至少在银河系里寻找到更大的发展空间。而与人类实际事业相联系的文化事业则是：一是要共建“地球村”的文明形态；二是要拓展“信天游”，做“天民”的新文明理念。这两个目标其实可以整合成一个统一的目标，那就是依托“地球村”文明形态而共谋人类的生存与发展的新文化理念。一切环境保护主义者与生态主义者的理想也必将以维护人类的共同生存与发展为终极目的。今日及未来的人类所有事业，只有在这个切近而又遥远的目标指引下才能找到自己的意义与方向。

（四）比较哲学研究的知性价值与伦理价值

近现代中国哲学一开始就是比较哲学的。② 这种比较哲学虽然有“以西释中”的“反向格义”（刘笑敢语）倾向，但也体现了中国近现代哲学所具有的独特的开放性。作为中国现代思想开风气之先的一位领袖人物，胡适在写《中国哲学史大纲》一书时也涉及比较哲学与比较文化研究的方法问题。他在论哲学史史料的整理方法时，一共说了三点，一是版本校勘，二是文字训诂，三是全书的“内容要旨融会贯通”③。而在论“贯通”的方法时，他说，中国古代哲学距离今天年代久远，成了绝学，如何去理解呢？胡适认为，在别国的哲学史上，有时也会发生那

---

① 萧萐父．东西慧梦几时圆——1998 年 11 月香港“中华文化与二十一世纪”国际学术研讨会上的发言//吹沙三集．成都：巴蜀书社，2007：8．

② 吴根友．从比较哲学到世界哲学——从谭嗣同《仁学》中的“通”论看比较哲学的前景．哲学动态，2009（12）．

③ 胡适．中国哲学史大纲：卷上//胡适学术文集：上．姜义华，主编．北京：中华书局，1991：24-27．

些问题，也曾用过那些名词，也曾产出大同小异或小同大异的学说，于是，“我们有了这种比较参考的材料，往往能互相印证，互相发明”①。而他们所用的“比较参证的材料，便是西洋的哲学”②。

非常有意思的是，胡适在“比较”研究中要消除的是中国人的“自夸”心理，而不是“自悲”心理。他说：“我虽用西洋哲学作参考资料，并不以为中国古代也有某种学说，便可以自夸自喜。做历史的人，千万不可存一毫主观的成见。须知东西的学术思想的互相印证，互相发明，至多不过可以见得人类的官能心理大概相同，故遇着大同小异的境地时势，便会产出大同小异的思想学派。东家所有，西家所无，只因为时势境地不同。西家未必不如东家，东家也不配夸炫于西家。何况东西所同有，谁也不配夸张自豪。故本书的主张，但以为我们若相贯通整理中国哲学史的史料，不可不借用别系的哲学，作一种解释演述的工具。此外别无他种穿凿附会、发扬国光、自己夸耀的心。”③

胡适说这话的时间是 1917 年，属于中国传统经学向现代多元学术方向过渡的时代。他警告当时的文化遗老遗少们，不要因为我们也有西方文化的某些东西而就沾沾自喜，从而不再虚心地向西方学习。时隔两年之后，即五四新文化运动之后，中国人逐渐感觉到事事不如人，崇洋媚外的思想与文化心理逐渐成为 20 世纪 20 年代以后的主要倾向。直到今天，这种崇洋的思想与文化心态也很难说就完全扭转过来了。作为一种学术研究活动，比较哲学与比较文化研究如何在拓展中国人的知识视野的同时，也能在“比较”的过程中确立新的伦理观，将是当前中国比较哲学与比较文化研究的现实任务。萧萐父先生曾在比较哲学与比较文化的视野下，对中国哲学文化的自身任务提出了两点看法，值得我们认真咀嚼与反思。他说：“一方面，消极地说，中国哲学文化必须通过自我批判的反思和历史教训的总结，从根本上走出单一政治化的旧格局，而更好地恢复和实现学术文化固有的价值和功能。同时，也必然由统合走向分殊，摆脱‘统比分好’、‘贵一贱多’的传统偏见，而走向真正百

① 胡适．中国哲学史大纲：卷上//胡适学术文集：上．姜义华，主编．北京：中华书局，1991：24-27.

② 同①28.

③ 同①28.

花齐放的多元的发展方向。”① “另一方面，积极地说，中国哲学文化的未来发展，应当更好地实现‘两化’，即中国传统文化的现代化和西方先进文化的中国化。‘两化’是互相区别而又互相联系的文化过程，必须善于兼顾，才能逐步圆满解决古今和中西两方面的矛盾的复杂交错的问题。”②

在萧先生所论的基础上，我们还要认识到，当前中国的比较哲学与比较文化研究不仅要提供新的知识视野，而且要在“知与德交相养”的过程中有助于现代中国人新的理想人格的养成。这一新的理想人格应当是中国化的马克思主义者冯契先生所说的那样：“平民化的自由人格”③，而不再是传统儒家文化中的圣人人格、君子人格，或者佛、道二教出家修行的修士型人格，至少主流的理想人格形态不能是这样的。由具有“平民化的自由人格”的个人组成的世界将是一个“自由人的联合体”，或者是一个“和而不同”的“万民社会”。因此，比较哲学与比较文化的研究必将促进中国人伦理价值观的变化，使它既不脱离中国传统，同时又是中国化、现代型的中国人的伦理价值观。

（五）从“哲学无定论”看比较哲学何以可能，有何作为

1988年，武汉大学哲学系陈修斋先生发表了一篇非常引人深思的哲学文章——《关于哲学本性问题的思考》，提出了“哲学无定论”的著名命题，对于哲学的“性质”问题提出了非常思辨的新观点。这一新的“哲学观”对于我们进一步思考“比较哲学何以可能”的问题提供了新的思路。陈先生这样说：“事实上不仅对于哲学的定义无定论，对于哲学是否应有或能有公认定义总是无定论，对于哲学所讨论的许多问题也都无定论。我认为，无定论正是哲学的本性，只有无定论的问题才是真正的哲学问题，而真正的哲学问题总是无定论的。如果一旦有了定论，则它就是科学问题，而原本并不是或不再是哲学问题了。”④

对陈先生的这一段话，可从如下四个层面来理解：其一，人们关于

① 萧萐父. 东西慧梦几时圆——1998年11月香港“中华文化与二十一世纪”国际学术研讨会上的发言//吹沙三集. 成都：巴蜀书社，2007：7.

② 同①8.

③ 吴根友. 冯契“平民化自由人格”申论. 哲学研究，1997（11）.

④ 段德智. 陈修斋论哲学与哲学史. 北京：人民出版社，2009：31.

何谓“哲学”的定义本身没有一个普遍接受的公论，此为“哲学”观念或学科内涵的“无定论”。其二，对于“哲学”观念与学科内涵的本身是否应该，或者是否能够有公认的定义，人们也没有普遍接受的公论。“是否应该”属于合理性的追问的问题，而“是否能够”属于人们能否有达成、实现定论的能力问题，这是对于人类认知能力与接受能力和社会条件的许可性的追问。其三，对于“哲学”这门学科或知识系统所讨论的问题给予了贞定，即只有那些不具有普遍接受答案的问题才有可能成为哲学问题。其四，“真正的哲学问题”即是那些“在原则上无法用实践来检验而达到最后的定论”的问题。

依据陈先生“哲学无定论”的观点，我们也可以说，他自己的哲学观也是可以讨论的。然而，在这里，我们并不是要讨论这一“哲学无定论”的观点，而只是从这一新哲学观出发来思考比较哲学与比较文化研究的前途问题。既然“哲学无定论”，则表明在历史的维度里，人们关于“哲学”本身性质的认识是不断变化、不断深化与丰富化的，人们对于事物、具体认识对象的哲学分析与综合认识的结论不断在变化、深化与丰富化，而且还表明不同的民族、不同的人群、不同的阶级或阶层对于相同的认识对象也有不同的认识结论。这既显示了客观对象自身的丰富性与复杂性，也显示了人的认识能力的有限性与认识的关注点的差异性，从而从整体上显示了人类“认识活动”自身的丰富性与复杂性。

“哲学无定论”，就其呼唤思想解放的内在呐喊而言，它并不导向一种无可救药的怀疑主义，导向人们对相对真理的把握的否定，而毋宁说它以认识论的多元论思维姿态引导人们把握更加丰富的对象性世界，从而摆脱现实生活中形形色色的教条主义的、绝对主义的真理观的束缚，尤其是要摆脱以西方哲学、文化为绝对标准的哲学观，从而改变当前学术界自觉不自觉地以西方哲学、文化为标准的“判教”心态。陈先生在回答作为“无定论的哲学”有何作用的问题时，从三个方面肯定了哲学的价值，并对改变比较哲学研究过程中的“判教”心态有极强的启示意义。他认为，作为“无定论的哲学”，第一“可以锻炼理论思维能力”。第二“有助于使人树立正确的世界观和人生观，以作为立身处世之本”①。第三，哲学虽然无定论，“但也决不是说各种哲学观点都是不分

① 段德智．陈修斋论哲学与哲学史．北京：人民出版社，2009：39.

轩轾的、无是非优劣可分的。我们虽永远不可能达到作为对世界的‘最后一言’式的‘绝对真理’，但这决不是说我们就不能通过努力学习和实践而掌握一定的相对真理”①，要把握“相对真理”，只有通过学习哲学，在社会实践过程中加以比较、检验，择善而从。因此，哲学“有助于使人摆脱心灵的桎梏，解放思想，开拓心胸，提高精神境界。“通过良好的哲学训练，能从宇宙全体的高度来看待一切事物，看到个人在宇宙中的地位，就会有如登高望远，心胸开阔，眼光远大，不致为个人区区小事烦恼，从而获得精神的自由。”②

借用陈先生“哲学无定论”的命题，我们似乎也可以说，比较哲学与比较文化的研究活动是无止境的。即使到了世界大同，并且形成了所谓的“世界哲学”之时，比较哲学与比较文化的研究也仍然有事情可做。因为联结成为一体的世界及其文化，将是一个新的“百家争鸣”的时代，而且也会不断地产生新的人生问题与哲学问题。

如果说，“有比较才有鉴别”一语包含了真假、价值高低的择别式的意涵，从而也保留了浓厚的“判教”意识，那么从哲学的高度来重省比较哲学与比较文化研究活动的话，鉴与别恰恰是通过“比较”的行为而对认识对象的特征有所把握的。“鉴”就是相互比照，既是物与物放在一起的比照，更是比照物与物的人的眼光、认识能力的相互比照。两个不同的物放在一起也是相互鉴别，然而，如果没有认识主体的人参与其中，这种鉴别是无意义的。对于一头驴子而言，两堆不同的草垛放在它面前有什么意义？因此，只有对于人的认识而言，对于人的需求而言，鉴的意义才能凸显出来。有鉴而后有别，“别”的最基本意思就是区分，就是对认识对象的性质进行划界。也正是不断地通过对对象世界的鉴与别，人的认识能力扩大了，人的内心世界丰富了、复杂了。这一切都离不开“比较”。也正是从这一角度说，“比较”天然是哲学的，也是文化的。当然，“比较”并不全然是哲学的，商人的比较就极有可能是经济的、功利的。要使“比较”成为哲学的，并由哲学性的比较上升为一种“比较哲学”，就必须超越人在认识视野方面的狭隘性，价值选择方面的狭隘性，人的心胸、气度方面的狭隘性，通过比较哲学与比较文化的研究活动，谨慎地从事去伪存真、去粗取精的工作，寻求并扩大人类认识的共识范

---

① 段德智．陈修斋论哲学与哲学史．北京：人民出版社，2009：39.

② 同①.

围，同时又保存一些可以并存不悖的差异性，则比较哲学与比较文化研究找到自己的安身立命之所，从当前的尴尬身份中解放出来。

二、比较哲学之道与哲学通达之路

(一) 从中西哲学的“会通”看比较哲学的任务

上海社会科学院俞宣孟研究员认为，哲学的求“通”，“当指中西哲学的会通。站在西方传统哲学内部是不存在会通问题的”[①]。因此，中西比较哲学的任务就在于求得中西哲学之间的会通。这一说法虽然有值得进一步商榷并予以细致化之处，但从中可以看出，求“通”在中西比较哲学研究中的重要性。他在谈到中国哲学在今后的发展问题时，将比较哲学研究看作必经之途。在谈到比较哲学的自身任务问题时，他认为，要在中西哲学之间建立一种有关哲学观念的“一致性”，否则比较根本是不可能的，“新的哲学观念不仅应当能适应当今社会生活的需要，而且还应当能对中国哲学和西方传统哲学提供一种一致的说明。如果根本不存在这种一致的说明，那么，就说明两种哲学是完全异质的，其中必有一种的哲学资质会受到怀疑”[②]。

如何获得对于“哲学一致性”的认识呢？俞氏从两条路径展开了对此问题的思考。其一是他从马克思主义哲学观念出发，将人类生活与生存方式看作一切哲学的源头，从源头处而不是从某种既有的原理出发，寻求对“哲学一致性”的说明。

就中西哲学之间如何“会通”的问题，俞氏认为，按照西方哲学追求普遍性的思路是行不通的[③]，而应当重视马克思主义的哲学观在中西会通过程中的作用与意义。要将“人自身的生存活动”看作“中西哲学会通的原点”[④]。一方面，要从各种哲学思想中探索出“人的基本的生

① 俞宣孟，何锡蓉. 探根寻源——新一轮中西哲学比较研究论集. 上海：上海译文出版社，2005：168.

② 同①167.

③ 同①169.

④ 同①171.

存结构”，另一方面，“还要根据人的基本生存结构及其多种可能的生存方式，对中西两种不同的哲学形态作出解说”①。如此的反复与循环过程，恰恰可以使我们更清楚地看到：“哲学无非是人对自身生存方式的反思，这种反思可以是概念式的，也可以是体悟式的。”② 正因为哲学的反思可以有不同的形态，所以，相对于西方哲学家来说，“现在被称为哲学家的人，在中国古代称为圣贤或得道之士，他们的高明之处在于修养高，所谓修养高，表现为以恰当的方式待人处事，这需要明白事理，更需要自觉调整自身的状态以便以恰当的方式介入世界，并努力获得与世界和谐相处的境界，它是体悟式的。西方哲学则关注有关世界的普遍知识，是概念式的”③。

在关于“原理和源头”的问题思考中，俞氏指出，中西哲学的“会通”是不能“在某种原理中得到会通的”④。恰好相反，我们要在追溯原理的形成及其特征的过程中，“消除对原理的神圣感”⑤，通过原理的创新，实现有关哲学观念的解放。他认为：“人类的生活是各种原理所从出的源泉。原理的更新是生活的结果，也是生活的需要……真正的创新在于认清一切原理的局限性，从追求普遍原理的格式中解脱出来，关注于生活本身，灵敏适当地应对我们生活中提出的各种问题。这就是从原理回到源头。回到源头是真正的思想解放。”⑥

其二是他从自己的哲学观出发，提出了会通中西哲学的理论出发点。他认为，中西哲学都可以从形而上学出发来思考二者之间的异同。不过，中西形而上学又有所不同。“大体说来，西方形而上学指的是超出经验的知识。从这个基本的规定出发，形而上学曾经包括四个分支，它们是：ontology、宇宙论、灵魂学和神学，至少在康德的《纯粹理性批判》中，这四个方面还都属于形而上学的领域。”⑦ 相对于西方的形而上学而言，中国的形而上学“有超越的意思却并没有要人进入超经验

① 俞宣孟，何锡蓉．探根寻源——新一轮中西哲学比较研究论集．上海：上海译文出版社，2005：171．

② 同①172．

③ 同①172．

④ 同①186．

⑤ 同①186．

⑥ 同①192．

⑦ 同①174．

的概念领域的意思，它是要引导人进入到得道的境界，这种境界恰恰是在人们可以经验到的真切感受中的”。而“让人自己从对形器的拘执中超越到与道契合的状态。这就是中国的‘形而上’的精神”①。

更进一步，俞氏还分析道：“中国的形而上学精神与西方形而上学都涉及到超越问题，但是，它们的性质是不同的。在西方哲学中，超越是指对于经验的超越，因而在文字表达中，超越与超验是同一个词。形而上学研究的对象是超越于经验的，因而也说成是超验的。西方形而上学是脱离了经验世界靠纯粹概念的思辨来经营的，因而又可以说，这是一门超验的学问。”② 相比较而言，“中国哲学形而上学的超越就不是超验的，它只是指人自己在与器物打交道中进入与道相契的状态，这一‘进入’的过程就是超越”③。

简而言之，“中、西两种形而上学显然有很大的差异。中国哲学的形而上学着眼于人自身的超越活动，但是，并非没有‘说’，其说围绕着得道，而道只对于人自身形而上的超越活动才显示出来。西方在形而上学的说中亮出了一个超验的世界，这个以概念表达的超越的世界曾被长期认为是独立于自在的客观世界的本质”④，只是到了康德，才初步打破了这种思想的迷梦。

俞氏认为，形而上学并不神秘，它只不过是“人对自身采用的不同生存方式或超越方式的反思”⑤。他相信，“生存状态的基本结构，是中西哲学的会通点，中西形而上学的差异可以从这一基本结构中产生出来的不同生存方式方面得到说明”⑥。

上述俞氏有关中西比较哲学的“会通”的系列论述，特别是反对以西方哲学的某些原理作为普遍的哲学原理的观点，对于我们思考比较哲学研究的目的及其方法，具有很强的启发意义。但其中所暴露出的问题也是不容忽视的。一方面，他要求在中西哲学会通的过程中寻找到比较一致的哲学观念；另一方面，他又认为不能在原理中找到会通的可能，

---

① 俞宣孟，何锡蓉．探根寻源——新一轮中西哲学比较研究论集．上海：上海译文出版社，2005：176.

② 同①176-177.

③ 同①177.

④ 同①179.

⑤ 同①179.

⑥ 同①179.

而是将会通的希望寄托在对人的生存与生活之中；但最后他又希望通过对形而上学的比较来寻找中西哲学的对话。这三者之间的关系究竟当如何处理，还是需要进一步思考的。如果将比较一致的哲学观念看作对哲学的定义，仅从西方哲学发展的历史来看，我们至今也难以找到比较一致的哲学观念。在中西哲学之间要找到比较一致的哲学观念恐怕更难。哲学当然要从人的生存与生活出发，但并不能因此而能找到哲学的会通之路，在中西哲学史上，同一时代具有不同形态的哲学就表明，我们不可能对相同时代的生活给出一种统一的哲学。并且，也没有统一的形而上学。因为每个哲学家的理论出发点是不一样的。如果只有一种形而上学，则极可能只有一种哲学。因此，哲学的会通很难会通出一种统一的哲学，而只能是在对话中丰富不同形态的哲学。

（二）求“通”：比较哲学的历史任务

我们认为，求“通”是比较哲学与比较文化要追求的积极目标之一。在“世界历史”的开端之处，比较哲学与比较文化的实际活动早已经展开了，甚至在人类有交流的时候就有了极其简单的比较文化意识，但真正上升到理性层面，将比较哲学与比较文化作为思想对象加以思考与研究，则是比较晚近的事情。

众所周知，19 世纪末 20 世纪初，中国学术的谱系里有了“哲学”这一新成员，但中国哲学一开始就是以“比较哲学”的姿态出现的。毋庸讳言，早期的中国哲学史与中国哲学本身，都是以西方哲学为范本的，绝大多数中国哲学史都是不同形式的“在中国的西方哲学观念”的表演。对于“哲学”这门新的知识体系，中国人只能是先采用“拿来主义”的方法，然后再来铸造真正的中国哲学，写出中国哲学史。要实现哲学的中国化，或者说要有真正汉语的中国哲学与中国哲学史，其中必不可少的途径之一，就是通过比较哲学与比较文化的研究，在求“通”的过程中实现哲学的汉语化与中国化。

“世界历史”的现实进程就是一个不断求“通”的真实过程。各民族、各地方的封闭、孤立的现象正是通过文化传播、商品交换而逐步走向联系、开放的。“哲学”作为各民族的核心精神也将通过“比较”的研究活动，由陌生走向了解，进而走向熟悉、批评与吸收。现代西方解释学强调文本与解读者之间的“视界融合”，比较哲学与比较文化的研究，也将通过比较的研究活动而由“隔阂”走向“通达”。在比较哲学与比较文化研究中，当然会出现不同民族哲学与文化的“视界融合”现象，但很难出现彻底的“同化”，从而最终走向“一元化”。比较哲学与比较文化的研究，其理想的结局应该是在“会通”的基础上实现新的哲学创造，即各民族精神主体之间有一种相互联系的道路，相互独立而不孤立、封闭，相互理解而不相互取代，相互对话而不相互对立。每一民族的核心观念与表达这一民族的核心观念的特殊概念，在语言翻译的层面都会出现“译不准”甚至不可翻译的现象，但原则上并不妨碍其他民族的精英们通过了解该民族的语言与文化体系，达到一种真切的理解与领悟，从而用一种描述性的语言在自己的民族语言中清楚明白地解释出来。虽然，并非一切的思想观念、文化现象都可以翻译，但是，人类的精神现象、文化现象都可以通过比较研究达到一种了解与理解。否则人类世界就不会走到今天的“世界历史”的时代。

“通”在中国哲学中是一种古老的观念。《易经》中对“通”有丰富的论述，道家哲人庄子反复强调“道通为一”，《易传》强调“天下同归而殊途，一致而百虑”的“会通”与“感而遂通”的“感通”，司马迁追求“究天人之际，通古今之变”的整体性领悟，宋儒追求“仁者体天地万物为一体”的“通感”。明清之际，在中西文化第一次正式交流的时期，先进的中国士人提出了“欲求超胜，必先会通”的文化“融通”观。直到晚清之际，谭嗣同提出了“仁者以通为第一义”的光辉思想，将传统儒家的“仁学”思想与“通”的观念结合起来，使一种道德性的观念变成了一种族际、国际、人际相互沟通的理想状态，变成了一种“世界历史”时代所需要的基本的生存状态的观念。

尽管“世界历史”的现实过程在19世纪与20世纪前半段是一种充满血腥的殖民的历史过程，对于这一血腥的历史过程的成因，哲学家、历史学家有不同的解释，而且可能都各得一理，然而，人类在国别史、地域史的时代里，因相互隔阂而不通达，进而造成相互误解则是其中的原因之一。工业文明的先进民族与国家，把所有非工业文明的其他文明形态斥为落后与野蛮，以一种文明人的傲慢心态对待其他非工业文明的民族，并理直气壮地从事血腥而残酷的殖民活动。随之而来的工业文明则对传统的文明采取了一种全面的否定、取消的态度。先进的工业化国家里，自由主义者重视自己民族国家里的人民的自由、人权，却忽视了其他民族国家里的人民的自由、人权。即使在今天的国际社会里，这种“不通”的文化隔阂仍然存在。

不通既是文化上的，也是利益上的。不通则塞，塞则壅，壅则不平，不平则争。诚然，比较哲学与比较文化的研究并没有改变现实塞壅不平、争斗不已的种种现象，而且也难以胜任这一现实的重任，但比较哲学与比较文化的研究追求一种“通达”的精神境界与相互理解的状态，则有助于缓和人世间的不必要的误会与误解，从而避免人们因为相互的陌生而导致不必要的冲突与无谓的争斗。

“通”永远是相对的，“通”也总是处在过程之中。但是，寻求“通”与拒绝“通”，将会产生两种截然相反的结合。流水不腐，是因为“通”而具有活力。夜郎自大、穷乡僻壤，是因为不通而导致见识的固陋与生活的贫困。当今中国农村里流行的口号“要想富，靠修路”非常生动、有力地说明了道通的魅力。虽然，求“通”并非比较哲学与比较文化研究的唯一目的，然而，求“通”是比较哲学与比较文化研究的重要使命。

（三）“通”的相对性与过程性特征

无论是作为一种异质文化之间的通，还是作为个人认识层面的通，甚至是作为实际生活中的道路之通，都是一种相对性的通，而半通、不通总是表现为一种常态。因此，作为理论认识的形态之一，比较哲学所追求的通的目标始终是处在通的动态过程之中，从而也表现为一种过程性。

从今天的中国哲学界来看，19 世纪末 20 世纪初的中国学人对于西方哲学与文化的理解，显然是半通不通的。但是，从通的相对性与过程性特征来看，这是一种非常自然的现象，不必大惊小怪。再往后看，今天中国人对于西方哲学的了解与把握也仍然存在着半通不通之处。然而，没有这种不断深入的半通不通的通达过程，中西哲学之间将永远是分隔的两端，分别将对方作为一个陌生的、异己的他者来对待。

中西哲学之间的“通”具有“相对性”，既有认识主体方面的原因，也有两种哲学形态之间根本无法通的客观方面的原因。就认识主体方面说，很难找到一个人既充分了解西方哲学，又充分了解中国哲学的人。从事比较哲学的研究者，从理论上说永远在从事着一种盲人摸象的工作。问题的关键在于：我们要对自己工作的局限性有清醒的认识，不要把自己得到的认识结论当作是完整的大象就可以了。

从认识的对象来说，中西哲学产生于中西不同的文化背景之中，中西哲学的理论出发点、体系、语言表达方式都十分不同。以一方的哲学框架为标准来裁剪另一方的哲学思想内容，一定会出现很多方枘圆凿的现象。当比较哲学面临这一尴尬时，最恰当的做法不是以西裁中，或反过来以中裁西，而是要做到视域的融合，分别从对方的所异之处来寻找人类心灵、精神的新视野，从而扩大并丰富我们人类的思维与心灵的空间。

比较哲学研究所取得的认识具有相对性的特征，但不因此而否定这种思想的认识没有意义，也并不因此而断言所有的认识都具有同等的价值或都没有价值。所谓相对性，意思是说研究者的认识对于比较研究的对象的真相具有不断的逼真性。这种逼真性不是一次完成的，不是一人完成的，也不是某一时代的所有学者共同完成的，而是在世世代代的认识过程中，不断接近真相的过程。由于经验世界人的有限性，这种认识的逼真性还不同于抽象逻辑思维中的无限趋近性。从原则上说，人对于对象世界真相认识的逼真性永远是无止境的，因而永远是一个过程。这种过程不应该理解成一种单维度的、线性的、积累性的进化，而应当理解成一种立体的、多维的、动态的趋向认识对象的过程。

这种认识趋向于认识对象的过程还不能将整个人类想象成一个具有统一人格的神灵或其他认知主体，而应当从人的经验生存出发，即人类是由千千万万个独立的认知个体组成的，他们所取得的正确的认知结果不可能由一个人来整合成一个完全正确的体系，从而从整体上趋向于任何一个具体的认识对象或整个的认识对象。正因为人类经验存在的这一形态，在根本上决定了人类无法把握人类已经取得的相对正确的认识，即使是对某一具体的事物的正确认识内容，我们人类的具体个人也无法完全把握。

比较哲学所求得的“通”的相对性与过程性，其实也是我们人类认识的相对性与过程性的具体表现。既然如此，我们就不应当对比较哲学认识过程出现的各种偏差抱有不应有的轻蔑，或者过于严厉的指责，而应当以乐观其成的态度鼓励所有从事比较哲学研究的人们继续向前。《易经》的六十四卦卦序，在一定意义上也显示了通与不通的辩证思维。

比如说，第六十三卦为“既济”，“既济”即小亨通，而第六十四卦是“未济”，“未济”即不通。这种“不通”是指人在天地之间，永远处在一个“既济”的过程之中，是一个开放的，但又是有阻碍的过程。

（四）《周易》哲学中“通”的观念对于比较哲学研究的启示

在中国哲学中，“通”字的意思与“通”的观念内涵均非常丰富。这里仅以《周易》一书中“通”的观念为例，对当今中西哲学比较的求“通”要求提供一些有关思想观念的启迪。《周易》一书中“经”与“传”两部分涉及“通”的观念，其根本意思是行得通，无所滞碍。析而言之，大体上可以分成四层意思：

第一层意思是“变通”。这一层意思应当说是最基本的。《周易》哲学的主要精神就是要求人们知变，然后能正确地应变，从而让人能在天地宇宙、人类社会生活中正确地处理各种事情，实现人类“正德、利用、厚生”的大目的。如《易传·系辞上》说：“夫易，圣人之所以极深而研几也。唯深也，故能通天下之志。”又说：“子曰：‘圣人立象以尽意，设卦以尽情伪，系辞焉以尽其言，变而通之以尽利，鼓之舞之以尽神。’”而《周易》哲学所讲的“通”，其最抽象的意思是“往来不穷谓之通”。从自然的变化角度看：“是故法象莫大乎天地，变通莫大乎四时。”《易传·系辞下》说：“刚柔者，立本者也。变通者，趣时者也。”

从人事作为的角度看，“化而裁之谓之变，推而行之谓之通”。而从时间变化角度来看的“变通”，也涉及空间的变化。一个普遍性的原理落实到具体情境之中，一国、一地之风俗传到另一国或另一地，也因变通而生存。佛教的中国化即“变通”。而“变通”即因时间、地点的变化而通达、通行，这就是“推而行之”。故“变通”，是《周易》哲学“通”的基本含义。

第二层意思是“会通”。《易传·系辞上》说：“圣人有以见天下之赜，而拟诸其形容，象其物宜，是故谓之象。圣人有以见天下之动，而观其会通。”“会通”也即今天人们所说的“贯通”。《易经·乾卦·文言》中说：“夫大人者，与天地合其德，与日月合其明，与四时合其序，与鬼神合其吉凶。先天而天弗违，后天而奉天时，天且弗违，而况于人乎，况于鬼神乎？”此处所说的“大人”，正是一个与天地、日月、四时、鬼神相通的人，是“会通”精神的人格化表现。

《易传·系辞上》还说："夫易广矣大矣，以言乎远则不御，以言乎迩则静而正，以言乎天地之间则备矣。……广大配天地，变通配四时。"这里所讲的"备"也即"通"，可以称之为"通备"，具有遍覆包涵的意义。"通备"也即"会通"的意思。而《易传·系辞下》所说的"天下同归而殊涂，一致而百虑"，这乃是对天下"大通"的一种预言，也是"会通"在社会政治生活中的一种具体表现。

要而言之，"会通"有融会、贯通，而无所不能通达的意思。类似的说法还有："易与天地准，故能弥纶天地之道……范围天地之化而不过，曲成万物而不遗，通乎昼夜之道而知。"(《易传·系辞上》)这里讲的"弥纶天地之道"即"贯通"。

"贯通"一层意思还可以表现在个人的德业一致方面。如《坤·文言》又说："君子黄中通理，正位居体，美在其中，而畅于四支，发于事业，美之至也。"这是讲君子的美德畅于四肢而体现在自己的事业之中，也是"通"的表现。这是"德业"之通，后来儒家大讲"内圣外王"之道，主要讲的是君子"德业之通"。

第三层意思是人们日常生活中所讲的沟通与通达，让本来是隔离的两物、两事联系在一起。《易传·系辞下》说："神农氏没，黄帝尧舜氏作，通其变，使民不倦，神而化之，使民宜之。易，穷则变，变则通，通则久。……刳木为舟，剡木为楫，舟楫之利以济不通。"

从语言的发展史角度看，这一层意思上的"通"最具体，应当是最早出现的。其引申义当为人与神的沟通，如《易传·系辞下》在解释乾坤两卦的卦德时说："乾坤，其易之门邪？乾，阳物也；坤，阴物也。阴阳合德而刚柔有体，以体天地之撰，以通神明之德。"这一层次上的"通"是最为基本的意思，是人类不断突破生存的局限，向着更加遥远的疆域迈进的一种结果。

"通"的第四层意思涉及"通"的方式与方法。下文所说的"感通"与"气通"当如此理解。《易传·系辞上》说："易有圣人之道四焉：以言者尚其辞，以动者尚其变，以制器者尚其象，以卜筮者尚其占……参伍以变，错综其数，通其变，遂成天下之文。极其数，遂定天下之象。……易无思也，无为也，寂然不动，感而遂通天下之故。"这里既讲到"会通"，又讲到"感通"。"感通"只此出现一次。然结合《易经》下经第三十一卦咸卦，则可以理解"感通"。"彖曰：咸，感也。柔上而刚下，二气感应以相与，止而说。男下女，是以亨利贞，娶女吉也。天地感而万物化生，圣人感人心而天下和平。观其所感，而天地万物之情可见矣。”

可见，天地万物之间的“感通”是通过“气”来实现的。圣人效法天地而感动人心，实现天下和平。圣人是凭借什么来感动天下人之心的，当然是通过“正德、利用、厚生”的系统方法来实现的。

从自然界来说，“感通”其实即“气通”，是阴阳二气交相感应而实现沟通与理解的。如《易传·说卦》说：“天地定位，山泽通气”。又说：“山泽通气，然后能变化，既成万物也。”

大自然界的万物以“气”作为媒介，实现相互之间的交通。

除上述四个层次的意思之外，《易经》乾卦卦辞“元亨利贞”之“亨”字，也即“通”的意思。《乾·文言》中还有“六爻发挥、旁通情也”的说法。在解释具体卦德时，《易传·系辞下》又说：“困，穷而通。”《易传·杂卦》也说：“井通，而困相遇也。”[①] 意思是说：困穷之际，恰恰预示着通达机遇的到来。这是《周易》哲学告诉人们，在最困难的时候不要泄气，而要看到问题解决的时机也就包含在困穷之中。所以《易传·序卦》讲：“泰者，通也。物不可以终通，故受之以否”。通与不通，因为时间、地点、条件、环境的变化，相互之间是可以转化的。所以，易哲学在追求通变的过程中，包含着丰富的辩证思维。

《周易》哲学中“通”的观念对于比较哲学的求通目标而言，究竟有何启发意义呢？尝试论之如下：

依据第一层意思，中国思想界不能固执传统文化中没有“哲学”观念或知识的固有观念，而应该在天已变、道也变的新时代里讲哲学、讲中国哲学，并讲好中国哲学。要在传统的六艺、六经或四部知识分类中提炼出既是哲学的又是中国哲学的新知识内容与思维方式。

依据第二层意思，要在中西哲学的异质形态中寻求超越中西哲学的特性，同时又是哲学的新哲学观念。这一点与俞宣孟所讲的“会通”有相似之处。

依据第三层意思，做中国哲学研究的学人，要努力全面理解西方哲学，从而实现当代中国哲学的创新与超越。这一层次意思上的“通”与

---

① 中国哲学中与“通”相反的词是“穷”。“穷”即是不通。儒家多讲“君子固穷”。这是对人格的坚持，对不合理社会秩序的反抗与批判。

解释、文化交流、沟通有密切关系。

依据第四层意思，要寻求哲学中的精微之物，让中西哲学在具体的问题上达到相互交流、相互理解的可能性。俞宣孟从形而上学入手，有些人从上帝观念入手，有些人从具体哲学家及其具体哲学问题入手，如从人生哲学问题入手从事比较研究工作。甚至从“通”的观念本身入手，寻找中西哲学对此问题的理解与解释，这也可以看作《周易》哲学中“气通”观念的活化与现代化的解释。

三、文化比较的误区与文化重建

作为一种文化现象，“围城”对于比较文化具有重要的方法论意义。文化具有丰富的内涵。这里所说的文化主要是指以思想意识、生活方式为主要内容的“软文化”，以区别于物质形态的“硬文化”。在不同的“软文化”之间，人们可以而且必须选择。当选择受到本源文化的强制与束缚时，人们就会感到文化围城的负面效应并产生“走出围城”的要求。因此，文化围城的心理机制在于人们对自己的本源文化圈子感到一种不满足并为另一种自己不太熟悉的他源文化所吸引。文化比较是走出文化围城的主要途径，因为它能够为克服文化之间的障碍，并为实现不同文化之间的融合互补做出必要的理论与心理准备。可是，当我们从“文化围城”及“走出围城”的角度来考察国内外一些学者对文化比较的态度时，可以发现其中存在着一系列的误区。

（一）文化比较必须真正走出“文化围城”

文化比较中的第一个误区在于坐在“围城”里面谈“走出围城”。多种文化的并存与竞争是文化比较的前提。没有可供选择的他源文化，比较既没有意义也没有可能。比较之必要性来源于我们生活于多种文化形态之间，而作为我们自己传统的文化已不能够或不足以解决生活中的种种问题。为了促使本源文化与他源文化互融互补，或为了在强势文化咄咄逼人的攻势面前振兴自己的文化，我们使用比较这一手段来深化对本源文化的理解，加强对本源文化的认同，同时指导对他源文化的评价与吸取。

有比较才能有鉴别。比较的前提是我们愿意并实际去了解那些不同于我们本源文化的他源文化。正是在这个意义上，围城现象启示我们：消极防范无助于减小文化之间的隔阂与壁垒；在他源文化的压力下，只有比较促成文化之间的互动才可以增殖本源文化的价值，借他山之石来攻玉，可以使我们更全面地观察、了解和评价不同文化之间的冲突，从而达到发展本源文化的目的。局限于自己文化的小圈子是无法进行文化比较的。在封闭的氛围里，文化的保守性和排他性将占据主导地位，而在开放的环境中，一种文化会因为与其他文化的相互作用而增强自己的生命力与同化力。

在宏观上，文化的交流碰撞在任何社会都已成为现实，但在微观上，具体个人对此的感受反应各不相同。“不知有汉，无论魏晋”者还大有人在。这些人得意于自我封闭的文化小圈子，对于其他文化的评价以想当然为基准。文化存在于全方位、多维空间的生活方式之中。大到政治经济、舆论宣传，小到待人接物、语笑言谈，都具有文化的内涵，以这种那种方式反映出一种文化的价值取向。仅仅依靠摘录几段名言，是无法全面了解的，更不要说客观评价另一种文化了。了解一种文化，可以有多种方式。每一种文化都有自己的历史。了解该文化之历史，有助于我们了解其今天的形势。每一种文化也有自己的哲学，阅读其不同流派的哲学名著，可以帮助我们认识该文化的深层蕴含。每一种文化都有自己的价值标准。透过文学艺术、新闻报道，我们就可以看到这些标准的形象表现。理解对方就是一种比较。在这一了解、理解的过程中，我们经历着“走出来”“返回去”的思想体验。通过对不同文化的体验，我们获得一种更为宽广的理解，从而可以将本源文化和他源文化共同囊括于我们的思维模式之中。比较是一种重新认识与评价。对本源文化与他源文化的评价必须建立在对双方的全面了解上，而要达到这样的全面了解，从事比较的人就必须打破文化的封闭。一个只知道自己文化而对他种文化一无所知的人，怎能奢谈文化比较呢？即使勉为其难，也只能是片面论断，与我们所说的文化比较风马牛不相及。历史上和现实中，这样的片面论断屡见不鲜。有的充满了对本源文化的不满，比较的目的是为了否定本源文化；有的则将文化比较建立在唯心的系统设想之上，以构造所谓的抽象世界文化体系；更多的是论证自己本源文化的优越，比较成了批评其他文化的代名词。这些所谓的比较研究都偏离了比较文化的基本原则，是在“围城”之内谈“走出围城”或不过是从此城走进彼城而已。

历史上，黑格尔囿于其对于非欧洲文化的偏见，大谈中国哲学的不成熟性。这一方面证明他对中国哲学的无知，另一方面也说明他在比较哲学的基本方法论上的不成熟。现代交通、通信、市场、贸易、外交与旅游使得国与国、文化与文化之间的距离明显缩小，一种文化的生存发展在很大程度上取决于其与他源文化的相互作用。这也就是说，现代社会正在迫使人们走出自己本源文化的圈子，进入多种文化既交流互补又摩擦冲突的世界文化中。从某种意义上说，一个民族、一种文化能否“走出”自己的圈子，参与多种文化之间的共存与竞争，打破文化的封闭，建立文化开放的机制，不仅仅对世界文化的走向，而且对自身文化之生存与发展，都具有决定性的意义。

世界上几个古老文明曾经在很长的历史中各自相对独立地发展，如今，这一历史环境已经不复存在，如果我们把今天的世界文化比作一条大河，其主流是由许许多多的支流组成的。作为它的支流，一种文化要影响其走向，就必须主动地参与其中，成为其主流的一部分。各支流对主流的影响是一个常变量，此消彼长。注入越多，影响力就会越大。把自己封闭起来，不参与他种文化的交互作用，就等于一个自成体系的支流，无法影响世界文化大河的流程。不走出自己的文化圈子，并不意味着可以免除文化之间的竞争。生命力旺盛的文化总是具有一定“侵略性”的文化，不仅要保护自己，而且要千方百计地把所有其他文化纳入自己的体系。各种文化之间的相互竞争并不会因为一方的自我封闭而消失。面对他源文化的冲击，实行自我封闭的文化只能被四面围堵。消极防御，其实防不胜防。相反，积极参与文化竞争，既可以借此消除自身文化中消极落后不适应现代生活的成分，又可以吸取他源文化中积极健康对本源文化有补充促进作用的东西。这样，文化才能在不断发展进步中得以健壮强大。当然，文化开放并非放弃对本源文化的保护。既然在现阶段思想形态的文化竞争总是通过一定的物质载体实现的，那么，政治、经济甚至军事的手段对于本源文化的自我保护，对于提高其生命力、竞争力，也还是不可缺少的。

通过以上对文化比较的第一个误区的分析，我们可以得出这样的结论：比较必须克服文化之间的壁垒，“走出”自己的圈子才能获得更为广阔的视野，视野的开拓有助于更合理地评价自己的本源文化和所见所闻的他源文化，合理评价则为重建自己的文化展示方向，提供原则和方法。

（二）文化互补不是完全否定本源文化

文化比较的第二个误区在于把文化的自身认同性视为保守，“走出围城”因此成了完全否定本源文化。文化比较以占有本源文化并了解他源文化为前提。有人以为出国的人一定比其他人更有资格进行文化比较。其实不然。不少人在国外生活多年，但他们并未获得视野的拓展。他们或者对另一种文化视而不见，或者使两种文化简单地同时并存，不做分析批判、综合比较，总是时时按自己所习惯的模式去处理事务。结果，他们人也许走出来了，但思想却还留在自己的文化圈子里。也有另一些人，他们对自己的本源文化认同本来就很低，一出国，就全然抛弃了自己的民族文化，而接受所在国文化为自己的本源文化。这些人在表面上似乎“经历”了两种不同的文化，为他们进行文化比较提供了良好基础。但事实上，他们仍只占有一种文化、囿于单一的文化小圈子里。他们的思维归根到底是狭窄的，他们的比较不可避免是片面的。文化发展具有自己的规律，并在长期的发展中获得了自身的特有规定性。作为民族心理与生活方式中比较稳定的因素，这些规定性具有极强的自我认同力，在某些方面很有点“ 不以尧存、不为桀亡”的味道。

这本来是各种文化共有的特点，可在时下海外一些人的笔下，确成了中国文化保守性的见证，成了全面否定中国文化的理由与论据。他们肆意夸大中国传统文化的消极因素，将其说成阻碍中国现代化的罪魁祸首，并由此引申出中国传统是一种落后的文化，唯有欧美文化才是现代生活标准的结论。中国在现代的落后，使得很多人在中国传统文化与现代化的关系上采取了不予认同的态度。从五四新文化运动时期对儒家传统的攻击，到今天对中国传统文明的否定，大都是一种单线思维的结果：政治军事上受欺于人是因为物质手段的落后，而物质手段的落后则来源于思想文化的保守。于是，对有些人来说，只有彻底否定自己的哲学、文学、伦理以至语言，中国才有希望与现代文化合流，才能够成为一个现代国家，这样的推理具有逻辑的缺陷，因为它把物质文化与思想文化之间、制度化的文化与生活方式的文化之间的复杂关系过于简单化了。

在中国历史及世界历史上，思想文化上发展相对落后的民族征服高度发展的民族的例子屡见不鲜（古罗马的陷落、蒙古铁骑横扫亚欧大陆就是人所共知的两例）。因此，一方面，我们承认，中国传统文化必须改革，其落后保守的东西必须去除；另一方面，我们也不应把一切责任都归罪于自己的传统文化。在当今世界上，相对于欧美主流文化而言，非主流文化并非中国一家。但对自己文化的否定如此全面彻底极端，在其他文化圈里还很少见（在近现代遭受同样甚至更悲惨命运的印度民族对复兴自己文化的热情，可以反衬那些全面否定自己本源文化的中国人的荒唐）。从学术角度来看，全面否定自己的文化是与文化进化的规律背道而驰的。各种文化在世界上交替上升是文化发展的规律。主流文化无法永保自己的主导地位，而非主流文化也不甘心总是从属于人。在最终变化到来之前，前者为保持自己的优势而压抑后者，而后者为赢得上升不断加强自己；前者更易于保守，而后者更热衷于文化比较。

对来自非主流文化的人们来说，走出自己文化的封闭圈子是为了更好地认识自己的文化。“不识庐山真面目，只缘身在此山中”。只有在与他源文化的接触中，才能更客观地反观自己的文化；只有以其他文化为镜子，才能在比较中评价自己文化的利弊得失；只有在与其他文化的交互作用中吸取现代精神，才能克服自己传统中那些过时的成分。然而，批评不是全面否定，克服不是完全抛弃。否则，我们就无法解释文化比较的根本动机与动力。全面否定的观点也是与文化自身的性质不相符的。任何文化都有美好的和不怎么美好的方面。只看到一方面，常常会使人得出对一种文化形态的偏激看法，在另一种文化环境中生活一段时间后，这种偏激的看法就会因为对两种文化的相对全面了解而得到修正。比如，现在在国外生活的很多人，出国前曾经对中国传统文化持相当的否定态度，可是，经过一定时期，在他们比较全面地了解了西方文化后，反倒转变了对中国文化的态度。

这或者是因为他们以西方文化为借鉴，看到了出国前没有看到或视而不见的中国文化中许多好的东西，或者是通过了解比较中西方文化在一个又一个具体问题上的价值取向，他们感到更为认同中国文化的价值标准。当然，文化冲突的解决并非都如此简单。更多的人仍然不断地经历着由多重文化标准共存引发的情感与选择矛盾，在行为原则上既非固执己见也非改换门庭。与全面否定的观点不同，他们力图在比较中兼容不同的文化，在选择中增强自己本源文化的适应能力，而不是要抛弃自己的本源文化。全面否定的观点破坏了中西文化交流、比较、融合的基础。西方对中国文化的兴趣始于基督教在中国的扩张。对那时的大多数传教士而言，“中学”是一个工具，一个论证基督教文化优于异教文化的见证。但随着越来越多的中国哲学、历史、文学被翻译，许多传教士及受这些出版物影响的人开始对中国文化重新认识与评价，即在批判中产生了尊敬。20 世纪“中学”在西方的扩展得力于众多中国学者在海外的辛勤耕耘，他们一方面把中国的传统文化介绍到西方，另一方面又借助西方的批判哲学来使以儒家、道家、佛教文化为代表的中国传统文化合理化、现代化。

今天，大多数西方学者，无论是哲学家还是艺术家，无论是中国通还是门外汉，都对中国传统文化表现出相当的兴趣，并以在这方面拥有的知识而自豪。这是一个很重要的态度转变。遗憾的是，这一转变在很大程度上仍然只限于学术的圈子里。还有很多的西方人对中国的历史与现实、文化与哲学一无所知或知之甚少。他们对中国文化的看法常常受舆论媒介所左右，而西方舆论媒介关于中国问题的报道与评价又常常集政治短视、传统偏见与自我文化中心主义为一体，其对中国文化（包括以儒家文化为主体的其他东亚、东南亚传统文化）的否定态度是可以想见的。在这样的不利环境中，中国人全面否定自己文化的做法尤其具有破坏作用，直接妨碍着中西方文化之间可能的互动关系的建立。

因此，通过对文化比较的第二个误区的分析，我们可以看出，全面否定本源文化的观点不仅在比较方法论上是片面的，而且对于建立中西方文化比较互动机制也是不利的。

（三）文化比较应注重文化的本源建设

文化比较的第三个误区在于把文化重建抽象化，从而否定了具体文化的本源建设。比较并非把两个或两个以上的对象简单地放在一起，也不仅仅是对它们做全然等距离的纯客观观察。比较涉及选择。选择，就有一个依什么原则为指导的问题。也就是说，文化比较常常是在现实需要的驱动下展开的。在表面上，既要超越具体文化体系，又要有所选择、有所取向，这似乎是一个悖论，但这一悖论只存在于纯理论中。现实的文化比较都是为一定的文化需要服务的。绝对“客观”、没有比较者自己的价值参与的比较，历史上并不多见，现实中也很难做到。无论“走出来”还是文化比较本身都不是目的。

为比较而比较是没有意义的书斋游戏。比较是为了鉴别，鉴别是为了发展。比较只是为建设与发展提供理论依据，而不能代替文化的重建。文化重建涉及如何肯定、发展大多数人的价值认同及国家政策问题。任何文化都需要保护性的建设才能得以发展。不同文化的升降沉浮背后既有历史的必然也有人为的干涉。当年胡适提出的所谓文化变动应让其完全按自然选择弱者淘汰的法则进行，至多只能是一种善良的愿望，得不到历史和现实文化发展规律的证实。比如，没有前汉开始后来得以全面贯彻的“罢黜百家、独尊儒术”政策和一代又一代儒家学者官僚的勤恳工作，儒家文化可能很难取得在中国文化两千年发展中的统治地位。没有数以百万计的教会组织的支持和国家政策的“倾斜”，基督教文化也不可能仍居今天西方社会的主流。面对西方政治经济文化的冲击，现代中国学者也在为中国文化的重新确立而努力。从 20 世纪 30 年代王新命等十教授发表的《中国本位的文化建设宣言》，到 50 年代牟宗三等四教授发表的《为中国文化敬告世界人士宣言》，再到 90 年代一些学者撰文讨论“发展中国文化本位”和一些海外学者提倡“文化中国”，都是中国文化现代建设的重要内涵，代表着中西方文化比较的合理延伸和必然结论。

奇怪的是，有些人却对这些持完全否定的态度。他们把上述这些关于中国本位文化建设的观点通通斥为“复古”“抗拒现代化的基本方向”“狭隘的民族主义和狭隘的爱国主义”。按他们的逻辑，文化建设是不能有什么本位的，以中国文化为本位根本不可能进行现代化的文化建设。这种看法显然不符合事实。从文化比较与重建的角度看，本源文化是文化比较与重建的基础，他源文化是文化比较与重建的参照系与反动力。不同文化之间交织与比较，并不应该否定本源文化在文化重建中的主导地位。上述提倡建设中国本源文化的学者大都兼通中西。他们的观点建立在他们对中国文化与西方文化的了解与比较上，他们的倡议既非复古又非排斥西方文化的现代精神。他们所抗拒的不是中国文化的现代化，而是对中国文化的全面否定。他们所批判的也不是科学、民主与理性，而是民族虚无主义。在这个意义上，我们可以说，与那些提倡“在中国进行西方本位文化建设”的人相比，他们的观点和思路更符合文化比较的规律，更有利于在中西方文化互补中重建与发展现代中国文化。

通过比较重新确立对中国文化的自信心，而不是全面否定中华文化，并非仅仅是一个纯学术问题，而且也是一个对于中华民族的生存发展至关重要的现实问题。如上所述，到现在为止，中华文化在近现代史上一直属于落后民族的文化。起于18世纪的西方文化的大规模冲击，曾经使中华文化几溃于一时，中华民族面临严重的生存危机。

我们承认，在政治、经济、科技、军事落后的背后有文化的因素。这就是为什么要在文化比较中以科学的批判态度，认真清理中国文化中那些消极、保守、与现代精神相抵触的东西，重建现代的、有生命力的中国文化。但是政治、经济、军事落后于西方世界这一事实并不应该导致完全否定中国文化的结论。中国文化体系与起源于古希腊、希伯来文明的西方文化体系有着本质的区别。中国文化以儒道佛思想为三维构架，以家庭为本位，以天下为公为理想。在这些根本点上，中国文化的基本原则并没有丧失生命力与感召力。正因为如此，整个中国近现代史既是一部中华民族抵御外来侵略、欺侮并重新崛起的历史，也是一部中国文化在外来强势文化的压抑冲击下自强不息、自我更新的历史。

这一历史还在延伸，这一更新还在继续。中华文化在比较冲突中得以新生并在新的意义上成为世界主流文化之一，仍需要几代人的努力。中华文化的未来将取决于其是否能够促进中国社会经济政治的现代化、民主化，是否在不失其本色的同时主动改革自身、消除保守、增强生命力，能否在抗拒强势文化欺凌的同时积极吸取所有他源文化的有益成分。在这一过程中，任何对中华文化的未来过于悲观以至于要全面否定其价值的观点，不但是毫无道理的，而且是与历史发展进程相抵触的。

通过对文化比较中的第二个误区的分析，我们可以得出这样的结论：文化的比较与重建是在现实的文化需要驱动下进行的，无论是从政治经济利益的角度，还是从民族国家发展的过程来看，都必须在吸取他源文化的现代因素的同时，在保持与改革、维护与批判中实现中国文化的本源建设。

第四章　比较哲学的时代性与哲学会通之路

关于不同哲学观念的比较是哲学自产生起就存在的思想姿态，但将比较哲学作为一种研究范式或学科加以构建，则是一项晚近的学术探索。在这个意义上，比较哲学的规范研究具有明显的时代性，且因海外研究中国哲学的学者从中西哲学比较层面所做的发挥而凸显出文化对话的特质。若从更宽广的视角着眼，任何时代关于哲学观念的比较都会带有斯时斯地的文化印记，也总有符合时代特征的比较内容与比较方式。这一点对于当代中国比较哲学同样适用。如今，比较哲学在当代中国的时代性主要体现了当代儒学研究的特点，体现了中国哲学（尤其是儒学）在面向西方哲学探索“会通”的可能性路径时所使用的观念与方法。造成这种局面的原因，一方面固然与儒学在中国传统文化中一直占据着核心地位并逐渐内化为中国人精神层面的“文化无意识”有着重要的关联，另一方面也与现代新儒学尤其是海外新儒家在世界范围内对儒学的新探索和全球性推广有着密不可分的关系。因此，所谓中国哲学在很大程度上是借助于儒学的眼光和视角而获得规范的，无论是比较哲学还是哲学会通或是哲学创新，实际上或多或少都与探索儒学复兴与重建的可能性有着重要的理论牵连。这固然是一种思想的偏颇，但也确实是一种哲学的事实。因此，探究当代儒学的研究特点以及在此基础上的哲学会通和哲学创新乃是中国比较哲学研究的题中应有之义。

一、比较的时代与当代儒学研究的特点

牟宗三、杜维明等儒家学者把当代儒学看作继先秦源流的儒学和宋明理学以后的新一期发展，即“第三期儒学”。儒学在当代的复兴和发展，不外有两个主要方面。其一是儒学思想传统在现实社会中发挥其应有的作用和影响。这是一个实践的课题。其二是对儒学思想的研究。这是一个理论的课题。这里旨在说明，当代儒学思想研究的一个重要特点是对儒学的哲学思想进行比较性的研究。我们所处的时代是一个全球化的时代，这个时代的一个根本特点是不同文化传统、不同哲学思潮的交汇、碰撞和融合。在这样的世界背景下，儒学的研究已经不可能也不应该像过去两千年那样，作为一个受地域限制的学术传统，独立地发展。全球化的时代是一个比较的时代。当代的儒学研究已经进入了一个以比较研究为特点的时代。比较研究的时代是中国哲学进一步自觉、自强和创新的时代。

讨论儒家哲学的比较研究，我们必须先探讨什么是比较研究。比较哲学当然离不开比较。可是，仅仅有比较的哲学研究并不一定就是比较哲学。我们应该避免对比较哲学做过于宽泛的定义。比如，爱莲心（Robert Elliott Allinson）主张：所有的哲学都是比较哲学。在这个意义上，比较哲学这一观念太宽泛而无用。就这方面而言，作为一个独特的自成一体的学术专业，比较哲学这个概念本身就是一个神话。哲学从来就是比较哲学。“比较哲学”这个词是多余的。① 我们认为，这种说法并不妥当。并不是所有哲学都是比较哲学。孔子是哲学家，可是他不是比较哲学家；柏拉图是哲学家，他也不是比较哲学家。我们不能说，只要哲学家进行概念的或者思想的比较，他就是比较哲学家。就像我们不能说，只要一个哲学家进行分析，他就是分析哲学家一样。

（一）比较儒学研究的理论规定

我们应该怎样理解比较哲学呢？从外延范围的角度看，比较哲学主

① Robert Allinson. The Myth of Comparative Philosophy or the Comparative Philosophy MalgréLui//Bo Mou ed. Two Roads to Wisdom? Chinese and Analytic Philosophical Traditions. Chicago：Open Court，2001：270.

要是跨哲学文化传统的哲学活动和成果；从其内涵方面考虑，比较哲学则可以有本义的和引申的两种理解。黄百锐认为，比较哲学的作用是把原来独立发展的、以文化和地域为界限的不同哲学传统“汇集”（brings together）到一起来。[①] 黄百锐的定义强调比较哲学是跨文化传统的学问。由此来看，并非所有进行比较的哲学活动就都是比较哲学。但是他的“汇集”到一起来的说法有其模糊之处。“汇集”可以指不同哲学传统的相遇，也可以指它们的融合。安靖如（Stephen Angle）对比较哲学的定义则说得更清楚一些。他从比较哲学的方法着眼，认为各种比较哲学的方法都利用某一个哲学传统的思想和概念来诠释、理解和发展另一个哲学传统。[②] 按照安靖如的看法，比较哲学（或者比较哲学的方法）包括两个方面。第一，比较哲学是跨文化的诠释和理解。在中国历史上，跨文化的诠释并非新事。自佛教进入中国之后，学界就有“格义”之说。当前的中国哲学研究就更难离开跨文化的诠释。[③] 通过诠释，我们能够把所研究的内容厘清，即实现对研究内容的理解。其实，我们认为，理解并不止于厘清概念或者思想的含义，还应该包括所谓“同情的理解”。比如，孟子猛烈抨击墨子的“兼爱”说，认为墨子之说是“无父”（《孟子·滕文公下》）。我们不能说孟子不明白墨子思想的意思。但是，孟子显然没有对墨子的思想做同情的理解。他所注重的是儒墨两家在这方面不可调和的分歧。

今天，我们可以在基督教哲学中看到与墨子哲学有某种相似的“博爱”思想。通过对基督教哲学的比较研究，我们不难发现，它的“博爱”思想有其神学基础；即使我们不能完全接受，但也不能简单地全盘否定。这里就体现了“同情的理解”。身处全球化时代，为了实现不同文化（文明）传统之间的和谐，避免彼此之间不必要的冲突，比较哲学“同情的理解”的功能对于不同文化（文明）之间的和谐共处尤其重要。

安靖如对比较哲学定义的第二个方面，是通过比较研究而发展哲学思想和哲学传统。南乐山把比较哲学的这种功能称为“整合”的哲

---

① David Wong. Comparative Philosophy：Chinese and Western//The Stanford Encyclopedia of Philosophy. http://plato. stanford. edu/entries/comparphil-chiwes/.

② Stephen Angle. The Minimal Definition and Methodology of Comparative Philosophy：A Report from a Conference. Comparative Philosophy，2010，1（1）：106-110.

③ 刘笑敢. “反向格义”与中国哲学研究的困境——以老子之道的诠释为例. 南京大学学报，2006（2）：76-90.

学（“integrative” philosophy）。[①] “整合”不应该是简单的综合，把不同思想拼凑在一起。比较哲学的“整合”功能是创新的功能。南乐山强调，“整合”的哲学不仅仅是狭义的比较，不仅仅是把两种哲学思想并排在一起，观察它们的相同、近似和不同之处，它更重要的功能是创新，是为我们的时代发展出新的哲学思想。它山之石，可以攻玉。通过比较，哲学研究可以从不同的传统中找到富有启发意义的思想，并对自身的哲学思想进行改造和创新。

可以说，比较哲学主要指跨文化的思想传统的哲学研究。比较哲学的特点，是通过对比而加深对自身和他者的理解，包括同情的理解，与此同时，帮助我们对自身的传统哲学思想加以整合和创新。

（二）比较研究：百年来中国哲学研究的重要特征

在西方比较哲学家对比较哲学进行大量理论阐述的同时，中国的哲学家们则侧重置身于比较哲学的实践。“比较”研究是过去一百年的中国哲学的一个重要特征。也可以说，离开了“比较”就没有一个世纪以来的中国哲学的发展。讲起当代对中国哲学的“比较”研究，首先应该提到方东美先生。方先生的《哲学三慧》无疑是中外比较哲学最具美感的作品之一。在方先生看来，希腊、欧洲和中国哲学为三种不同的文化类型，各有其独特的智慧形式，各具特点。按照他的说法：希腊如实慧演为契理文化，要在援理证真。欧洲方便巧演为尚能文化，要在驰情入幻。中国平等慧演为妙性文化，要在挈幻归真。[②]

这三种文化各有所长，同时也各有不足之处。他说：希腊思想实慧纷披，欧洲学术善巧迭出，中国哲理妙性流露，然均不能无弊。希腊之失在违情轻生，欧洲之失在驰虑逞幻，中国之失在乖方敷理。[③]

补救有两条途径，即自救和他助。他认为：希腊应据实智照理而不轻生，欧洲人当以方便应机而不诞妄，中国人合依妙悟知化而不肤浅，是为自救之道。[④]

---

① Robert C. Neville（南乐山）. Beyond Comparative to Integrative Philosophy//Chenyang Li ed. APA Newsletter on Asian and Asian-American Philosophers and Philosophies, 2002, 2 (1): 20-23.

② 方东美. 哲学三慧. 台北：三民书局，1992：5.

③ 同②23.

④ 同②23-24.

但是，仅仅自救还不够。他分析说：希腊人之所以逃禅，欧洲人之所以幻化，中国人之所以穿凿，各有历史根由深藏于民族内心。[①]

所以，仅凭自救，难以致果，必须他山取助。方先生主张，希腊、欧洲、中国三方可以互补互助：希腊之轻率弃世，可救以欧洲之灵幻生奇；欧洲之诞妄行权，可救以中国之厚重善生；中国之肤浅蹈空，又可救以希腊之质实妥帖与欧洲之善巧多方，是为他助之益。[②]

为此，方先生改造尼采的"超人"学说，提出他自己的"超人"理想。他说：希腊人、欧洲人、中国人各在生命领域中创获如许灿烂文化价值，堪受推崇，殊难抹杀。超人空洞理想更当以希腊、欧洲、中国三人合德所成就之哲学智慧充实之，乃能负荷宇宙内新价值，担当文化大责任。[③]

他主张：所谓超人者，乃是超希腊人之弱点而为理想欧洲人与中国人，超欧洲人之缺陷而为优美中国人与希腊人，超中国人之瑕疵而为卓越希腊人与欧洲人，合德完人是超人。试请澄心遐想，此类超人若能陶铸众美，起如实智，生方便巧，成平等慧，而无一缺憾，其人品之伟大，其思想之优胜，其德业之高妙，果何如者！[④]

方东美先生对三个文化传统的概括和分析是否准确，当然可以讨论。他的超人理想是否仍然过于受狂妄的尼采之影响，也大有商榷的余地。毕竟，方先生写《哲学三慧》时只有三十几岁。但是，方先生的这些才华横溢的思想无疑是在比较哲学的框架下发展出来的。没有比较哲学，就很难想象方先生在对中国哲学智慧反思中所做的贡献。方先生晚年提倡并身体力行地用英文写作，也充分表现了他在中西文化对比的框架下从事学术活动的特点。[⑤]

新儒家的另外一位重要代表唐君毅先生在为其重要著作《中国哲学原论（原道篇）》定位时说：吾之此书，视中国哲学为一自行升进之一

---

① 方东美．哲学三慧．台北：三民书局，1992：24.

② 同①.

③ 同①25.

④ 同①.

⑤ 方先生的英文著作有：*Chinese Philosophy：Its Spirit and Its Development*（Taipei：Linking Publishing Co.，Ltd，1981）；*The Chinese View of Life：The Philosophy of Comprehensive Harmony*（Taipei：Linking Publishing Co.，Ltd.，1980）；*Creativity in Man and Nature：A Collection of Philosophical Essays*（Taipei：Linking Publishing Co.，Ltd.，1980）。

独立传统，自非谓其与西方、印度、犹太思想之传，全无相通之义。然此唯由人心人性自有其同处，而其思想自然冥合。今吾人论中国哲学，亦非必须假借他方之思想之同者，以自重。故吾在论此中国哲学之传统时，即柏拉图、亚里士多德、奥古斯丁、托马斯、康德、黑格尔之思想，亦不先放在眼中，更何况马克思、恩格斯与今之存在主义之流？此固非谓必不可比较而观其会通。然要须先识得此独立传统之存在，然后可再有此比较之事。①

在这部著作之前言，唐先生开宗明义地强调中国哲学的独立性。可是，这样的雄辩恰恰标示出当代研究中国哲学的比较的大背景。唐先生接着笔锋一转：大率中国之哲学传统，有成物之道，而无西方唯物之论；有立心之学，而不必同西方唯心之论；有契神明之道，而无西方唯神之论；有通内外主宾之道，而无西方之主观主义与客观主义之对峙。则此比较亦非易事。②

此言清楚地表明，唐先生在写此大作时，比较哲学的反思是重要的考量。所以，他说：至若如近人之唯以西方之思想为标准，幸中国前哲所言者与之偶合，而论中国前哲之思想，则吾神明华胄，降为奴役之今世学风也。吾书宗趣，亦在雪斯耻。

我们从以上论述不难看出，唐先生对中国哲学的再思考的大背景是西方哲学。这并不奇怪。唐先生及其同道们所关心的首要问题，是中国传统文化在西方思想占强势的大环境里如何生存、再造和自强。离开了中西比较的视角，我们就不可能理解唐先生的哲学思想以及他对中国哲学传统的诠释。

牟宗三先生对当代中国哲学的研究和发展做出了重大贡献。他的主要工作也是与比较哲学的大背景分不开的。牟先生年轻时进入北京大学哲学系本科就读时，师从张申府先生学习罗素的分析哲学和数理逻辑，同时受教于拥有哥伦比亚大学哲学博士学位的金岳霖先生。用牟先生自己的话说，在他的大学四年中，张、金两位哲学家是北大校园里对他“帮助与影响最大的”两位教授。③ 王兴国教授在《牟宗三哲学思想研

---

① 唐君毅. 中国哲学原论（原道篇）. 台北：学生书局，2004：11.

② 同①.

③ 王兴国. 契接中西哲学之主流——牟宗三哲学思想渊源探要. 北京：光明日报出版社，2006：105.

究——从逻辑思辨到哲学架构》一书的开头就说：牟宗三哲学是配合康德哲学的思考完成的。就牟宗三哲学与康德哲学的关系说，牟宗三哲学是比照和批判地改造康德的批判哲学的产物。因此，可以说，康德哲学的问题就是牟宗三哲学的问题。[①]

我们也可以说，没有对康德哲学的思考，也就没有我们所知道的牟宗三的哲学思想。牟先生对现象与物自身、智的直觉、两层存有论、道德的形上学等重要观念的思考，既是用康德哲学的思维对中国哲学提出的问题的思考，也是对康德哲学问题的中国式的解答。在《中国文化的特质》以及其他的著作中，牟先生主张，为了引进科学和民主，中国文化的精神必须做知性的“坎陷”。他指出，中国文化的特点是“综合的尽理之精神”，它强调“上下通彻，内外贯通”，这里的“理”是关于道德世界的理，而非自然世界的理。它的本质是实践的，而非认知的或理论的。它关注的重心是价值世界，而非“实然世界”。与此相比，以古希腊传统为代表的西方文化注重自然世界。它的特点是“分解的尽理之精神”，它是抽象的、片面的（“有偏至义”）和概念性的，也可以说，“分解的精神是方方正正的，是层层限定的”。这种精神的中心是逻辑的、数学的和科学的，它的中心问题是存在，特别关注存在之理。这种分析的精神在西方产生了科学与基督教。借用《周易》的表述，可以说西方的精神是“方以智”的精神，而中国的精神则是“圆而神”的精神。如果我们说牟宗三哲学是 20 世纪中国哲学的最有成就的体现的话，它无疑也是比较哲学在 20 世纪中国哲学发展的最有成就的体现。

其实，仔细想来，处于中国哲学，尤其是儒家哲学研究中前沿的思想家，从比较入手是很自然的。近代以来，儒家所面对的主要挑战，包括科学、民主、男女平等等，无不源于西方。[②] 不参照西方，根本不可能深入地探讨相关的问题。进入 21 世纪，中国哲学的比较研究有明显的更加深入、更加普遍化的倾向。在对中国哲学有造诣、有贡献的中青年学者群中，很难找到不从比较角度研究和发展中国哲学的人，几乎到了人人都是比较研究学者的地步。这并不意味着，从今以后，对中国哲学的传统研究方法会失去价值。传统的研究方法，比如传统经学的研究

---

① 王兴国．牟宗三哲学思想研究——从逻辑思辨到哲学架构．北京：人民出版社，2007：1.

② 李晨阳．儒家传统面临的五个挑战．安徽大学学报，2003（5）.

方法，会继续发挥其独特的作用。但是，就中国哲学的大环境而言，我们的现在和未来都不可逆转地进入了比较研究的时代。甚至可以说，离开了比较，就没有未来的中国哲学。

（三）比较研究的时代与儒学发展的机遇

中国哲学的比较研究的时代给儒学的发展带来前所未有的机会。未来的儒学的比较研究应该是由初级的到相对高级的转变。这种转变是由粗糙到精细、从表面到深入、从偏颇到相对中允、从以西方元理论为主体到以多元的元理论为主体的研究。

毋庸讳言，20 世纪对中国哲学的比较研究是相对粗糙而肤浅的。像任何事物一样，中国哲学的比较研究一开始也需要一个探索和试验的过程，一个从幼稚到成熟的历程。前面提到的方东美先生的力作《哲学三慧》给人一种哲人的睿智光芒的体验和“大写意”式的美感享受。但是，它毕竟不是一部进行细致入微的哲学分析的论著。20 世纪最能体现儒家“修辞立其诚”之风骨的梁漱溟先生，其名著《中国文化要义》，以与西方的比较为参考点，评述中国文化思想。可是，他明显地对西方文化没有系统、深入的研究。缺乏深入细致的研究，结果之一是陷于偏颇。比较哲学之为比较哲学，注定了它需要对不同文化传统进行对比性研究。这种对比性的研究又注定了它不可能完全避免用“中国”“印度”“西方”等范畴对不同传统做出某种程度的综述并加以探讨。

可以说，只要有比较哲学的研究，这种做法无疑还会继续下去。但是，这并不意味着我们就要大而化之地、笼统地把不同方面对立起来。杜威在为《东西方哲学》杂志“创刊号”致辞中说，现实中并不存在所谓“东方”和“西方”的文化板块，所以也不存在综合“东方”和“西方”的问题。他希望我们能够深入细致地研究各种文化内部的多样性，而不是固守这些文化板块式的范畴。① 杜威的提醒至今对我们仍然有意义。但是，我们也不可以矫枉过正。“东方”和“西方”都不是铁板一块。可是这并不等于说它们各自没有其主导倾向，或者它们都是没有意义的范畴。② 比较哲学应该避免极端个体主义。极端个体主义的观点认

① John Dewey. On Philosophical Synthesis. Philosophy East and West，1951，1（1）：3.

② 李晨阳. 文化传统的价值组合配置刍论. 北京大学学报，2013（2）.

为，既然每一个个体都有其独特性，事物之间就不存在任何同一性。这种观点有很大的误导性。“中国”作为一个有限制性的文化概念可以成立，“西方”作为一个有限制性的文化概念也可以成立。关键在于我们不应该对哲学、文化传统做肤浅的、偏颇的解读，不要以偏概全，不加限制地把某种特征普遍化。

另外一个相关问题是比较研究的多元化。过去一个世纪对中国哲学的比较研究基本上是限于中西方的比较。方东美先生《哲学三慧》的题目让人自然想到中、西、印度的三种世界智慧传统。其实，方先生的“三慧”乃中国、欧洲和希腊。当前，我们对印度文化的研究尚显薄弱。随着印度的崛起，对其文化研究的不足势必对中国哲学和中国社会的发展造成负面的影响。儒家哲学的未来发展应该借鉴印度哲学。除此之外，我们当然也不应该忽视西方以外的其他哲学传统。任何哲学、文化传统，包括俄罗斯的、非洲的和拉丁美洲的，都有可以借鉴、可以学习的方面。儒家哲学未来的发展应该包括与这些哲学、文化传统的对话。

最后，儒家哲学的研究应该注重发掘和发展自己的理论和方法。现在比较哲学研究中所采用的理论和方法受西方的影响非常大。这种影响本身并不是坏事。它对当代儒家哲学的研究起了很大的推动作用，并且，它在将来还会继续起主要作用。但是，儒家哲学的比较研究不应该长期用一种文化传统来主导。借鉴西方的哲学并不等于完全依赖西方的元理论和方法。中国应该有自己的关于哲学研究的元理论和方法。如何发掘、利用和发展中国的，乃至儒家关于比较哲学研究的理论和方法，是摆在中国思想家面前的一个极具挑战性、迫切性和重要性的任务。我们希望未来几十年能在这个方面看到有意义的突破。

二、中西马哲学会通之路

任何一种哲学都会有一个根本的起点，这个起点缘于人对所感受的时代的现象或现实产生好奇，但是当我们开始思考之后，往往忘记了这个现象和现实，忘记了哲学思考的起点。这是一个很值得注意的问题，即哲学往往会离开现实。马克思主义哲学的精神在于呼唤人们正视现实，在思考问题时不要忘记现实。马克思在他生活的那个时代感觉到了资本主义的发展产生的压迫感，这种压迫感要求马克思必须面对资本主义的发展，研究资本主义的未来，甚至要思考如何采取一种规范的评价或一种行为，对此进行探讨。因此，人的作用很重要，人们面对现实，对现实了解之后能做什么，这是很重要的一个起点，即认识现实，认识自己，认识自己能够对现实产生什么样的作用，做出什么样的贡献。

从时代性的角度看，我们是后现代，但是后现代不足以说明现实，也许我们更是一个后后现代。现代代表持续、理性、系统，后现代代表对理性的批判，甚至是一种非理性的批判。但批判之后怎么办，只是回到一种无序的状态，还是只重视个体，顺其自然？这变成了一个重大的问题。人们在批判现代之后，产生了后现代的自由或自然，但还是不能解决问题，仍需要掌握现实。这样，新生成的现实路线就更广阔，更愿意融合一些差异并在差异中找寻一些可能的沟通渠道，或者至少能够产生一种平衡关系，产生一种平衡、融通、超越的语境。在今天来说，面对后现代的差异，这种发展的方式还是在摸索之中，但是，显然它不会只是让这个差异发展下去，而要寻求一种平衡，在平衡中找到一种融通，最后创造出一种新的持续。这个基本的潮流就是全球化时代。

（一）中西马哲学互通的时代

我们做一个比较抽象的说辞，时间代表空间，时间创造空间。时间是一种力量，一种发展的力量。在科学哲学里面，时间用一种能量来表达的话，就是一种具有高速度的变化的光。相似的是，黑格尔似乎也用过光来表达时间的概念，而中国人也说时光。时间通过光产生物质世界，产生空间，这是一个很重要的认识。在这个意义上，复杂的时间变化产生了一种全球化的意识。

全球化是一种理性主义的理想，我们是否能做到一种完全的平衡、融通？显然不尽然。后全球化是在全球化的框架里产生新的矛盾和冲突，我们必须面对这些新的矛盾和冲突，解决它并建立新的权力中心。在这个过程中也许会发现一个新的全球化的框架，但后全球化的力量总是要打破这个现实的格局，重化或重组板块。在这样的背景下，我们怎么理解中国哲学与西方哲学、中国文化与西方文化和马克思主义的关系，这是一个重要的理论问题。

如今，我们必须面对现实，调解、解决冲突和矛盾。冲突和矛盾由差异而产生。一种文化的发展要经过曲折，经过挫折，吸取教训，才能逐渐达到更高的阶段。人类整体来说也要面对很多矛盾，最后才能发展到一个更高的阶段。中西马哲学的会通对人的发展、对人的现实问题的解决有所帮助。中国面临着西方的冲击，中国的历史和文化传统有自己的局限，必然要面对在发展中遇到的困难，这个困难只有在与外界交往中才会发现。

从历史的角度看，中国哲学和文化的发展有自己的线索。五四以后的中国哲学基本上聚焦在找寻如何弥补缺陷，如何强调原有的能力和精神。这里包含两种态度：一是强调中国哲学（思维方式与态度）先天的缺陷；二是强调中国文化先天的优点与价值，而把中国文化的（尤其制度上的）弱点归之于历史环境，推向历史上以私欲为中心的当权者的封闭与专制因素。两者都使中国文化受到蒙蔽，导致中国文化生命力的沦丧。这两点不能不说反映了近代中国的历史与社会的现状。晚明以后，中国哲学走入虚灵的境界思考，偏向个人精神的解脱，与社会脱节，与世界脱离关系。继之以清代的闭关锁国政策，知识分子推向故纸堆，整个哲学的思考面临着双重的失落：外在专制的压力，自身基于惯性形成的禁锢。辛亥革命以后，外在的专制压力已大量减少，但内在的禁锢却使中国哲学走向停滞的状态。在这种情况中，中国哲学不是名存而实亡，就是“皮之不存，毛将焉附”，连名都没有了，可说是彻底地丧失了、失落了。嗣后，再经数度打击，已到必须重建的关头。

近代中国，对中国哲学和中国文化有多种态度，早期新儒家熊十力、梁漱溟等对中国哲学持批判的态度；冯友兰、金岳霖对中国哲学采取重建的态度；冯契、张岱年对中国哲学进行更深入的批判，其目的也在重建。在这种情况下，怎么理解马克思主义的作用，是值得深思的重要问题。从历史的意义上看，中国马克思主义哲学的发生，并非由于资本主义社会的异化所引起的社会革命的需要，而是面对国家存亡、社会闭塞、民智落后、西方列强侵略的多种危机而不得不采用的政治信仰与救亡图存的多元工具。中国马克思主义哲学面对西方侵略，试图改变中国的命运。

有人说中国的传统经过五四和“文化大革命”之后有一个断裂，基于这种中国文化传统断裂论的说法，我们因此必须要完全重新建造中国的文化。这个说法值得质疑。断裂是说完全断掉，将来要重新开始。显然，我们意识中还有一种深层的文化意识，它体现在我们的生活世界，体现在基于人性的社会关系中，以及体现在人的自我认识和一种内含的价值观里。就客观考察来说，我们还是看到历史传统继续发酵的历史效应，不管是正面的，还是负面的。传统对我们逐渐发出呼唤，出于我们对现代化的经验与实践效果，甚至出于全球化内外相应的需要。比如人们认识到解决冲突不是要制造更多或更大的冲突，而是要深切反思和谐的方法与价值，并通过对话、沟通与协调来产生理解或更多的了解。事实是，不但中国文化体系没有完全断裂，世界上其他文化体系也没有完全断裂，比如欧洲人（包含现代的希腊人）对古希腊文明仍然存在着向往，具有强烈的情感在内心中。中国的文化传承与世界其他文明相比更具有持续性，而非断裂性。中国文明还是在产生作用，问题是我们把它变成现代的经济意识、政治意识与道德意识之后，它是否对我们解决现代问题有更多的帮助。

可以说，中西马哲学会通的必要性毋庸置疑。会通的方式有两种：一是彼此承认，相对地维持彼此承认的差异，进行对话，维持各行其道、相互尊重的平衡关系。但这不是最终意义的会通。二是一种理想的会通状态，即我们承认差异、认识差异，经过差异之间的认识，产生一种新的力量、新的意识，将差异融化在这种新的意识之中。这种融化并不是使差异消失掉，而是在更大的体系中发挥各自的作用，产生新的力量。但要注意的是，这个更大的体系来源于差异者的内在的同一性，而非外加或强加的同一性，或者说同一性必须建立或导源于内在的同一性。

中西马的会通是中国发展的基本的和现实的要求，但我们必须理解不同文化与不同哲学之间的矛盾与冲突在一个历史发展的过程与潮流里发生，这是不可避免的。为了人类族群的历史继续下去，甚至为了传统自身的发展，会通也是必要的。从中国当代历史来看，马克思主义的发展如前所述经历了革命性、工具性和新时代的中国化三个阶段的发展，要解决中国人的生存问题，解决中华民族整体的救亡图存的问题，会通是革命所需要的，是现代化所需要的，也是中国化所需要的，再进一步是世界化与全球化所需要的。这同时是革新性的行为，现代化建设的作用，后全球化的文化融合的现象。更深层说，是中国文化以更进一步的发展，来体现人类文明更高的发展。我们应该从世界人类发展的眼光来看当代中国历史与文化的发展，人类的发展是一个历史通则，人类文明如何更好地将文化力量展开，来嘉惠他人与世界，应是历史与文化进化的动力与方向。所以，中西马的会通是合乎人类追求整体的和谐发展的生存与繁荣所需要的，甚至可以说是整个中国历史文化的经验所显示出的道路。

（二）中西马哲学会通的方法论

1. 本体诠释学的方法论

中西马哲学的会通，就是相对中西哲学会通的架构与过程。运用本体诠释学的方法，旨在彻底认识任何一个个体或者生命体的发展，或任何一个社会和历史的发展过程。这个过程包含了五个相互连锁又相互促进但却符合生命发展秩序的方面：本、体、知、用、行。事情的发展，首先有个开始点，有个根源在里边。起点不等于根源，但根源成为力量一定要有一个起点，根源意识一定会产生一种体系——生命的动力的体系。人成为人就是这样一种生命体系的产生。人的根源是最原始的生命体，慢慢才能成为人。整个宇宙也有一个根源，这个根源产生一个宇宙的体系。这是从本到体的认识，即是“本的体化”的认识。同样，一个生命动力的根源也能产生一个现实的生命体系。生命体本身是一个机体，能够有他自己的独立性，有内在的生命力，甚至能够影响改善外面的世界，也能够融通外面的世界，产生交流和沟通。这是体的概念。但是这种体的上端是知识，知识来自一种自觉，来自对外界事物的一种知觉与认识。知觉又必须来自生命的本体，知觉不可能无中生有，而是从已经发展的一个生命体中产生的。荀子就是这样来认知人的社会的存在的。荀子讲泰初有气，气产生生命，生命产生意识。知就是意识。气而后有知，知而后有义。知很重要，知不是单纯的知识，也不是单纯的知觉。但是，从直觉到知识，也不停止在知识这个阶段，它要产生一种价值，要使它自身的生命体系继续发展，同时使它能够面对环境的变迁，从而产生一种改变和适应环境的力量，这就是义。所以，知具有一种转化的力量。

知的作用是“用”，即用知来充实自己的本体，包含社会的本体、人类的本体，形成统一和多元的大同社会。谈到本体，必须假设内在的沟通。充实就是使之持续发展，更进一步认识自身的内在力量，使活的根源不断发生作用。在用之外产生一种行为的方式和模式即是行，行是实现与体现，具有价值的目的性，在行中能够让本、体、知的发展方式继续下去，产生更多的价值，达到自我的完美实现，或者理想投射出来的价值的实现。基于这样的认识，我们可以了解生命、经验、意识的重新组合对于发展具有的重大意义。

2. 中西哲学会通的本体之问

从整体上理解中西马哲学的会通，要看中西马哲学之间的本、体、知、用、行的关系，进而产生一种有利于全体发展的生命体整体发展的动力与推进过程，产生一个更高的目的和实现这个目的的动力与推进过程。中国哲学从宇宙观察开始，产生对人的了解，生发出对人的行为的要求。这个宇宙观的传统是中国文化一个最大的特色，是《周易》哲学的开始。之前研究中国哲学的学者一般没有注意与解决源头的问题。不管是胡适或是冯友兰，都没有面对中国哲学的根本起源的问题。那么中国文化的特色是什么？我们可从中国哲学的根本与源头上来看它的特色，即可以从《周易》哲学角度来看。《周易》研究宇宙是什么样子，整体看宇宙是什么，上观天、下观地，近取诸身、远取诸物，然后得到世界形象。这个过程自然有一个目的，就是利用这种认识来反观人的存在，来看人自己的感觉和反应，怎么得到和这种认识相关的人的认识。自我的认识还更多地反求诸己，进而认识外面的世界，又进而深度地认识自己。认识自己后，发挥自己，经由对世界的认识来规范自己，进行能够发挥自己的行为。因而，《周易》的方法是本，是宇宙观，也是一套思维方式，导引出了儒家和道家。历史上大乘佛学也被汲取进中国文化，汇合成为中国文化的巨流。

儒家和道家都是遵循《周易》本、体、知、用、行的传统，认为人类族群从伏羲时代养羊开始即发展了社会群体生活，产生了人类的价值观：群里有义，义里产生善，善里产生美，感觉到生命与世界的价值，而人有责任去实现这种价值。这是儒家哲学的基础。儒家进一步认为，君子学以知其道，学包含观察和体验。学而后来反思自我，修持自己。从学中产生礼，反思到仁，礼和仁成为儒家的基本精神。道家也是遵循《周易》的传统，尊重自然，认识道的创造性与德的涵养性，目的在能够与道通于一。如此，人方能在自然无为的道德中，自主自足而安定无争地和平生活。

如此理解，儒家和道家都继承了《周易》这种观而后感、观而后行的精神，这是一种开放性的学习精神、开放性的认知精神、开放性的实践精神、开放性的自我完成的精神。在这个意义上，中国能够吸收大乘佛学，当然也是为了解决问题，由印度开始的小乘佛教到中国唐代发展的大乘佛学，中国与印度的宗教传播不同，不是接受一种所谓的空论，而是要实践对世界的重新认识，提升人对存在的认识与价值的选择，这是一个悟的过程，最后达到实现人的悟知或超知的境界，达到发挥人的自我实现精神目的的境界。其中也有价值的高下问题，所以才有所谓的“判教”。总的来说，中国哲学具有一种生活世界的基本价值和对生活的基本动力的导向。基于对生命及其创造力十分尊重的宇宙观，不是追求抽象的世界，不是追求身后超越的信仰，而是要在生活中体现与实践出世界的真实性与价值性。这个基本的精神，从古到今中国人没有放弃过，现在，在人类全球化的文化发展中，当然占据一个非常重要的地位，因为它既可以作为人的精神生活的起点，也可以作为人的精神生活的理想目标。如果其失落了、放弃了，人类将面临精神生活的枯竭与贫穷。

在这个意义上，中国哲学是中西哲学会通之本，中西哲学会通是中国文化发展之体。从现有的生活体验来说，中西哲学的会通是体，这就是为何我们要追问什么是西学，什么是西方价值，什么是西方传统、哲学、文化。相对于中国来讲，西方基本上是一个具有紧张、差异和矛盾的文化结构，是二元并行的文化价值结构，以古希腊或希伯来的传统为代表。传统的古希腊精神，是求真、求客观、求对象化的精神，是外在性的对物质世界的认识，要掌握外在世界的形势和规律。古希腊哲学重视数学和几何学，它的建筑雕塑和艺术都注重一种几何的美。古希腊的理性精神特别体现在后期的阿波罗精神里，代表了一种明朗而美好的平衡、对称与和谐。另外一个同时发生的西方精神传统就是希伯来精神，也就是犹太人的宗教精神。我们把基督教视为西方主要的思想力量，但基督教背后是一种犹太教的精神。所谓犹太教精神就是一种外在地超越现实的思维方式，把一个真实世界的根源放在世界之外的一个场所与主宰者之中。从这样一种认识超越的上帝耶和华的要求来看，我们重新诠解犹太人的《圣经》即一般基督教说的《旧约》，就可以认识到基督教和伊斯兰教也只是犹太教的一种发展。犹太人认为耶和华是根本，耶和华超越这个世界，但却创造与主宰这个世界。这个世界具有种种矛盾、敌意、对抗，人怎能消除这些矛盾、敌意、对抗呢？只有用上帝的精神来驯服这个世界，因之必须彻底皈依耶和华。这种信仰方式与希伯来的文化和历史很有关系，与当初的犹太人的遭遇有关系。希伯来的发源地，现在以色列的北部，有许多小山丘，生长着橄榄树丛林，是很好的居住环境，但是往南走就是沙漠，往西走就是死海，生存空间很小。所以犹太人就必须争斗以求发展，虽然经过痛苦的灾难，仍然不放弃争斗的精神。历史上，犹太人为了保全自己，为了避免被征服或为了征服异己，逐渐把他们宗教的信仰当成一种发展的力量。

西方文化的两个传统，古希腊的理性精神和希伯来的超理性精神，虽是并存，却在两者之间产生了一种强烈的对立和辩证关系。理性化和超越理性化就变成西方哲学、西方文化发展的一条基本途径。理性化的方式是外在化，是把一切变成外在关系；超越理性化是把所有变成一种纯粹的精神存在。在整个诠释的空间里，出现了两个世界：指向外在的物质世界是纯粹的物质世界，指向超越的空间是纯粹的精神世界。两者都聚集在西方人身上，自然产生了一种冲突性。人们觉得应该用超越时空的精神来说明或者克服现存的世界。而理性主义主张取消精神世界，走向物理的规律世界。可以看出，西方文化在近代，变成科学与宗教或者人文的对立。这种对立的好处是开发出种种现代制度，比如追求自由、讲求效力、重视法律、重视人的基本价值、产生启蒙、对启蒙的批评等，而且是动态的无止境的追求，因为这些制度之间有着内在的矛盾与紧张，是无法取得决定性或绝对性的平衡的。

在这个意义上，中西马哲学会通应该是以中国的活力与生命精神，以整体的、开放的对变化的认识，来容纳变化的种种方式，把它看成是人适应世界的各种方式。但这种认识仍然是在我们对世界的终极认识之中，因为终极世界最后应是一个完整的整体，外在的超越世界和内在的超越世界必然是在人自身的修持中体验的，必须放在人对自我修持与对宇宙的深度认识的基础上去理解。也就是说解决外在新的问题需要掌握人的自身的内在性，开发人的心灵的能量，解决外在的超越要依靠一种内在的超越，一种对人的创造能力的信任。因此，融通是一个很重要的中国哲学世界化的方式。

中国传统和西方传统本身具有矛盾，假如说不用中国世界化的方式，那么，就要用西方世界化的方式。西方世界化的方式有两个：一个是希伯来的世界化方式，从上帝崇拜的立场，信仰一个最高的权威——上帝，或者有人认为自己是上帝。用上帝来说明一切、征服一切，但最后却导向霸权主义。美国人的基本教义派的确具有这样的信仰倾向，认为他们是选民，他们得天独厚地与上帝在一边。经过“9·11”的冲击后，这种感受更为加强，而非减弱。第二个西方世界化的力量是用科学精神而不是用上帝来控制一切，是利用一个理性的但却是盲目的力量来控制世界。这个来自古希腊的理性精神，到了近代欧洲，黑格尔叫这个力量为“诡谲的理性”，或者叫绝对精神。这是比较接近基督教的说法，绝对精神就是上帝，但却不提上帝的意志或意旨。这个力量，正如马克思所说的，是一种经济发展的力量，亦即生产力与生产关系的力量，是外在的力量，人要发展必须考虑经济发展的力量。

可见，中西文化传统追问世界化的方式不同。所以中西哲学会通，对中国人来说，最好把西方人的科学与宗教纳入人和世界相互认识和沟通的易、儒、道的观点。这个世界是客观的世界，人们可以在认识世界之后展现人的内在的能力，实现人的需要和理想，而不必把人的世界变成物理世界或变成超越的神的世界。但人的世界里可以包含物理的世界与宗教的世界。西方文化中的冲突与矛盾可以在中国文化中获得消解。中西哲学会通在中国文化的基础上已经建立了一种和而不同、不同而和的融合。在今后人类文化的发展中，将考验这样一种会通方式的优越性，因为它能以和为用，包含不同文化与宗教的本体。就中国文化的世界化发展而言，即以中国哲学为本，产生中西哲学会通之体，这是中西马哲学会通的一个前提。

3. 中西马哲学会通的本体之问

进一步讨论与马克思主义哲学的会通，需要了解马克思主义哲学作为革命的需要，其产生的力量使中国走向现代化。从古希腊精神来看，马克思主义哲学特别重视物质世界的认知，所以它建立的唯物史观完全是非常重要的西方历史传统的表达，更进一步从描述的观点来了解人类历史的发展，唯物史观不只是认为世界是由物质形成的，也认为世界是由能量发展出来的。物质这个概念开始于19世纪，是一个复杂的概念，体现为能量与自然资源的原材料。近代物理学讲的量子论、时间空间等，是用物理来更好地说明能量宇宙的历史发展。更重要的是，马克思主义哲学认为在人的发展中，人的基本要求是生存，持续地生存，要从个体走向群体，人不能离开群体做事情，必须在群体中发挥追求生存的力量，这个力量就是生产力。发展人的生产力，人才能够制造工具来改变世界，进而改变人的命运。

这样，经济的发展作为历史的动力是非常重要的观点。面对现实，人要生活下去，首先要解决经济问题，作为社会组织的基础，才能谈政治权力，政治作为生产关系是能够推动生产力的要求的。中国文化从未否定这一点。中国文化强调民以食为天，但我们不能被动地靠天过日子。我们要积极发展农业与工业，解决经济发展问题。只是经济发展还不够，还要实现理想，还要追求最好的生存方式，这个生存方式有一个理想在其中，就是最完美的世界。立足于中国文化的精神并基于现实的经验来看，中国的马克思主义具有创化的能力，能够变通地面对世界与现实问题，产生规范与策略，有意愿达到社会的公平分配、和谐创新的境地，这当然是一个理想目标。这个目标不是单纯的事物的描写或者规律的描写，而是代表人不断地提升追求，人不断地自我改变。在这个意义上，伦理、道德、政治才具有一种人文意义。这是可以与西方文化内涵中追求理性、知识、自由与正义的精神相通的。

在这个意义上，中西马哲学的会通必然站在中国文化的本体立场，寻求人的基本价值的发用，建立一个仁爱、正义与和谐的社会，创造出一个全球化的道德发展的环境，以一种融合的方式，同时达到伦理化或管理化的目标。为此，不能脱离中西哲学会通之体，也就是以仁爱、正义与和谐作为基础来实现现代化中的自由、平等与繁荣。这些基本价值不能违反终极的社会价值，也就是中国哲学启发出来的仁爱、正义与和谐的德行伦理。

（三）中西马哲学会通的前景

中西马哲学的会通是当代中国文化发展之用。无论从中国近代历史来看，或从中西文化的本体发展来看，中西马哲学的会通无疑是必然的。了解中西马哲学的会通，必须通过本、体、知、用、行的分析与融通方法。这就要界定什么是本、什么是体、什么是知、什么是用、什么是行。中国哲学是当代中国文化和中国发展的本，是生命力的来源，是原始价值观的基础。中国文化经过 150 年的痛苦经历与急剧发展，面对西方的差异，已经建立一定程度的会通，这个会通从中国来说，是容纳西方来界定人的价值，使西方的价值产生一种适应中国价值的力度，也使中国的价值帮助西方实现价值、解决西方文化中的超世和外在相互矛盾的状态。所以，中西哲学会通具有解决西方内在矛盾的作用。

就近代中国来说，马克思主义哲学具有扭转西方消解和瓜分中国的作用。马克思主义哲学实现了中西会通基本的价值，发挥了中国哲学和中国文化现代化的作用。但是马克思主义哲学蕴含的理想主义又必须透过发展中的中国的价值观，即追求仁爱、正义与和谐的道德观来提升。中国马克思主义哲学的提升对于解决中国的问题、中国人的问题、中国人面临世界的问题以及世界本身面临的问题具有重大的启发意义。在这个意义上，中国哲学发展、中西哲学互融、中西马哲学会通分别扮演着本、体、用的角色，中国哲学的发展是本，中西哲学的互融是体，中西马哲学的会通是本与体的用。由于本体的用，行之使其一以贯之，形成周游循环的动态力学体系。因之，我们可以把中西马哲学的会通看成是一个不断循环、发展与创发的更新过程，也就是生生不已之道。

中西马哲学的会通还应从人类在文化上的更新角度理解，如从农业革命到工业革命到信息革命的更新过程，都是东西方文化相互影响的结果。工业革命时，西方文化与哲学受到儒家的影响。在这种影响下出现了启蒙思想，而启蒙思想又影响了科学发展和工业革命。中国的儒学思想对于西方文化的更新显然起了一种间接的促进作用。在工业革命的基础上进行信息革命是人类文化进一步的发展。信息革命推向一个境界，是人的心灵对世界认识和表达方式的更新。这种发展可以说是代表了几种精神传统的会合。中西马哲学的会通也要从这个角度来理解，要在时代的变迁中发展新的文明来进行新的认识。中西马哲学的会通是人类必须走的路径，是中国文化走向现代化与世界化，走出前全球化或贡献后全球化，找寻新的世界架构的一个新的思维与行为方式。基于以上所说，从其效果来看，这个方式显然具有它值得称道之处。我们必须清楚地认识到这是与中国人的命运与中国人的历史发展息息相关的。

第五章　中西智慧观比较的哲学—伦理视域

关于宗教与伦理问题的比较研究是比较哲学的一个十分重要的思想面向，原因在于其中关涉了特定文化群体的生活世界和心灵世界，反映了不同民族的道德思维结构和信仰观念体系的异同。一直以来，哲学作为爱智之学往往表征着一个时代的思想精髓，代表着一种文化最深层的生活智慧，不同哲学之间的比较在本质上也代表了不同文化之间智慧观的比较。在此意义上，比较哲学便不能不比较文化、比较生活、比较智慧。且更为重要的是，这种比较并不是对哲学概念的简单比照或是对哲学观念的同异性罗列，而是要通过文化、生活和智慧的互镜来完成思想的“调音”和哲学的创新，要透过“他者”的眼光看到新的自己。于是，为了更好地完成和推进中西哲学之间的这种比较，我们便不能不回到人类哲学生活的开端。在此处我们将会发现，即便从早期儒家和古犹太教传统的哲学和伦理层面看，两种传统的智慧观自轴心时代起便已经呈现出诸多不同。而通过进一步比较《论语》等儒家早期经典和《旧约》中的相关文献，我们还可以更多地看到，无论是在智慧的性质、智慧的内容和背景，抑或智慧的类型、智慧的神圣性等方面，作为中西哲学传统的源头，它们之间存在着显著的差别，并且，这种差别在伦理层面也得到了深刻的体现。通过对这种开端性的智慧观的比较，我们可以更好地理解两种哲学传统的道德—宗教意识，同时也能为进一步探究这些传统在当今时代的实践生成向度奠定理论基础。

一、早期儒家与古犹太教传统中的智慧观

智慧处于一切哲学与宗教传统的中心。哲学直接起源于对涉及存在、本体、知识和善的本质和意义的智慧（Sophia）的爱和探索（philos），而宗教本质上是对关于如何超越人的有限性的智慧的探求（人的有限性则包括身体上的、智能上的和精神上的）。表面看来，智慧似乎只是一些箴言、格言、警句的简单汇集。这些箴言、格言、警句来自生活的阅历，人们用来指导特定团体中的个人如何处理日常事务。这就是所谓的实践智慧，一种与技能、技术和精明密切联系的智慧。借助于这种智慧，人们可以较好地履行其职责并圆满地解决问题。然而，智慧还有更深刻的含义，涉及宇宙、人类社会和个体生活的本质、终极意义和隐蔽的“模式”，一般称之为“理论智慧”、“先验智慧”或“大智慧”。

无论冠以什么名称，这种智慧或者表现为对于似乎不可知的事物的一种近乎直觉的理解，或者表现为一种穿透事物的表象并领悟存在的本质的洞察力，或者表现为对于人们的好运或不幸的好坏结果的预言性结论。它是一种知识，但又不是一种普通知识。它与生活经验相连，但又常常需要超于经验之上。它渗透在宗教的、社会的和个人的事务中，但又常常并不明显，而是隐藏在人们或事物自我运动的某种近似于神秘的模式中。虽然智慧有“较高”与“较低”层次上的区别，但必须指出实践的或理论的、表面的或深层的，都仅仅只是理论上的区分，并未涉及真正的智慧。智慧，作为一个整体而言，不仅关涉实践中的问题，更关涉到根本性问题。它是生活意义和价值的一个重要部分，也是人类作为种族和个体具有连续性的主要原因。本章主要是对早期儒家和犹太—基督教传统中的智慧观进行比较研究的一种思考，通过分析包含在儒家典籍和基督教《旧约》中的文献或篇章，力图从比较的框架来审视智慧的哲学含义、伦理蕴含和宗教层面，进而理解早期儒家和犹太—基督教传统中智慧观在文化、政治和哲学上的类似与分歧之处。

（一）早期儒家和古犹太教传统观念

在远古时代，世界上兴起不同的文明，尤其是在古印度、古希腊、

古以色列和古中国这四个文明古国之内，其中每一种文明都成为一种独特的文化传统的源头，从中产生了许多有创造性的思想。这些文明在卡尔·雅斯贝尔斯所称的“轴心时代”达到顶峰，即约公元前 800 年至公元前 200 年这一段历史时期。[①] 尽管“轴心时代”的界说也许与我们绘制各种智慧传统的形态图相关，我们必须要提醒读者，人类对智慧的探究并不局限于这个时期，而是可以追溯到这一时期之前并延伸扩展至后来的历史。同时，用“时期”或“时代”来限定这种探究的过程也不够恰当，因为我们很难界定这段时间的起点和终点。人类对智慧的探索更像一条穿越时间和空间且永无止境的大河，它流经不同的时间区段，这些时间区段中有些相对比较关键，有些则比较平常，但它们都是“智慧长链”中的一环。正是通过这些链环，人类文明才得以延续，生活方式的多样性才得以发展。要理解人类历史、哲学和文化，我们必须研究体现在每一种人类文化或传统中的智慧的源头、特性和共性。

在这里我们所感兴趣的是来自两个不同文化源头的两种特殊传统，即早期以色列传统和早期儒家传统。这两种传统既是哲学的，又是宗教的。现代西方学术界往往明确地把宗教与哲学、神圣的与世俗的分割开来。有学者认为古以色列的智慧传统主要是宗教的，而早期儒家智慧传统则在本质上是世俗的或伦理的，这是对本章研究主旨的一个潜在性的挑战。我们认为，这是对文明历史的一种狭隘的看法。事实上，这种区分根本不适合古代的思想体系，无论是对古以色列而言，还是对早期中国而言。在古典中国，没有特定词语对应 religion（宗教）或 philosophy（哲学）。不同的汉字用来表示特定传统的不同方面：“宗”将祖先和他们的后代联系起来，“教”指对古代教义的传承，而“道”则指这种教义的（神秘的）本质或深不可测的学说。所有这些词语并没有将宗教的与哲学的、教育的与政治的、伦理的与习俗的割裂开来，它们是指同一个完整地运行于历史与社会之中的体系，一个很大程度上是道德化的体系。

古代以色列人和希腊人也不认为这种区分有多重要，他们也没有使用一个与我们今天所谓的宗教相对应的词。正如保罗·格里菲斯（Paul Griffiths）所说：“没有一个有意义的圣经术语（在希伯来语或希腊语

① Karl Jaspers. The Origin and Goal of History, New Haven: Yale University Press, 1953.

中）自然地并且一贯地与 religio（拉丁语中的宗教）或 religion（英语中的宗教）相对应”①。同儒家传统一样，我们可以在古犹太教传统的著述中读到涉及生活所有方面的内容——宗教的或世俗的，哲学思索或宗教习俗。我们不否认古希伯来智慧文献在本质上是宗教的，因为其基本主旨是“敬畏上帝”（《箴言》9：10），其目的和内容也是由对上帝的造物和行为的信仰来决定的：“信仰男女之间基本关系的稳定性，信仰人类与其反应的相似性，信仰或隐或显支撑着人类生活秩序的可靠性，信仰使这些秩序得以有效运行的上帝”②。然而，这并不意味着古犹太教思想家有意地将一般性的理性推理和哲学考察排斥在智慧著述之外，我们有明确的证据表明，在古犹太教智慧传统中，正如许多其他古代文化传统一样，信仰和知识是不可分的，神圣的体验也就是尘世的体验。

然而，早期儒家和古犹太教智慧思想不同于我们所认知到的严格意义上的西方“哲学”。从古希腊文化发展而来的西方理性传统中，人们将哲学明确地定义为一种分析的和综合的推理形式。按此标准判断，我们不得不说大多数儒家和古犹太教智慧文献都没有系统地论述过它们的主题。它们的思维方式一般是用简短并且看似无关联的语句来表达，如格言、警句、引喻或例证等形式，包含大量的建议性的陈述，而不是清晰条理的论证。然而，这种差别并没有自动地取消它们的哲学性，富于建议性的陈述和简短的对话并不一定意味着它们缺乏哲学推理和理性深度。相反，这只表明它们用一种不同的方式追求真理，一种不同于狭义的“哲学”的方式。为揭示古代儒家和古犹太教传统所运用的这种独特的方法，我们必须对儒家和古犹太教传统中的智慧究竟是什么，又是如何才能获得和运用它等问题进行仔细的理性重构。

我们之所以选择这两种早期传统来加以比较是基于以下三个原因：第一，它们是影响人类文明的两种主要传统。包含在基督教《圣经》尤其是《旧约》中的古犹太教智慧传统，不仅塑造了犹太教徒、基督教徒

① Paul Griffiths. Problems of Religious Diversity. Oxford and Malden：Blackwell Press，2001：3. 在希腊语中，人们在邪教或礼仪活动中对“神”（gods）的敬称是 thrēskeia，虽然当它使用于离经叛道的或可疑的邪教时，经常含有一种否定的意味。另外一个词 eusebeia 指“虔诚”，是对神及人们拥护的社会或伦理规则的敬称。这个词在《箴言》1：7 中被译作“敬畏上帝”。

② Gerhard von Rad. Wisdom in Israel. James D. Martin：Nashville Press，1972：62-63.

和穆斯林的思维模式，而且成为从根本上塑造了现代世界的“西方”文明的一部分。而早期儒家思想和理念则成为中国文化的脊梁，成为影响东亚生活方式的强大力量。第二，两种传统都拥有丰富的智慧资源。有些人倾向于认为智慧纯粹与实践问题相关，而与宗教信仰、哲学理性和心理情感关系不大。事实上，正如我们所论证的，早期以色列和中国智慧传统在本质上既是社会的、政治的，也是教育的、宗教的；既是哲学的，也是心理的。它来自信念、知识、理性和情感的经验积累，并且事实上是对这些经验积累的提炼或考察。第三，在它们的智慧观中，都体现了一种宇宙伦理的倾向。现代（西方）哲学的一些流派把智慧与知识、智慧与宇宙论分割开来，但这种分割并不适于早期希伯来和古代中国的智慧观。在这两种传统中，智慧紧密联系于知识和经验，或者说本质上是建立于知识和经验基础之上的，与人类思考宇宙秩序的体验直接相关。

（二）早期儒家和古犹太教传统中的“智慧”

在早期儒家和古犹太—基督教传统中，智慧与对智慧的探究占据着显著的位置。孔汉思将世界宗教划分为作为“预言型宗教”的犹太教、基督教和伊斯兰教等不同类型，而将包括儒教在内的中国宗教看作“智慧型宗教”，但他强调在前者中存在“智慧文献”，而后者也具有“某种类似于预言的特征”①。在把哲学和宗教理解为各种不同的“教义”的基础上，一些现代新儒家学者认为世界上所有哲学和宗教体系都是“智慧的传统”，并由此来确定他们比较研究的特定框架，尤其是在比较儒教和犹太—基督教两种传统之时更是如此。在这两种情形下，人们将智慧划分出来，作为东西方哲学与宗教的特点。但是，体现在哲学追求和宗教努力中的智慧的宇宙论的与伦理的含义尚待进一步考察。通过比较这两种传统来考察智慧的特定表达方法，我们将能更好地回答以下问题：“智慧”表达怎样的含义？智慧在何种程度上为以哲学和宗教追求为特征的儒家和古犹太教人生之道奠定基础？

在古代中国和早期以色列的哲学思考和宗教实践中，智慧无疑扮演了很重要的角色。而所谓的“大智慧”和“小智慧”从一开始就处在相

① Julia Ching. Christianity and Chinese Religions. New York: Doubleday and London Collins, 1989: 105, 106.

互作用之中。早期儒家和古犹太—基督教传统都高度重视智慧在实际运用中的重要性，这典型地体现在儒家的《论语》和希伯来《圣经》中的《箴言》等古典文献中所包含的以劝告或训令、格言和箴言等形式存在的智慧教导。这些睿智的并经常具有洞察力的谚语，反映了可称为是“为保证个人日常生活幸福的特殊方法、为理解极端的灾难与恼人的异常的理性探索”①。它们几千年来独具魅力，至今依然成为许多人用来解决生活中的矛盾和困惑的办法。与许多当前智慧研究有别，我们对智慧的研究不只是局限于实践问题。为充分理解这种“智慧思想或智慧传统”，我们必须考察何为较高层面的智慧，或换句话说，何为“大智慧”，这种智慧是如何产生、运用和推理出来的，又是如何成为关于形而上学、伦理和政治等问题的世界观的支柱，并引导中华民族和古以色列人开展突破人类有限性的探索的。

智慧不能与古犹太教和儒家思想的其他方面割裂开来。智慧教义与神学事务之间的联系为智慧增添了一种深刻的“神圣”意蕴。早期儒家和古犹太教传统都认为智慧具有神圣的维度，但是它们在各自的著述中，选取了独特的通往智慧神圣性的道路。尽管各自的智慧教义具有其自身的特性，古犹太教智慧仍然体现为整个以色列神学的一个组成部分，并呈现为对耶和华或上帝的信仰的一种证明。“敬畏上帝”是以色列传统的根基，也是其智慧文献的中心，“神有智慧和能力”（《约伯记》12：13）就清楚地表达了这一点。作为编排人类生活经验的方法，圣人或智者的箴言记录了他们所遭遇到的现实与对世界和人类的洞察。智慧是一种“生命的道”（《箴言》10：17）的理解，将古犹太教智慧与他们的伦理观念联系起来。当一些圣人们谴责作恶者享受荣华而正直者却遭受厄运时，他们中的大部分都宣扬一种赏善罚恶的正义补偿原则，这已经成为支撑古以色列人的世界观和人生观的支柱之一。

古犹太教传统中的智慧是宇宙论、知识学和伦理学的一种范式，它既深刻地影响了其后的传统，又与它们有别。现代学者已经意识到深嵌在智慧文献中的一些主题，人们并未在其后的争论中提及，而是仍与预言世界神圣秩序的宇宙论、伦理学联系在一起。关于希伯来智慧传统的近期争论，主要批判的问题专注于知识的本性、人类认知与神圣秩序或

① James L. Crenshaw. Old Testament Wisdom: An Introduction. Westminster John Knox Press, 1998: 3.

宇宙秩序之间的关系以及智慧书籍中所呈现的洞察力和教义传统的社会轨迹，这些问题可能为儒家传统智慧提供一种新颖的分析视角。它们为经典儒学的比较研究提供了一种有价值的资源，这种经典儒学本身就注重智慧的宇宙论的和伦理学的基础，并且已经证明它对各种形而上学的发展具有阻碍作用，否则，在后期中国的理性历史传统中，这些形而上学本将成为新儒家传统的特征。

古代中国和古以色列的智慧构建于教育的背景下，因为大部分儒家和古犹太教的所谓“智慧教材”的作者或编撰者就是最初的教育者，关于智慧的教学也植根于他们的教育环境。许多学者将“儒”的起源追溯至周朝（公元前1046—前256年）的一个官府机构（司徒之官，教育大臣），其职责是“助人君，顺阴阳，明教化”①。伴随着春秋时期（公元前770年—前476年）宗教崇拜行为的衰落和理性主义的兴起，众儒不再从事官方指派的职业，而是进入社会生活的不同领域。“儒”以其在国家的宗教仪式和在官方的与民间的教育中的技能而著称。汉字“儒”也逐渐扩展为一个用来指一些特定人群的专用术语，这些人具有宗教礼仪、历史、诗、音乐、数学和箭术的技能，并依靠他们所掌握的各种礼仪知识和许多其他领域的知识而生活。②

古以色列的情况更为复杂。路德维格·科勒（Lugwig Köhler）证实：尽管“直到最近的时期，我们所认为的学校和学校教育与希伯来文化中的学校和学校教育相比，仍然存在很大差异”，但是智慧和实践训练确实存在，它们是从父母所提供的家庭教育发展而来的，处理“关于田地、牧场、遗产等属于每个人的权利问题”，并且处理关于“仪式；与献祭节日相伴的斋戒和行动；参加联盟共同体；在意见不一致时应采取的判决、所依照的习俗和传统；如何调解、处置不正当行为和犯罪；如何使公共事务富有秩序和易于控制”等问题，覆盖“日常生活的每个可能的方面”。③ 然而，这种训练传统是何时，又是怎样发展为正式教育甚至成为特权阶层的智慧学校的，有待进一步讨论。《旧约神学词典》证实“在郡主政治开始之后，人们普遍认为词根‘hkm’首要指宫廷的学术智慧及其所依托的那种阶级理念”，并且“根据《列王纪上》5：9-

① 汉书. 北京：中华书局，1998：1728.

② 陈来. 古代宗教与伦理——儒家思想的根源. 北京：三联书店，1996：350.

③ Lugwig Köhler. Hebrew Man. London：SCM Press，1956：76-79.

12（4：29－34）中的列表，所罗门的智慧体现在‘文学’领域：v. 12（32）将国王描绘成撰写 3 000 个箴言和 1 005 首歌曲的作者，相反，v. 13（33）则提出以散文体形式记载的百科全书式的学术，包括一个介绍自然现象的组织的列表在内”①。凯瑟琳·戴尔也观察到“智慧事业显然拥有它自己的显著特点，这导致许多学者猜测存在一个独立的圣人群体，这个群体显著区别于其他的群体如先知群体与牧师群体，即使圣人群体也可以与这些群体并存”②。在大量的早期希伯来著作中，智慧事实上经常与朝臣或皇家顾问（《撒母耳记下》15－17；《但以理书》1－6）以及教师们联系在一起。然而，关于是否在古以色列曾经发生过一次智慧运动，是否这些智慧典籍是由皇室宫廷或皇室教师们所编撰等这些问题，在现代学者们之间至今都未达成共识。例如，当有人令詹姆斯·克伦肖（James Crenshaw）信服“一些论据似乎证明了这样的结论：古以色列存在一群职业的圣人”时，罗格·崴伯利（Roger N. Whybray）辩驳，智慧典籍在古以色列是一个不断发展的理性传统的产品，而不是由宫廷教师和宫廷顾问所组成的显著的圣人群体所作的学术成果，他特别批判了“皇家宫廷”的理论，认为它过于依赖来源于《圣经》以外的材料中的臆测，并没有在《圣经》渊源内找到证明自身的内在依据。③

早期儒家和古犹太教智慧教育的另一个重要特点是从官学向私学延伸。儒士们将早期官学材料改编成教材为己所用。④ 现代学者通常都

---

① Theological Dictionary of the Old Testament. Johnnes G. Botterweck，Helmer Ringgren ed. David E. Green. trans. Grand Rapids，1980：373，375.

② 戴尔似乎试图给出一个不同的解释，即“将智慧看作一个广阔的思想领域而非限于理智，因此也不局限于学校背景。我们可将智慧看作家族、家庭和学校承担的基础教育，因此构成对各种口头传承的主要的成形的影响，也影响到以色列生活的其他领域……”。另一方面，也可以将智慧“看作一种成形的文学影响，可以说它影响了君主制时代，或者可将它看作一种后人对主要形成于后流放时代的早期材料所作的文学修订”。

③ Roger N. Whybray. The Intellectual Tradition of the Old Testament，London：W. de Gruyter Press，1974.

④ 大多数儒家经典都包含明显的宫廷教育思想渊源。《易经》中的某些部分是代表国王进行占卜的宫廷占卜师们所做的笔记。《尚书》中包含大量的帝王或高官们所作的陈述。虽然《诗经》的主体部分则来自民间百姓，但其中大量的诗歌实际上是宫廷仪式上的颂诗。《春秋》的核心内容来自鲁国自公元前 722 年到公元前 481 年的官方编年史。这些都表明儒家典籍与或来自周王朝、或来自封建帝国其他王朝的官方记载有密切的联系，也表明儒家大师们与他们的前辈们如宫廷官员或教育者之间的承接关系。

认识到所罗门王及其宫廷在以色列智慧传统原始构成中所起的作用，并推测正式的、持久的“智者团体”是在所罗门王的资助下发展起来的。① 如果这种说法是正确的，那么宫廷环境就有可能是希伯来智慧文献中大多数更早期的智慧箴言所形成的背景，而这些箴言后来又在“智者们”和他们的受众中传播开来。有学者提出，古犹太教的智慧“代表学自他人的技术，且首先与训练和学校联系起来”②。由此可清楚地看到，儒家思想产生的根源和古犹太教智慧的渊源得以聚合在一起，即二者都是深入的知性活动的产物，涉及国家教育和私人教育。通过从这些知性活动中使用或收集原始材料，后期的儒家和古犹太教大师们得以建构或重塑对智慧的理解，并把教育的范围从培养智者扩展到更大的社会阶层。他们通过编辑和阐释传统智慧，创造了“新”的智慧传统，他们或口耳相传，或载于文字，以达到教育青年和发扬传统为目的，不仅适于（正式）教育，也适于大众学习。

（三）早期儒家和古犹太教传统中智慧观比较

直至近期，智慧，或作为一种文献类型，或作为一种传统，或作为一种思维方式，才受到《圣经·旧约》的传统犹太—基督教学术研究的关注。一直以来，他们所关注的中心问题依次是，犹太教的《摩西五经》和《先知》，以及耶稣基督古代预言的实现和基督教徒的律法。早期的现代西方神学家往往忽略了这一点，认为《圣

① 例如，詹姆斯·埃弗德（James M. Efird）声明：“大多数对智慧运动的研究都指向所罗门王个人，作为以色列思想史上这一现象的推动者……而且所罗门王廷是以色列历史上第一个正式且持久的‘智者’群体繁荣起来的地方”。凯瑟琳·戴尔在讨论“一个更为广阔的思想领域对以色列智慧的影响”这一问题时，提出的观点引人注意，她说：“虽然所罗门王廷似乎可能是以色列这类活动的竞争者，但是，我们不该忘记‘犹大王希西家的人’（《箴言》25：1）和其他可能诞生于晚期宫廷的文献。其中包含着另一种可能，那就是智慧理念曾经更加缓慢地渗透进以色列的早期思想，而非在宫廷层面的简单交流……这种可能间接地导致了智慧以经验知识和伦理规范的形式产生影响”。然而，戴尔并未否认智慧传统和宫廷环境间的联系，她承认“出现了更加复杂并更具文学性的传统，它是一个更有教养与文化的阶层遗存下来的，并且正是这种传统才有可能在犹太教背景中发展起来，无论是在宫廷、寺庙还是学校”。

② David Noel Freedman. Eerdmans Dictionary of the Bible. Cambridge：William B. Press，2000：1328.

经·旧约》智慧书在罪、恩和赎罪的系统讨论中贡献甚少，即使不是完全没有。智慧直至40～50年前才进入基督教学术研究的核心领域。从那时起，智慧逐渐引起了圣经文献研究者的兴趣，并且吸引了相当多其他领域的学者，如神学家、哲学家和史学家。人们称这种发展状况为“希伯来智慧传统的重新发现”，评价它“对我们这个时代的精神探索具有特殊价值”。格哈德·冯·拉德（Gerhard von Rad）掀起了这一新的学术旨趣的开端，在其著作《以色列智慧》[纳什维尔（Nashville）：阿宾登（Abingdon）出版社，1972年] 中，他开创了圣经智慧研究的新方向。继而，诞生了罗格·崴伯利的《旧约理性传统》[柏林和纽约：德·格鲁特（de Gruyter）出版社，1974年]，詹姆斯·克伦肖的《古以色列智慧研究》（纽约：Ktav出版公司，1976年）、《智慧和知识文集：帕潘纪念丛书》[阿门提（J. Armenti）编，费城：维拉诺瓦（Villanova）出版社，1976年]，以及收录在《旧约文学的形态》丛书第十三卷中的罗兰·墨菲（Roland E. Murphy）所著的《智慧文学》。更多近期出版的探讨此论题的书籍还包括：约翰·登（Jonh Day）的《古以色列智慧》、斯图尔特·维克斯（Stuart Weeks）的《早期以色列智慧》、罗兰·墨菲的《生命之树：圣经智慧文献探索》、詹姆斯·克伦肖的《旧约智慧导论》、理查德·克利福德（Richard J. Clifford）的《智慧文献》，以及凯瑟琳·戴尔（Katherine Dell）的《“获得智慧，获得洞察力”：以色列的智慧文献导论》等，不能一一枚举。这些研究极大地深化了我们的知识，拓展了我们对古犹太教智慧的理解。

与此同时，集宗教与理性于一体的儒家智慧研究也取得了进展。在基督教“透镜”下形成的早期儒家智慧观点受到挑战并得到广泛的修订，那些集中围绕神圣信念和实践等更一般的描述，现在更受欢迎。各种带有详尽注释的译著和文本研究成果使英语读者得以更清楚的探究儒家大师们的智慧，其中比较突出的成果有《论语》和《孟子》（刘殿爵译）、《传承者和创造者：“论语”的中国评论家及注释》（约翰·梅约翰译）、《荀子：全集翻译及研究》（约翰·诺伯洛克译）、《大学与中庸》（安德鲁·普拉克斯译）、《周易》（理查德·鲁特译）。将儒家思想视作高度道德化的理智传统的学院派研究近些年也加快了研究步伐，许多著作从各个角度探讨了早期儒家的智慧，并且在与其他智慧思维方式比较时，突出了它的特征和独有特点。[①]

就智慧的比较研究而言，我们可以通过许多方法得出有意义的论题。例如，我们可以对两种不同传统中的两个核心概念进行比较，也可以比较经典文献中的两篇或两方的两个代表人物，如最近出版的一本关于希腊塞壬与中国圣人的著作，其第一部分是对儒家《诗经》与古希腊《奥德赛》的比较研究，第二部分探讨了修昔底德和司马迁的相似点和不同点。[②] 在早期希伯来和儒家文本的比较方面，我们可以从罗利（H. H. Rowley）那里获得某种洞察力，他曾于1954年在伦敦的SOAS开设了关于比较宗教学的约旦讲座，之后将讲稿以《预言与宗教在古代中国和以色列》为书名结集出版。此书从“预言的本质”开始，先后探讨了“作为政治家的先知”、“作为改革家的先知”、“先知与黄金时期”以及“先知与崇拜”，最后一章探讨了“先知与上帝”，它详尽地阐述了以色列先知和中国智者们的神圣命运。[③] 尽管许多学者对罗利的一些观点提出质疑，认为他之所以错将中国圣人和先知联系在一起，而不是与智者联系在一起来进行比较，是因为他没有“领悟智慧”[④]，但是，他处理这一主题的方式是具有启发性的：在研究《圣经》和儒家典籍中的宗教与理性预言时，他并未将其看作单一的、静态的现象，而是作为一种与重要的社会、道德和宗教维度相连的辩证关系来研究。近年来，也逐渐兴起了一些比较研究，尽管其中大多数是对基本属性的概论，但也部分地涉及儒家和古犹太教智慧观的比较。在研究《圣经·旧约》中的以色列智慧的过程中，约翰·伊顿（John Eaton）的《世界宗教语境下的旧约智慧之沉思面貌》对古犹太教的智慧和其他传统中的智

---

① 以下著作对我们研究经典儒家的智慧思想具有独特价值：《传统的动力》（艾琳·埃伯）、《孔子哲学思微》（大卫·霍尔和安乐哲）、《轴心时代的儒家伦理——突破后传统思想朝向下的重建》（霍勒·罗伊茨）、《中国哲学中的儒学研究方法》（大卫·尼维森）、《中国的神秘主义与帝王统治：中国智慧的核心》（秦家懿）、《儒家之道的嬗变》（约翰·诗朗）、《儒学导论》（姚新中）、《德性之路：古代儒家智慧的现代应用》（詹姆斯·冯博拉彻）、《孔子·论语新论》（布赖恩·梵·诺顿）。

② Steven Shankam and Stephen Durrant. The Siren and the Sages—Knowledge and Wisdom in Ancient Greece and China. London：Cassell Press，2000.

③ H. H. Rowley. Prophecy and Religion in Ancient China and Israel. London University Press，1956.

④ Nathaniel，Yung-tse Yen. Prophet Sage and Wise Man：A Comparative Study of Intellectual Tradition in Ancient China and Israel. Madison Press，1977：307.

慧思想进行了整体性比较。雷·比林顿（Ray Billington）的《东方存在主义——西方的道》阐明了东西方思想的大多数基本议题。《基督教与中国的宗教》在包含儒家在内的中国宗教与包含古犹太教思想在内的基督教之间进行了一系列对话。

考察两种不同类型智慧思想使我们能够更好地理解智慧的本质。什么是智慧？它从哪里来？它在圣经传统中起到什么作用？很多学者都曾为揭示这些问题的答案付出巨大的心血，并且探索出一些新方法和新视角。他们定义的智慧或者是一种特殊的解决生活问题的能力，或者是在理性沉思中产生的具有启迪意义的理解，或者是关于生活法则和经验世界的实践知识，或者是对自我理解的探求与对世界的掌控，或者更笼统地将智慧看作一种哲学的思维方式或生活的宗教原则。

就智慧研究而言，早期儒家思想相对于古犹太教智慧传统具有确定性的优势。人们普遍认为它是一种智慧传统。智慧教导对人生之道具有极其重要的意义，任何对于儒家文本的研究都无法对它避而不谈。儒家早期文本包含了先秦儒家对智慧的诸多讨论，通过对它们的思考，我们认识到，儒家智慧具有四个本质特征。第一，智慧或者与知识相关，或者源自更高等的知识。这样的认识论基础使儒家智慧与神秘主义智慧观区分开来，后者认为智慧仅属于神秘的直觉或顿悟。第二，智慧与美德紧密相连，甚至由美德决定，并由“仁”——儒家的主要美德之一来代表。“智”与“仁”共同构成儒家的理想人格，这就迥异于以神为中心的传统——它们通常将智慧限定为上帝或神的启示。第三，儒家认为智慧会给人们带来愉悦，因为他们相信只有智慧的人才能享受真正的乐趣或者拥有真正的欢愉。儒家智慧这个愉悦的特性使它与那些苦行者所理解的智慧区分开来，后者相信智慧只能通过遭受身体和心灵的痛苦获得。第四，智慧与水之道具有基本的相似性，不断地奔流并激励人们依“道”而行。这证明儒家智慧与一些自然主义教条不同，它完全地遵从自然之道并且导向一种顺从、宁静的生命历程。

虽然智慧在整个儒家思想体系中占有极其重要的地位，但具反讽意味的是，儒家教导的智慧本性并没有导致现代专注于儒家智慧范式本身的重大研究。而在这方面，包含在《圣经·旧约》中的以色列智慧文献已经完成了大量的开创性工作。就《圣经·旧约》中智慧的本性而言，人们所拥有的显著观点是“建立在经验基础之上的人生和世界法则的实践知识"[①]，或"人生的一系列思想或一种态度"，或"先天智力"等[②]。关于智慧的起源，人们提出了多种观点，例如，智慧来自"按照关系寻求对自我的理解"[③]，或它源自"试图发现人类生活秩序的努力"[④]。这些学术观点试图将《圣经》的智慧置于人类理性或人类对上帝命令的响应之中。古犹太教思想的典型特征是充满了救赎的历史，耶和华创世、主教教义、出埃及和西奈山圣约都是叙述上帝的诫命以及如果背叛上帝将遭受的灾难或惩罚的警告。然而，正如许多学者所指出的，与关于以色列人民的拯救历史的其他文本中的主题相对比，智慧文本特别缺乏历史叙述的元素[⑤]，而主要用于个体生活中的日常事务。不同于其他文本的中心主题，即以色列民族救赎的历史。[⑥] 对此，有一种解释认为是由于以色列人的智慧思想广泛地继承了各种智慧思想，其经典中的经文更多地表现出世界性的而非民族性的特征。然而，也可以用另一种方式——一种与神学结合更为紧密的方式来解释。与其他凸显神的希伯来经文相比，在智慧文本中，神的介入是隐性的。在此意义上，这些文本并没有脱离对救赎的记述，而是巧妙地将其渗入对更为实际的问题和日常事件的解决方法中，它注重的是"世俗世界的领域"，在此，人具有更为独立的角色，使他们得以思考他们自己的生活，并从成功与失败中总结自己的经验教训。

我们以这些研究为基础，旨在从比较的视角考察"智慧"。从这样

---

① Gerhard von Rad. Old Testament Theology, Vol. 1. New York: Harper & Row Press, 1967: 418.

② Roger N. Whybray. The Intellectual Tradition of the Old Testament. 1974: 72, 77.

③ James Crenshaw. Studies in Ancient Israelite Wisdom. New York: Ktav Press, 1976: 484.

④ John G. Gammie, Walter A. Brueggemann, W. Lee Humphreys and James M. Ward ed. Israelite Wisdom: Theological and Literary Essays in Honor of Samuel. Terrien Montana Press, 1978: 35.

⑤ 正如怀特在《上帝的裁判》中所言，"在任何尝试概述圣经信仰的讨论中，智慧文献是主要困难所在，因为它不符合呈现在历史和预言文学中的信仰类型。其中没有明确的历史、事实或盟约"。

⑥ 在詹姆斯·克伦肖看来，"在《箴言》、《约伯记》和《传道书》中寻找耶和华思想的主题是徒劳的：出埃及、以色列选举、大卫的盟约、摩西的立法、元老的叙述、神控制的历史、朝着正义胜利的辉煌时刻迈进的运动。相反，读者能在这三本书中发现一个不同的思想世界，其独立性是如此令人印象深刻，以至于某些学者形容这些文献集为《圣经》内的异体存在"。

的角度，“智慧”可以被界定为一种知识、能力或技能或洞察力，但是，它也可以被看作一种生活方式以及一条通往人类命运的路。它源自人类对世界——自然界或社会——的观察，但也是人类对隐藏“法则”沉思的结果，这些法则只有通过事件的关联和社会制度的作用才能显现。

从比较视角来看，我们认为智慧具有以下三个方面的意涵。第一，智慧是一种思维方式，它是人类对其自身与外部世界的关系、在社会背景中与他人的关系以及与精神权威的关系的沉思、反思和分析。智慧思想与其他思想的不同之处在于它寻求解决应对生活的最佳途径，其基础在于明智地考虑能涉及的各个方面并预测可能的结果：精神的或物质的，恶的或善的，将其作为行动的指南。第二，智慧是一种传统，它在既有知识和经验的传承中生成。每一代人把他们自己的知识和经验加诸智慧传统之中使其内容得以不断的丰富。智慧传统解释了人生之道，因为人们将其形式化为法规、风俗和习惯，从而具有惩戒性的、强大的力量，影响着个体对特定行为方向的选择。第三，智慧是一种文学或典籍，它反映智慧思想并用凝练的形式记录智慧传统。智慧典籍通常是几代人努力搜集、编辑或汇编现存的书面或口头资料的结晶，它呈现为一本松散地或系统地编纂而成的“书”，或试图作为教科书，或作为面向大众的一般读物。

上述三种类型是按形式对智慧所做的划分。事实上，这些形式是交织在一起的，我们必须将它们视为智慧的三个不同方面。因此，我们研究智慧，也必须深入地研究智慧存在和运行的内容和文本。从这个观点来看，我们可将智慧理解为对世界秩序的反映，它使得富于洞察力的知识为人生带来真实意义并可能为人类所掌握，作为一种理智的发展，它源自内在智慧和外在观察的紧密结合。

（四）“智慧”和世界秩序

我们生活于其中的世界充满了奥妙和神奇，对于这些奥妙和神奇不存在现成的答案和解释。是否存在捷径可以通往这些不可思议的事所反映的某种固有的宇宙秩序呢？如果存在这样的秩序，它是如何形成，又是如何运作的呢？这种秩序根本上属于神性秩序还是属于自然秩序或自然本性呢？探究这些问题的答案与应对世界的方式，探索如何运用自然的和社会的“法则”或“秩序”以达到人类的目的，标志着人类文明的开始，也是人类寻求“智慧”的动力。智慧是一个集合名词，涵盖了人类知识、理解力、洞察力、技巧和能力的许多层面和维度。它既可以指人们积累的让人“明智”的知识和经验，也可以表示使一些人快速、有效并成功地完成其任务的特殊技能。无论表现为何种形式，它最可能基于这样的理解：在物质的或形而上的世界有一种终极秩序或模式决定着事物之间的关系以及事物发展或进化的不同阶段。在儒学中，秩序或“道”不是道德的，就是自然的，这一点我们可在荀子的著作中找到，如荀子说：“天行有常”（《荀子·天论》）。在古以色列，秩序主要与上帝和上帝的造物联系在一起，被记载在《圣经·旧约》之首五卷中作为神的律法或指示，据此，古以色列人就要如圣约所规定的那样去生活。对于古以色列人而言，世界秩序是由耶和华创造的，是永恒的并不可改变的，正如《便西拉智训》中所写：“他排定，各物的永恒秩序”（《便西拉智训》16：27），并且将如他所愿延续，如耶和华在《创世记》中所证明的，“地还存留的时候，稼穑，寒暑，冬夏，昼夜就永不停息了”（《创世记》8：22）。用神学语言来说，这是儒家世界中所说的“常”的回应。

很明显，早期儒家和古犹太教智慧传统都自信如果人们可以认识这种所谓的“常道”或“永恒秩序”以及随之而生的规律和法则，那么，他们在处理生活中的问题和应对相似情况时就会容易得多。人们称那些发现了法则的人为“智慧导师”或“智者”，尊称那些熟练地确立并运用“规律”和“法则”的人是“圣”、“王”或“圣王”。他们继而将规律和法则进行道德的评价，使它们符合伦理的、公正的和正义的规范，要求人们遵循并履行它们，因为遵循这些原则行为确保有好处和回报——物质享受或精神裨益。

然而，正如在当今世界中一样，古代以色列和早期中国的生活也不总是如此简单。那些遵循“善”规则的人不总是能够成功，甚至更糟的是，他们经常饱受惩罚和劳苦。而那些不遵循法则的人却可能享受荣华富贵的人生。这触及了世界秩序之意义的第二个层面，如何理解“无序之序”？那些试图反思这种“无序之序”或“不正义的正义”的人旨在解释为何会发生这样的事，以及人们如何才能从中得出意义或价值。他们的发现可能因此而具有更高层次的“智慧”或“洞察力”。

不同的社会和文化创造出不同的方法研究它们自己的“法则”并使

其形式化，这导致产生不同“形式”或“种类”的智慧。然而，任何形式的智慧都只有一个目的，那就是试图破解世界和人生的奥秘、探索和理解控制世界的“法则”。通过考察古犹太教智慧文献和儒家经典的字句篇章，我们能够发现一个基本的信念，那就是世界法则是存在的，这个法则调控着自然万物和人类的日常活动，它像一只看不见的手预先掌控了现在和未来的情形。古犹太教和早期儒家的思想家都认为关于这个法则的知识使他们能够深入地洞察看似无序的事物，掌握自然的和社会的法则，并且成功地履行他们的职责。这些“智慧文献”的作者，强烈反对当前生活的普遍无序状态，密切地关注着主宰他们的时代的混乱和分裂。他们试图理解这种无序状态，凭借智慧之道（他们所认为的行之有效的方式）通往秩序，或恢复有序的世界。

人们可能完全理解或遵循这样的秩序吗？基于不同的理由，大多数古犹太教智者和儒学大师通常认为，无论多么隐秘或复杂，人们一定可以通过这样或那样的方式发现这些秩序。同时，他们充分认识到神秘事物和不确定性的要素。虽然一些儒家学者将超出惯常理解范围的不可知的事物归于“道”或“命”，但是他们中大多数人认为，人可以逐渐地“下学而上达”（《论语·宪问》）。而对于一些古犹太教智者来说，这个问题与他们所阐释的智慧有更加重大的关联。确信秩序为耶和华上帝所赐，他们怀疑如果没有神的启示人类是否能够“明了”上帝的目的并深入地了解法则，这导致他们中的一些人最终承认造物主和上帝所创造的秩序只能是“神为大，我们不能全知”（《约伯记》36：26）。

对世界秩序的良好理解取决于（至少部分地取决于）智力训练，它使人类的才能得以锻炼，得以发现事物之间与现象之间的紧密联系。通过早期儒家和古犹太教的布道，智慧成为逼真的传统和文学的主体，并且与对现实的独特理解紧密相关。在早期儒家和古犹太教智慧训练中，终极现实具有两层含义：宗教的和理智的。前者，无论是将其当作“上帝的创造”、“秩序”、“律法”、“天”或“天堂之令”，人们都认为它“就在那儿”，激励人类去寻找并找到它，或者迫使人们仅仅因敬畏它而掌握它并遵从它；而后者，无论是将其当作“智慧”“真理”，还是“法”，都只能通过认可并细心观察宇宙规律或“道”而获得。在此意义上，智慧是对那些与终极现实和谐相处或融为一体的人的奖赏。

智慧传承的独特需要促使一个特定群体的产生——圣经时代以色列

的“导师”和中国先秦时代的“子”。人们认为这些能称得上是智慧教师的人能够在神圣世界与世俗世界、神圣过去与混乱现世之间沟通讯息，这也体现并证明了智慧的神圣性。在古以色列，智慧导师是中间媒介，他的职能是往返于其下的听众和其上的神之间讲授智慧。因此我们可以称他为“垂直信使”。而他还有一个职能，即保存过去的教导和教训并使其在现今流传，我们由此可以叫他“平行信使”。儒家学派各人士也具有这样的双重角色，他们不仅在“下”与“上”之间传播他们的教导，也将古代与现代连接起来，由此智慧传统得以系统化并传承下来。

（五）作为生活经验精粹的“智慧”

如果存在普遍的、全面的“世界秩序”，那么人类应该如何遵循它？在犹太—基督教传统中，一涉及知识、经验和智慧的关系，就会产生这样一些问题。一些学者将此种智慧定义为“实践理性”，它在正义和伦理的领域里发挥作用。将拟人化了的智慧描述成以灵明为居所，又寻得知识和谋略（《箴言》8：12），它实际上又是智慧与神的关系所不可缺少的一部分，通常出现于宇宙的造物中，“上使穹苍坚硬，下使渊源稳固”（《箴言》8：28）。因此人们知道智慧不仅来自人与神之间的关系，而且也来自人与其祖先以及他人的关系。在《箴言》中，tōrā 和 miswāh 这两个词不仅用来指耶和华的法律和命令，也指父母的教导和训诲、经验的说明（《箴言》1：8，7：1－2）。儒家寻求宇宙“秩序”和人类秩序之间的和谐之道，它集社会智慧之大成，表现为“礼”（道德准则、习俗和法律），将它用来作为辨别善与恶、对与错、正当与不正当的尺度。经验范畴内的智慧，使人们以格外虔诚的态度对待过去的经验，这对古犹太人而言体现为神圣难忘的历史事件，对儒家而言则体现为古人的黄金时期。经验作为智慧的部分，体现内外两个方面。向外，经验导向对外在事物和关系的知识和理解；向内，经验丰富了人的内心世界并导向明智且道德的人格。早期儒家和古犹太教传统都把作为内在经验的智慧视为一种意识活动，通过它，人们学习如何完善自我，怎样最好地把自我与外在世界联结起来。孔子的“内自省”（《论语·里仁》），孟子的“反身”（《孟子·离娄上》）和《中庸》里的“成己”（第二十五章），都是内在经验的不同类型。相应地，在古犹太教智慧文献中也有这样的教导："在你说话之前，先要弄明白自己要说些什么"，"主审判你之前，先要自我反省"，"在你许诺之前，做好履行的准备"(《便西拉智训》18：19-23)。"自我认知"、"自我省察"和"自我准备"表现的就是增加人的内在经验从而获得"智慧"的方法。

因而，智慧不仅是一种传统或文学，它更是一种生活态度和特别的生命体验，它源于对人类（或个体或民族）历史的明智省察，并随着人们对社会和自然界的意识活动而进一步深化。传统和现代两种智慧研究都确定，智慧以某种方式同人类个体或人类共同体的成熟过程联系在一起。在此过程中，偶然的理智认识与经验发现在理性活动中聚合为一体，共同构成"道德和精神的完善，谦卑与同情，或对生活中实用的、主观的和心理的等范畴的洞察"，这正是人们普遍认为的智慧之核心。[①] 此观点也得到儒家和古犹太教智慧传统的认同。

早期儒家传统认为智慧一个完整的理性发展过程，包括外部的客观逻辑知识与内在的主体固有的成长历程，这一点在孔子的自我描述中清晰可见，他将人生分成五个阶段，其中每个阶段都为个体的智慧的成熟和完整做出特有的贡献。然而，早期儒家和古犹太教智慧传统又不只是从漫长的生活经验中获取智慧。对于孔子来说，智慧远不只意味着年龄的增长，因为老人未必就比年轻人更明智。事实上，长寿与明智并不直接联系在一起，而智慧是仁慈生活的副产品。除此之外，年轻人还拥有一种令人惊叹的特质，正所谓"后生可畏"(《论语·子罕》)。对古以色列人来说，年龄长也不证明就拥有智慧，因为"尊贵的不都有智慧，寿高的不都能明白公平"；反而"在人里面有灵，全能者的气使人有聪明"(《约伯记》32：7-9)。随着生活经验的积累，智慧通过语言这一媒介而表达出来，而生活和语言正如智慧一样都是多面的。众所周知，在欧洲传统中，希腊语中的智慧指智力、道德及日常生活的不同方面，而且所有这一切都与理智紧密联系在一起。"智慧"(sophia)原指哲学家的天赋，这位哲学家始终过着冥想的生活，为追求真理贡献了一生。"审慎"(phronesis)或实践智慧，意指政治家的才能，这些政治家能够计划谨慎的行动方案并抵制激情的驱使和感官的迷惑。"知识"(epis-

① Gisela Labouvie-Vief. Wisdom as Integrated Thought: Historical and Developmental Perspectives//Robert J. Sternberg ed. Wisdom: Its Nature, Origins, and Development, Cambridge: Cambridge University Press, 1990: 52.

teme）意指一种科学知识，这些知识在那些了解事物本性，掌握控制自身行为之准则的人们身上得以展现和发展。[①] 在希伯来语中，也可找到许多词汇，含义相当于我们所说的“智慧”，如：bīnā（理解力，才智），hākam（变得明智，在特定状态中变明智），hākmā、hokmōt（智慧，技术），sākal（变得明智或聪明，有洞见）。[②]

在希伯来文本中，最常使用的表示智慧的词根是 hkm，根据崴伯利的解释，它“意指相当普遍的一种先天智力”[③]，并且它“通过多种能力或技巧表现出来”。任何掌握这些技能的人都可“认为是明智的”。[④] 理性知识与智慧之间的紧密联系可以通过希伯来词 da ‘at（知识）看出来，这个词由词根 yd‘（知道）派生出来，它与智慧思想联系紧密，在希伯来《圣经》中它出现了 90 次，其中在《箴言》中出现了 40 次，在《约伯记》中出现了 11 次，在《传道书》中出现了 8 次。

古代中国人创造出一根本不同的书面文字系统，它起源于象形图像，人们想通过它来连接内在概念和外部现象。[⑤] 在早期的书写系统中，如甲骨文（约公元前 15 世纪—前 13 世纪）和青铜器铭文（约公元前 19 世纪—前 12 世纪）中，表示智慧的汉字也表示知识，发音为“zhi”，由“知”、“白”和“羽”构成。[⑥] 在稍后的文献中，人们将这个汉字简化为仅表示知识的字，也读作“zhi”，由“矢”和“口”构成，象征着一个人像飞矢一样快速地抓住某一事件或现象的原则或原因（理），在这里，人们将智慧当作知识的延伸。其后的字典将“智”与知识联系起来：“智即知，‘智者’即无所不知的人。”[⑦] 由于智与知

---

① Robert J. Sternberg. Wisdom：Its Nature，Origins，and Development. Cambridge：Cambridge University Press，1990：14.

② Robert Young. Analytical Concordance to the Holy Bible. London：Lutterworth Press，1939：1059-1960.

③ Roger N. Whybray. The Intellectual Tradition of the Old Testament. 1974：7.

④ Dianne Bergant. What are They Saying about Wisdom Literature?. New York：Paulist Press，1984：7.

⑤ 根据许慎（约 58—约 147）——第一部词源学汉字字典（约公元 120 年）的作者的理论，原初的汉字是对自然事物的简单模仿：“天空的形象”、“大地的模样”和“鸟兽的模样”，参见段玉裁的《说文解字注》（杭州：浙江古籍出版社，1998：753）。

⑥ 汉语大字典编辑委员会. 汉语大字典. 成都，武汉：四川辞书出版社，湖北辞书出版社，1993：638；段玉裁. 说文解字注. 杭州：浙江古籍出版社，1998：137，227.

⑦ 汉语大字典编辑委员会. 汉语大字典. 成都，武汉：四川辞书出版社，湖北辞书出版社，1993：638.

之间存在同一性，所以在大多数中国古代的哲学和宗教文献中，常常将“智”写作“知”。这说明在远古时代的中国人的头脑中，智慧主要源自知识，或者智慧是知识延伸的结果。这个词源学的证明意味着中国的智慧概念具有强烈的知识导向。

早期儒家和古犹太教传统都认为智慧不是与知识相关，就是来源于更高层次的知识。智慧的获得是一个渐进的过程，包括很多知性活动在内，例如古犹太教文献中对智慧的描述是“智慧沉思”“推理”“在头脑中研究智慧之路”“探知她的奥秘”“像猎手追逐猎物那样地追逐智慧”（《便西拉智训》14：22－23）等。或如《中庸》一书所教导的：“博学之，审问之，慎思之，明辨之，笃行之”（第二十章）。这样确凿的词源学基础根本地将智慧的发现或获得与知识成果联系在一起，使得他们的智慧观念完全不同于那些神秘主义的直觉智慧，神秘主义的直觉智慧仅与神秘的直觉或顿悟相关。人类的知性能力在特有的文化背景中成长，并且通过不同的语言系统而得到培育。因此，除了分别考察这两个关键词，我们也需要联系地，而非孤立地看待这一对词汇，特别是知识（da‘at）这一词汇。因为这些关键词在各自的文化传统中体现出不同的抽象意义，我们才能把它们放在一起，在其互相映衬中考察它们的含义，并由此对儒家和古犹太教智慧传统进行有意义的对比或比较。

（六）作为关系的“智慧”

认识的目的在于产生关系，聪明意味着理性地理解并巧妙地利用这些关系。智慧本质上也是一种关系，只有将智慧置于相互关联的背景中才有意义。在许多哲学和宗教体系中，关系主要由我们试图伶俐地领悟并明智地阐释的三个对象来限定：世界、社会和自我，通过对这三者的理解，我们获得三种常规智慧：自然的、社会的和个人的。正如世界一样，社会与自我也是不能完全分开的，任何一个特定传统中的智慧都包含对这三个方面的理解、知识或直觉，为我们提供有效的认识工具去理解、阐释并规范我们与自然环境、社会制度和个体（包括自身和他人）的关系。为充分理解智慧的本质和功能，我们将对智慧的三种类型逐个加以分析。

人类试图建立和理解的第一种关系是我们自身与外部世界（宇宙、世界、自然、自然现象等等）的关系。关于自然世界，智慧探寻我们所赖以生活与行动的世界的起源、本质和秩序。在有神论传统中，世界秩序或许指造物秩序，在其他类型的传统中，或许指自然或道德法则。无论是否带有神性的特征，这些传统都认为世界的所有现象都以某种秩序或法则为基础，人们必须遵循它们。在此意义上，我们对这一问题的知识和洞察也许应该称为“宇宙智慧”，它是对最基本、最深切的形而上学问题的探究。而“自然智慧”则来自两个层面的知识，一是个人事物与自然秩序的关系，二是人类在与事物和环境的关系中应该遵循的行为方式。

智慧的第二个对象是社会，包括政治的、司法的、伦理的和社群的各个方面。无论是作为集体，还是作为政治实体，在本质上都是我们与他人的关系。对这种关系的理解使我们获得所谓的“社会智慧”，它通常汇集为伦理规范、道德命令、法律制度和政治机构，并通过这些而建立一个所有人都要遵循的特殊的社会秩序，这些都是我们必须掌握的实际事务。因此，社会智慧也可称作“实践智慧”，它包括处理生活需要的技巧和能力，应对潜在问题的经验和知识等。“技巧”是一个内涵和意义颇为丰富的词语，它既可指所谓的“软”技巧，如“聪明的”态度、熟练的方法和控制复杂形式的精明方式，又可指“硬”技巧，即人们用来解决问题和完成特定任务的技巧和手工技能。儒家既强调技巧的意义，也勉励他们的学生们和听众们学习应对复杂情形的技巧。希伯来智慧文献也将技巧当作实践智慧的一部分来讨论，《箴言》不仅强调技巧可以使人躲避灾祸，而且表明拥有良好的实践技巧的智者能够完成建造房屋之类的具体任务（《箴言》24：3）。

在处理伦理、法律和政治事务时，我们获得特定的社会智慧，它来自管理人民和国家事务的实践中得来的反省和估量，通常用来解决法律和政治问题。当前学界已达成的共识是，大多数儒家和古犹太教智慧教导都是针对统治阶级，或将要施行统治的年轻一代的教导。因此，如何娴熟地处理法律问题并且平衡政治关系中的利弊是儒家和古犹太教智慧传统中的重要部分。法律和政治智慧的关键是维持一种有利于持久和平与和谐合理的社会秩序。如何进行良好的统治是儒家的基本议题之一，因为它们把这个问题当作它们建议国君施行其政策和政治观念的主要任务。儒家倡导的统治智慧本质上是道德主义的，因为它们提出，如果我们以恰当的方式利用道德影响，那么秩序与和平就会自然到来。例如，在回答怎样做才能赢得普通民众的支持时，孔子说："举直错诸枉，则民服；举枉错诸直，则民不服"(《论语·为政》)。古以色列的政治智慧主要关系到如何处理司法案件，以确保明智之人有好的结果，而愚蠢之人会自食恶果。因此，如何维持社会正义成为犹太教法律智慧的核心。所罗门对两个女人争一个孩子的案件的审判，就体现并高度赞扬了政治和法律领域中的智慧。①

人类探询的第三个对象是如何与个体相处。这可进一步地划分为两个方面：一方面关于个人之间的关系，表现为个人与他人、男人与女人、幼者与长者、下级与上级的关系等；另一方面关于如何处理个人与自我的关系，包括对于涵盖理性和非理性因素的人类个体内在世界的知识和理解。第一方面内的智慧，人与人之间的关系是人类生存和幸福所必需的条件，但同时也制造了大量需要个人来应对的麻烦。一代又一代的人们探求处理这些关系的基本洞见，并通过仔细地记述明智的格言和指导将它们铭刻在集体记忆中。在希伯来和儒家经典中，我们找到很多有关这些方面的格言，这些格言告诉我们如何运用有效的方式对待某位特定人物、如何运用成熟有益的方式对待他人等。个体智慧的第二方面是关于特定个体如何思考的问题，他或她在面临选择时如何明智地做出主动的回应，在特定情况下我们每个人应该做出何种选择等。在特定时期，个人的品格是如何塑造形成并为他人所认知的。② 在此意义上，当我们去明智地了解我们自身时，将会产生相比理解外部现象时更多的问题。因为，我们中的大多数人都发现当反省内在自我时，非常难于形成一个稳定的认识，并且很多人都对我们自己的形象有强大的偏见，并受自我的感受、情感和观念的巨大影响。

正是在此意义上，苏格拉底把"认识你自己"置于哲学智慧的核心，一些道家圣贤也将认识自我的智慧置于认识他人之上："知人者智，

① 王说："将活孩子劈成两半，一半给那妇人，一半给这妇人。"活孩子的母亲为自己的孩子心里急痛，就说："求我主将活孩子给那妇人吧，万不可杀他。"那妇人说："这孩子也不归我，也不归你，把他劈了吧！"王说："将活孩子给这妇人，万不可杀他。这妇人实在是他的母亲。"以色列众人听见王这样判断，就都敬畏他。因为见他心里有神的智慧，能以断案（《列王纪上》3：25-28）。

② 所有智慧的目标都是塑造品格。关于智慧的这个方面，如果欲求一个更加正式的讨论，请参阅菲利普·艾芬（Philip Ivanhoe）的《儒家自我道德修养》以及威廉姆·布朗（William P. Brown）的《危机中的品格：〈旧约〉智慧文献研究的新方法》。

自知者明”（《道德经》，第三十三章）。个人智慧要求人们懂得一个人能做什么、不能做什么。任何人试图完成超出自己能力的事都会归于失败，而一个知道自己限度的人则会小心行事并最终取得成功。明显地，早期儒家和古犹太教大师们都细致地研修个体的内在品质。对他们而言，自制是获得平和人生的关键，正如《箴言》书中所说：“不轻易发怒的，胜过勇士。治服己心的，强如取城”（《箴言》16：32）。这些品质经常使人变得谦虚甚至谦恭，而他们将这些品质设定为智慧的最重要因素。既然一个智慧的人知道他的局限，他就不会把时间浪费于抱怨他的处境，相反，他会满足于他个人所拥有的东西。人们认为，即使遭到他人误解，成为一位儒家君子的内在品质之核心的品格也会让他找到内心的宁静，因为只有那些“人不知而不愠”的人才是真正的“君子”（《论语·学而》）。

（七）作为神圣事业的“智慧”

在许多古代哲学和宗教体系中，除传统解释之外，宗教也与终极现实相关，即所谓的“灵性存在”或“神秘力量”。在犹太—基督教传统中，终极存在即“造物主”或“上帝”，对它的理解引导出詹姆斯·克伦肖所定义的“神学智慧”。神学智慧来自人们对人与超验力量的关系的思考。在古以色列，这主要与智慧的神圣来源有关：“智慧从何处来呢？聪明之处在哪里呢？是向一切有生命的眼目隐藏，向空中的飞鸟掩蔽”（《约伯记》28：20-21）。智慧之掩蔽并不意味着智慧是人所不能及的，而是暗示耶和华可以独自获得智慧，而人却不能拥有智慧，除非耶和华把它赐予他们：“我决心娶智慧做我的新娘……但我仍然认识到了，除非上帝把智慧赐予我，不然我永远也不会得到她”（《所罗门智训》8：18-21）。另外，以色列神学智慧与神义论的问题有关：面对普遍的不公和无序，如何证明耶和华的正义是属实的？根据所谓“申命记神学”，如果一个人尊奉耶和华及其律法，他将会回报以好的生活、庇护、富有、荣耀、健康等；如果不遵守耶和华及其律法，则会受到惩罚。然而，这并不总是现实，因为好人可能遭受苦难，而恶人却经常过着安逸的生活。为解释这一现象，智慧思想者，尤其是《约伯记》的作者，阐明了人与耶和华的关系，并在希伯来思想中创造出思辨智慧。

在大致同时期的古代中国也存在类似的思想发展历程，因为好人深受自然的和社会的灾难所导致的苦难，人们提出了对神圣正义的质疑。《诗经》中的一些诗记载了这些沉思。在这些诗里，人们抱怨“天”不关心他们所遭受的不公待遇。然而，尤其是在公元前7世纪至前5世纪之间产生的理性主义改变了大部分儒家大师的思考方向，使他们从询问“天”是否公正转为考察人之“道”：“天道远，人道近”。在此影响下，儒家大师们专注于这样的问题：人类是否完全履行了他们自己在世界中的责任？他们探究人道如何与天道相结合，而不是阐述关于神的正义的形而上问题。然而，这并不意味经典儒学没有超越性的玄思。在思考人与天的关系时，孔子这样概述他的神学智慧：“天生德于予，桓魋其如予何?”（《论语·述而》）人的主要职责是执行天赋的使命，不可欺骗天，“获罪于天，无所祷也”（《论语·八佾》）。这便为儒家智慧传统提供了一个宗教基础，并在此基础上解释和实践其他的人际关系。

(八) 解释学重构中的“智慧”

我们可以使用诸多方法来研究古犹太教和儒家传统中的智慧：神学的、历史的、社会人类学的和哲学的。在进入比较研究之前，必须首先仔细地考察我们将使用的方法。

在西方宗教传统研究中存在两种方法或范式。第一种方法可以称作“文本研究”，它着重于研究神学经典或文本，把现存的著作作为特定传统的透彻蓝本，这种传统让我们了解到宗教领袖们的真正教导以及早期门徒的实践。这一范式是在中世纪生成和基本定型的，它来自那个时代人们的认识：基督教《圣经》是唯一的真理来源，而且只有通过研究《圣经》的篇章我们才能够领会耶稣基督及其门徒的启示。在很长一段时期内，对《圣经》章句的学习确实促进了宗教、哲学和历史知识的传播。然而，宗教文本并不一定会提供给我们宗教起源和早期发展的真实图景。虽然信徒们可能确信某个特定文本充满了宗教显圣，但是事实往往是文本本身是在后世才得以创造或编辑甚至集成的，它所描绘的与之前出现的哲学和宗教世界观与人生观都迥然不同。因此，对此文本的研究极可能指向特定的信仰和理想，它们所反映的是后代作者或编撰者个人的经验和价值观。

鉴于文本研究中出现的问题，一些学者，如伊利亚德（Mircea Eliade，1907—1986）与尼尼安·斯马特（Ninian Smart，1927—2001），提出一种研究宗教传统的新方法，即一般认可的“现象学范式”。当现象学范式应用于宗教研究时，它注重宗教可被分门别类、观察和记录的方面，并把宗教和观察者自身的宗教体验分开。一方面，它旨在忠实地描述人们所信与所为，使我们借此理解神圣启示和一个宗教传统的特定仪式或经文的内涵。然而，从另一方面来说，因为现象学范式要求类似科学研究对象的“客体”，并注重观察主体和被观察者客体之间的“距离”。因此，正如其批评者所指出的，现象学范式倾向于满足用非批判的视角考察所有种类的宗教思想和实践。

当解释学应用于宗教和哲学传统的研究时，第三种研究范式产生了。这也正是我们在早期儒家和古犹太教智慧传统比较研究中所要采取的方法。解释学范式抛开对经典的主观解读和对神及玄思者的客观描述，旨在根据特定文本对什么是智慧进行解释学的重构。以解释学方法为基础，我们的研究范式也认识到早期儒家和古犹太教智慧典籍中的启示存在于其生存诉求中，以著述的形式覆盖它们的意义，这些著述是对其成文时代的表述。

解释学是一种解读的理论，并且它的一个源头就是圣经研究。不同于早期圣经释义的方法，如语法的、哲学的、历史的和语言的要求，新的阐释哲学认为阐释并不旨在对原作者思想和观点的完全揭示，阐释总是与阐释者自身的经历及其对特定文本的个人解读密切相关，因而所有的阐释都各不相同。并且，它并不限制根据个人生活经验对文本进行的解读，相反地，它试图揭示阐释与个人经验所属的并且理解的终极现实和真理之间的关系。成中英根据阴阳太极哲学，在本体论层面提出一种新的阐释方法，称为“本体诠释学”，它既包含了伽达默尔的面向主体的双向理解的观点，也包括了分析建构理论，并将二者合一成为一套关于人类理解的完整理论，这种理解与我们对人类存在和现实的诠释相关。

早期儒家和古犹太教传统在本质上都是一个阐释的传统，是原典思想与后世阐述相结合，每一代人通过阐释和再阐释而形成对儒家和古犹太教思想的新观点或新理解，在这一过程中，产生大量的阐释和说明。但解释学方法不仅仅局限于历史的和寓意的阐释，它还拥有以下特征：第一，它在特殊性和一般性之间的统一中，在文本的一个段落和整个文本的意思之间的相互影响中，在作为说明的意见和创造性的经验之间，探求含义和答案。解释学揭示，只有当我们对整个情境有一个大体理解时，对特定信息的解释才是有意义的，并且，只有当我们从一个特定信息中“预设”初始意义之后，整个文本的意义才能相互关联。这有点类似于海德格尔的“解释学循环”。① 整体和部分、释义和预设的互相依赖的重要性在于，经由这个循环并且真正重复地经由这个循环使我们得以重建关于某一特定信息或文本的知识。

第二，它意欲使儒家和古犹太教智慧语境中的意义和理解的疑问清楚明白地显示出来，根据儒家的理解来看古犹太教的智慧文本，并根据古犹太教的观点来阐释儒家智慧。在此意义上我们可以说，我们所做的经文解释学的解释是有选择性的，只有将一种传统中的特殊智慧思想放入一个要么是对照，要么是类比的框架内进行思考，它对我们才有意义。这基于另一个解释学原则：“人类的理解朝着来源于它的特定存在环境的前理解方向发展，这一前理解为每一个解释的主题框架和参数提供模本”②。儒家—古犹太教间的相互释义即它们互为被诠释的“他者”，这是我们这项研究的构架和参数，因此也是我们的“前理解”。这种互相诠释的价值在于，它使得一个体系中隐含的并未受到注意的先决条件，通过与另一个体系的对比进入我们的视野。比较解释学将文本置于它们所处的叙述语境之中，并将它们从一个语境中提取出来再置于另一个语境的上下文中进行研究。

第三，解释学方法旨在将儒家和古犹太教的著作不仅理解为记载过去的历史资料，而且是继续对这两种传统的核心问题发表言论的文本，这涉及另一个“海德格尔解释学循环”：作为持续生成的言论，我们不可避免地把先见带入我们所解释的对象，而儒家和古犹太教智慧的核心问题使我们能够限制阐释中的武断并为之设立边界。在重新置之于上下

① 我们不能理解整体（例如，一个文本），除非我们先理解部分，或者，我们不能理解部分，除非先理解整体。海德格尔是这样阐明这一思想的：“在圆圈里隐藏着最原始知识的积极可能性，可以肯定的是，只有当我们在解释的过程中明白了我们最初、最后和永恒的任务，我们才能真正地抓住这一可能性，并且从来不允许我们的前有、前视和前念通过幻想和流行的概念呈现在我们面前，而是通过依照事物本身创造出这些前结构来保证产生科学的主题。”（Martin Heidegger. Being and Time. Oxford：Blackwell Press，1978：195.）

② Jean Grondin. Introduction to Philosophical Hermeneutics. New Haven：Yale University Press，1994：42.

文中研究的过程中，不是简单地从它们是什么来看这些著作，而是要将两者进行类比从它们应该是什么来看待。诸如此类的解释学的比较研究需要我们对所比较的任何一种传统都保持一定距离，以便我们对包含在一种传统中的思想的阐释不会成为对另一种传统的排他性辩护。但与此同时，这个距离不能太远，因为如此一来，重构就只能基于主观想象。要想通过阐释和再阐释经典教义，重构古以色列和古中国的智慧教义，这一范式要求我们必须置身于形成这些教义、产生这些指令的时代和文化背景之中，并在儒家和犹太教大师们生活和起作用的社会背景中来评价智慧教义。

在强调儒家—以色列的相互关联时，我们必须指出，我们的解释学比较不是简单地寻找两个不同体系间的偶然的相似点，更重要的是找出隐藏在这些相似点之下的原因，并考察那些关于哲学上和宗教上有差异和交点的假设。这可以从元理论和规范两个层面着手。在元理论层面，哲学的和宗教的考察涉及分析的和解释学的讨论，如什么是智慧。而在规范层面，则需要调研智慧在不同文化语境中具有微妙差别的作用方式在本质上相容的可能性，考察那些人们普遍接受的教导人们如何拥有幸福明智生活的智慧的特定根源、原因和原则。

解释学以语言学的、文本的研究为前提。在我们建立一个比较框架之前，必须先批判性地研究一系列对理解古犹太教和早期儒家思想至关重要的关键文本，并且通过将文本置于其所出现的语境之中思考其形而上的、认识论的、伦理学的和政治学的内涵。我们的解释学文本研究的目标之一是提供对早期以色列和儒家著述的交叉考察，揭示它们对知识和智慧的独特理解，使对话性的比较研究通过文本间的互动得以生成。在这样一个解释学的文本比较研究中，我们特别关注如下三个任务。第一，我们将尽可能充分地比较早期以色列和儒家的智慧思想，如在《箴言》中出现的各种形式的领悟、教导，所强调的不同之处，我们只有将这些概念和表达还原到它们各自所在的语境及其所属的历史与文化环境中才能够充分理解它们。在这个过程中，我们将可能看到本不相连的事件和领域间的相关之处，以及看似相似部分的不同点。第二，在这两种宗教—伦理—哲学传统中，不同的关注焦点殊途同归，相似的讨论却会分道扬镳，我们将考察这些是怎样以及为什么发生的，它们在我们的比较研究中有什么含义。通过这种考察，我们将明晰地认识到智慧并不是独立存在于认识论、伦理、政治、教育等之外的，相反，在它们的相互作用中，智慧成为文化和文明的一部分，为人类完成自己的使命提供工具和方法。第三，在此研究基础上，我们将会确定，早期儒家和古犹太教的思维方式深深影响了中国和犹太—基督教智慧。这样的思维方式带来了与时俱进的范式，并且这些范式将在东西方生活的跨文化交流中继续发展。

二、早期儒家与古犹太教智慧观伦理比较

在早期儒家和古犹太教中，智慧均与知识和道德紧密联系。知识、道德和智慧之间形成了微妙的互动关系，表现出一种特别的关于“世界秩序”的沉思和体验。我们将以早期儒家经典著作（《论语》、《孟子》、《荀子》、《周易》和《礼记》等）中有关智慧的文献和希伯来《圣经》（基督教《旧约》中的所谓“智慧书”如《约伯记》《箴言》《传道书》，以及有关的先知书如《以赛亚书》等）为中心，对儒学和犹太教关于智慧的伦理问题进行初步的比较研究，对智慧的社会性与道德性之间关系进行一些哲学上的探索。我们的目的是通过建构古典儒学和早期犹太教在智慧问题上的对话，揭示它们在知识、道德和智慧的认识中所展示的普遍性和特殊性，并以比较的方式展开其伦理价值，拓宽我们对两种传统中不同生活方式的认识，并探求中西方不同的文化差异的根源。

（一）知识与德性：智慧的伦理特征

“智”在中国早期文字和文献中亦作“知”，是从知识的“知”引申出来的，有聪明、智慧、知识、才能、智谋等多层含义。徐灏在《说文解字注笺》中解释说：“知，智慧及知识之引申，故古只作知。”这一词源学上的通用，为我们了解古代中国人的智慧观做了很好的注释。智慧是在一定的知识基础上形成并通过特定的知识形式表现的。但什么样的知识可以使我们达到智慧的高峰呢？古代中国人着重概念的实际作用和实践功能决定了只有那些能指导人们的物质和道德实践的知识，才能通向智慧。在这个意义上，智慧就是在知识基础之上做出明智的选择，趋

利避害或见微知著："见险而能止，知矣哉！"（《易经·蹇卦·彖传》）欲正确识别利害，就必须对事物的发展变化有正确认识和决断。所以，在先秦典籍中又有这样的论述："愚者暗于成事，智者见于未萌。"（《商君书·更法》）"凡智之贵也，贵知化也。"（《吕氏春秋·贵直论·知化》）这是要知可知不可、通权达变，而行权知化就是智慧的表现。

在欧洲传统中，古希腊哲学的"智慧"可以指理智、道德以及日常生活方面的德性。在荷马时代，人们视理性为人之本性的标志，理性因此成为希腊的智慧概念的中心。"sophia"指那些投身于追求真理的哲学家的天赋。"phronesis"可以译为实践智慧，指的是政治家所具有的优秀品质，使其可以做出明智的选择，不受激情的驱策和感官的欺骗。"episteme"则指某种形式的科学知识，这样的知识只有那些深悉事物本性以及控制行为的原则的人才能发展起来。苏格拉底和柏拉图认为，智慧是主要美德之一而超越了纯粹的认识王国。它是美德中居第一位的（《法律篇》，第68节），并且只有它是内在的，是某种预言家功能的德性（《理想国》，第25章，第518节）。亚里士多德认为灵魂具有理性与欲望，理性又可分为理智理性与实践理性，并从中发展出理论智慧与实践智慧。尽管理论智慧是一种高级智慧，是人之所以为人的标志，实践智慧则直接涉及人的行为，涉及对行为事物之好坏的判断和选择。在犹太教文献中，智慧概念是通过"horma"（名词）和"hakam"（形容词）来表现的。犹太教智慧概念包含着先知与世俗、神性与人性、自然与社会的多重性，并以不同的方式来实现这些矛盾的融合。仅就其实践功能来说，与亚里士多德的实践智慧相似，多指个人行为处世及达到幸福生活的能力与技巧。

就以上词汇的使用上看，早期中西方传统都把智慧看作知识的一种形式或提升，当作道德德性的一种表现，从而把智慧与知识和道德联系起来。不过，通过形式，我们可以看到中西方哲学在强调的重点上还是有所不同。一般来说，中国古代哲学家较多地从道德的角度来理解智慧。先秦诸子百家中，道家与法家则出于不同的动机对智与德的关系持否定的态度。道家认为，智识与德性是不能协作的，而且智识只能给人的德性带来负面影响。"智慧出，有大伪。"（《道德经》，第十八章）对真正的智慧即道的认识与体悟，和一般的知识积累毫不相关。相反，一般的知识不仅不会帮助我们把握"道"，而且会妨碍我们对道的认识。

法家认为智慧无用，民众的智慧会威胁到国家的根本法治。儒家和墨家则把智列为美德之一，肯定智慧的道德蕴含。儒家认为，知和智具有丰富的伦理内涵和外延，是整个道德体系中的重要一环。

儒家将“智”列为“三达德”“四德”“五常”之一。首先，智主要是指一种明辨是非与善恶的道德理性。这是作为道德规范的智的最基本的、最主要的内容与要求。智含有对伦理道德规范的度的把握、远恶而向善的意思。孔子说：“知（智）者不惑。”（《论语·子罕》）孟子曰：“是非之心，智也。”（《孟子·告子上》）智来自个人先天判别是非善恶的一种能力与德性知觉。荀子认为：“是是、非非谓之知，非是、是非谓之愚。”（《荀子·修身》）就是说，是所当是、非所当非，正确明辨是非即是智，是非颠倒则是愚。明是非之智，是人们在道德活动中不可缺少的理性指导。这一理解对后来儒学的影响极为深远，如“智则为明辨”，“智为是非之本”（朱熹：《朱子语类》卷二十）。“知得是是非非愆地确定是智”（陈淳：《北溪字义·仁义礼智信》）。其次，智不仅表现在对判断标准的把握，而且表现在善于知人与自知。“（樊迟）问知（智）。子曰：知人。”（《论语·颜渊》）“知者知人…… 知者自知。”（《荀子·子道》）所谓知人，就是善于认识、鉴别并理解他人。而对在位者来说，只有正确知人并用人，方能保证政通人和。这就是《大戴礼记·主言》中所说的“知者莫大于知贤”。所谓自知，是对自己有正确的认识和估价。儒家把自知之明作为知人之明的前提。及时知己之过尤为重要。“知耻近乎勇。”（《中庸》）了解自己的错误、不足，并自觉予以剖析、改正，是富于智慧的表现，也是勇德的体现。

相对而言，古犹太教的智慧观比儒家更强调对外在世界的客观知识。因为在犹太教思想中，世界是上帝创造的。接近上帝的方式之一就是认识自己身处其中的上帝创造的外在世界。然而，这并不意味着犹太教的智慧观缺少道德内涵。犹太人提倡的知识和智慧也在相当程度上属于德性知识或德性智慧，总是与善行联系在一起，与愚妄、愚昧相对立。“愚妄人口中骄傲，如杖责打己身；智慧人的嘴，必保守自己。”（《箴言》14：3）“智慧必使你行善人的道，守义人的路。”（《箴言》2：20）《旧约·箴言》用大量篇幅述说了一个智慧的人应该如何过上伦理的生活。这种智慧的一个基本表现就是面对生活时应该饱含谦卑与善意。“骄傲来，羞耻也来；谦逊人却有智慧。”（《箴言》11：2）“弃绝管教的，轻看自己的生命。听从责备的，却得智慧。”（《箴言》15：32）但智慧的最终根源在于对上帝的信仰，因为只有在信仰之中人们才能知道什么是真正的知识：“敬畏主就是智慧。远离恶便是聪明。”（《约伯记》28：28）失却谦卑，不但不为上帝所顾念，而且原有的智慧也将离己而去。犹太教的智慧是要顺着上帝指明的道路去实现自己的命运，承担自己的职责。于是，犹太教的智慧也就呈现为属人的智慧和属神的智慧两个层次，而且后者是根本的，世俗智慧不过是神性智慧在人间的流溢。儒家的智慧主要是属人的智慧，虽然它包含超越人之有限存在的内容，但是儒家智慧并不像犹太教智慧一样有着人与神、此岸与彼岸的鸿沟。

智和德是儒家伦理学、政治学和哲学中的两个重要范畴。尽管儒家的伦理道德观念多有变化，但是智作为最基本、最重要的道德规范始终占有一席之地。儒家以仁为核心的道德规范体系中，智被认为是仅次于仁的重要德目。《中庸》有言：“知、仁、勇三者，天下之达德也”。儒家把“智”看成是实现其最高道德原则“仁”的一个必要条件，是进行道德选择的基础。因此，孔子明确提出：“择不处仁，焉得知？”（《论语·里仁》）行仁就是智慧的表现。孟子曾说：“仁之实，事亲是也；义之实，从兄是也；智之实，知斯二者弗去是也。”（《孟子·离娄上》）就是说，智即是对仁义有正确认识，因而自觉坚守而不背不离。一旦对各种道德要求有了全面、正确的理解，人们就能形成坚定的道德信念，从而对道德悟守不违。就智与仁的关系来说，智可以说是成仁的方法和途径。这种智也叫良知、良能。《中庸》将仁、智按功能分别开来，“成己，仁也；成物，智也”。就像儒家把智看作成仁的必要条件一样，犹太教的智慧也并非孤立存在，而是围绕爱的原则展开的。

在犹太教教义中，成为明智的就是为传达着永恒无尽的真理的神性智慧所接触。人类智慧是有限的。“不要自以为有智慧。要敬畏耶和华，远离恶事。”（《箴言》3：7）“人岂能使神有益呢？智慧人但能有益于己。”（《约伯记》22：2）对于全知全能的上帝而言，人间的智慧即使再博大也是微不足道的。智慧就是要爱上帝，爱自己的亲人和邻人。长者被认为是有智慧和知识的。“年老的有智慧，寿高的有知识。”（《约伯记》12：12）但是，这并不等于说年老者自身有智慧，他们只是作为上帝智慧的传递者而已。

从本质上来说，智慧是一种关系，通过这种关系，人类学会如何正确处理自身、自然、道德规则和宗教义务等问题，学会如何发现各种现象中的意义和规律，以指导人类的行为。智慧因此具有多种不同的形式：自然智慧可以使人把握自然并遵守自然法则，实践智慧可以使人在生活中应对自如，法律智慧可以使社会惩恶扬善，神学智慧则使人一心向神。前三种智慧乃属人的智慧，后一种则为属神的智慧。《旧约》中关于智慧的文献主要和智慧的神性与人性及其相互作用相关。

人类的经验在智慧形成中发挥什么作用呢？它是怎样和超越相联系的？古以色列人从有神论角度对这些问题做出全面回答。人不知智慧之所在，唯有神才是智慧的根源。犹太教经典明确指出："神明白智慧的道路，晓得智慧的所在。"（《约伯记》28：23）"因为耶和华赐人智慧，知识和聪明都由他口而出。"（《箴言》2：6）还有"敬畏耶和华是智慧的开端"（《箴言》9：10）。因此，对于早期犹太教徒来说，智慧是和"义"紧密相连的，因为智慧来自"义"："义人的口谈论智慧，他的舌头讲说公平。神的律法在他心里，他的脚总不滑跌。"（《诗篇》37：30－31）由于强调智慧的实践性，早期犹太教认为真正的智慧在于"义人"（the righteous），而不在于"智者"（the wise）。预言家耶利米（Jeremiah）和以西结（Ezekiel）这样宣布预言性的神谕：上帝的律法书于人的心中。约伯说，只有有了才智，才能有知识。由于把智慧与知识和理性能力相联系，犹太教承认就能力而言，所有人在不同程度上都拥有智慧，并通过不同的方式加以展现。然而，早期犹太教并没有特别强调智慧的个人内在基础，因为在根本意义上，智慧乃是神所赐予，常人只是智慧的部分拥有者与体现者而已。

智慧是人天生的禀赋，抑或是后天习得？是人们对生活的一般理解和态度，还是对各种事物和关系的内在本质的深刻理解？早期儒家在对智慧的来源和本质进行深入的探究之中，提出智慧具有超验的因素，但又并非常人不可及的。儒家承认有超验的现实的存在，并认为上天是创造性的（"天生蒸民"），因此是智慧的终极源泉。然而，作为超验的存在，天本身并无行动，它是"道"，是最高的道德律令。尽管孔子认为对天的敬畏构成了智慧，认识到了"智慧"和"天"所具有的特殊关系，但他还是认为智慧并不能直接来自天或其他精神力量。在这一意义上，孔子指出智慧的最终根源在于人："务民之义，敬鬼神而远之，可谓知矣。”（《论语·雍也》）一般来讲，儒家在关于“天道”和“智慧”的关系问题上，采取了宇宙伦理学而不是神学伦理学的形式，从道德宇宙论的角度解答了人类对智慧的本质和源泉的困惑。

孔子在智慧是否一种天生的能力问题上，态度模棱两可。一方面，他认为人的智力天生参差不齐，智有三等，认定有“生而知之”的天才，并说“唯上智与下愚不移”；另一方面，他谈论得更多的是学而知之，主张“学以致其道”（《论语·子张》），认为一般人的知识智慧和道德都不是天生的，而是通过后天孜孜求学的结果，强调学问思辨的作用。“好学近乎知”（《中庸》）。他认为在每个人身上都是“天”生“德”（道德力量或美德），人能够发扬这种美德以知天道。孟子把人生来具有的“是非之心”视为智慧的直接来源：“是非之心，人皆有之……是非之心，智也。”（《孟子·告子上》）孟子认为，仁、义、礼、智四德是人内心所固有的，发端于人皆有之的恻隐、羞恶、辞让、是非之心。人心中有此四种善端，才有四德。人的“智之端”，可以使人辨真伪，一旦发扬光大，就能上知“天道”，下达人事。他还对智德在道德实践中的前提意义做了说明：“无是非之心，非人也。……是非之心，智之端也。”（《孟子·公孙丑上》）

人的智善端仅仅是萌芽，是可以为善的内在因素或称之为实在的可能性。要使可能性变成现实性，还有待后天努力学习，“扩而充之”。能自觉扩充，求则得之，四德就“足以保四海”，治理天下。若自暴自弃，则“不足以事父母”。荀子既肯定了人的思维器官的作用，“人何以知道，曰心”。同时又说：“凡以知，人之性也，可以知，物之理也。”（《荀子·解蔽》）人有认识客观事物的能力，客观事物又是可以被认识的，二者结合，才会产生知识，获得智慧。荀子认为只有锲而不舍地学习才能达到“积善成德，而神明自得，圣心备焉”（《荀子·劝学》）的至高至美的人生境界。荀子所理解的真知，乃是通过教养，在人格完善的基础上能够超越经验之知进而把握人伦之道的那种真智慧。智慧的内化实是儒学传统朝着美德伦理学方向发展的关键因素。

（二）智慧与道德理想：智慧的实践精神

中西方智慧观都具有极鲜明的实践特点。儒学与犹太教的智慧思想始终是与社会生活水乳交融的，离开了生活践履，其思想也就失去了可供依托的操作平台。儒学和犹太教都认为，人只有通过生活才能实现智慧。那么，在一种人们渴望的应当的生活中，与知识、道德紧密联系的智慧具有什么样的积极作用呢？即在人们普遍追求的人生幸福里，智慧应该扮演什么角色？而什么样的人才被儒学和犹太教认为是获得或者能够获得人生幸福，智慧在其人格生成的过程中有着什么作用？或者个人如何才能成为智慧的人？

幸福在早期儒家文献那里往往被表述为“乐”。乐不仅是个体心性的满足，而更主要的是实现社会和谐，使大多数人获得安宁，实现治国平天下的理想。这种成就意识是儒家的幸福生活的重要部分。但是，儒家基本上是从个人的道德品行角度上来促成幸福生活的。作为德行之一的智慧也就在其中担当重要任务。“广土众民，君子欲之，所乐不存焉。中天下而立，定四海之民，君子乐之，所性不存焉。君子所性，虽大行不加焉，虽穷居不损焉，分定故也。君子所性，仁、义、礼、智根于心。”（《孟子·尽心上》）在孟子看来，实现文化传承、拥有较多知识或智慧的老师也能常常感受幸福。“君子有三乐，而王天下不与存焉。……得天下英才而教育之，三乐也。”（《孟子·尽心上》）尽管现实状况也许不尽如人意，时机以及人生际遇更是充满偶然性，但儒家坚信道德与幸福的统一，认为智慧在幸福的实现过程中作用功不可没。

然而，在犹太教那里，道德与幸福并不一定必然能达到统一。智慧的作用力对于实现幸福是有限的。基于对上帝造物的信仰，犹太教中的“智慧”既代表着上帝创造万物的神性智慧，也代表着人类探索和掌握世界，开启探求万物奥秘之路的人性智慧（《约伯记》28：20－28）。《约伯记》揭示了神性智慧和人性智慧之间潜在的张力，这可能正是德福分离、善遭恶报的一个根本原因。《传道书》对于生命、生活都充满了悲观，认为无论个体如何努力都摆脱不了悲苦老死的境地。即使拥有智慧也不过是徒然增添烦恼。“因为多有智慧，就多有愁烦；加增知识的，就加增忧伤。”（《传道书》1：18）“我就心里说：愚昧人所遇见的，我也必遇见，我为何更有智慧呢？我心里说，这也是虚空。智慧人和愚昧人一样，永远无人记念，因为日后都被忘记。可叹智慧人死亡，与愚昧人无异。”（《传道书》2：15－16）这里透露的消极悲观思想恰恰是为了让人信奉上帝的力量，积极寻求神，遵守他的命令。因为最终的幸福来自上帝，人对上帝的智慧的信奉应该宠辱不变、祸福不惊并持之以恒。犹太教是一种伦理一神教，这决定了它必然放弃对上帝的知识论态度，转而使用实践理性去确证上帝存在。不是神性的生活，而是人的生活，人对上帝的虔诚回答成为犹太教的真正内容。所以，人在最内在的意义上，发现自己与上帝的永恒联系并从中找到生活意义的神圣源泉。借助这种精神本质与上帝之间关系的道德确证，犹太人响应了上帝对他们的召唤，认识唯一神，相信它，印证它，在它那里寻找到一切的意义，在它那里得到庇护。[①] 这不仅与古希腊哲学中智慧对于幸福的意义相去甚远，而且与儒家的“天人合一”思想也极为不同。

儒家推论，人人生而具有“天”性。因此，知己之性，可以知人之性；知人之性，可以知物之性，由此扩展，个人则能参与天地之造化。儒家德福智统一思想是建立在“天生德于予”信仰之上的，因此具有一定的宗教功能，可以使个人在艰难困苦之中依然坚定地相信天道可畏，大同理想指日可待。可是，儒学本身毕竟不同于犹太教这种精神性宗教。现实中的屡屡碰壁使得许多儒家学者很难如虔诚的约伯那样一如既往地坚守既有信念。在这个意义上，先秦儒家关于德福统一的智慧观并不具有完全的自足性，由“尽心、知性而达于知天”的毕竟是少数。[②]

古犹太教和早期儒家思想中都有一个基本信念，即任何人都可以选择智慧的人生。但两者的分歧在于，什么样的人才是“智慧的人”？智者的特点是什么？智者如何阐释生命的意义和幸福？古犹太教认为，智慧并非一个可以随便在任何地方都是万能的东西，而是“智慧精神”展现的结果。一个富有洞察力的人就叫作“圣人”或“智者”（Hakam）。智者与无视上帝、行为恶劣的愚者相对立，是悟守律法的以色列人智慧传统中的一种理想人格。智者强调自然世界基本秩序和人类社会规则之间的对称，并提出了多种在社会不同阶层传播智慧的方案。

与古以色列传统中的智者的职业相似，古代中国“儒”或“师”的主要职责在于制定规范，从教于学校。全面的知识（宇宙的、自然的、社会的、道德的和个人的）是君子所具备的三种美德之一。智者和愚夫愚妇相对立。儒家主张建立仁且智的理想人格。“智”可以被认为是作为理想人格的一个方面的要求。孔子认为仁不仅是最高的道德境界，也是道德人格发展的最高境界。孔子虽然以为仁者境界比较智者为高，智

① 傅永军．伦理的一神教与唯一神的伦理确证．世界宗教研究，2000（2）．

② 沈继成．先秦诸子智道德观论略．华中师范大学学报，1996（5）．

者次于仁。但是他兼重仁智。在求仁的过程中，智也可以发挥特殊的作用。这首先表现在智利于仁的养成。孔子说“知者利仁”（《论语·里仁》），智者因认识到仁德会带来长远巨大的利益而去行仁。在这里，智者包含对利害正确认识的内容。孟子认为，智者博学多识、目光远大，所以能够认识仁而且自觉地实行仁，“以其昭昭，使人昭昭”（《孟子·尽心下》）。智是使人达到圣人理想人格的条件之一。“仁且智，夫子既圣矣乎！”（《孟子·公孙丑上》）荀子认为智德有圣人、士君子、小人、贱者之分，主要原因是由于个人努力不同。他强调发挥自觉的能动性，要求在道德修养时坚持努力，日积月累地提高，认为只要自己努力，就可以取得新成就。人们只要不断学习，勤勉修养自己的美德，就能达到超越，成为一个成人或大人。“与天地合其德，与日月合其明，与四时合其序，与鬼神合其吉凶。先天而天弗违，后天而奉天时”（《易经·乾卦·文言》）。

生活是多方面的，通向智慧的途径也是多种多样的。但最基本的只有两种：理论智慧和实践智慧。亚里士多德在实践智慧和抽象的理论智慧之间做了区分。对他来说，理论知识是服务于真理的，而实践知识的目标是行为。尽管实践着的人也思考事物是个什么样子（《形而上学》，993b：20-24）。实践智慧在激情中展现出来，并要求正当地安排行为。亚里士多德坚持，沉思的而非实际的生活是到达幸福的唯一途径（《尼各马可伦理学》，1177 a 11，1177 b 12）。因此，成为明智的就是认识自己，认识到人是特殊生物，并进而发展出独特的力量使人远离其他生物。成为明智的人也是为一种道德完善或美德的状态而努力，通过美德在生活及所有重大事务中发现并采用中道原则。理论智慧是知识理解和概念汇集的结果。实践智慧，包括协调个人关系和处理社会事务。观察和沉思是重要的，因为它们能够给我们提供外在和内在世界的必要信息，使我们能够有必要的工具来理解事件的深层意义和揭示现象的最后原因。然而，归根结底，理论知识必须在实际生活中实践，对于一种好的和幸福的生活来说，应用思想就变得日益重要。

理论智慧可以使我们掌握自然和社会的秘密。有“透过事情看东西”能力的人被认为是明智的。但是，在早期犹太教和儒家经典中，知识的智慧并没有像在亚里士多德哲学中那样具有那么高的地位。相反，儒家和犹太教都强调实践智慧。儒家把握天道既要通过观察和沉思，又要在现实生活中体验。前者可以使人们了解自然，后者可以帮助人们进行内在的修养。通过实践智慧，一个人可以克服实际困难和提供关于生命以及社会行为的意义的道德与伦理的指导。因此在儒家经典中，知识和德性都是伦理生活的组成部分，可以使人成为圣贤。理论智慧指导人类实践，可以使人成为文化英雄，如发明文字的伏羲、揭示农业生产过程的神农和成功治理洪水的大禹。所有这些人都被看作有着贤哲品性的伟大帝王。实践智慧可以把人培养成为一个君子，通过道德实践，一个人就可以迈向具有超越性的最高理想（圣贤、“素王”）。

在早期犹太教和儒家文献中，智慧总是和人格理想相联系，在人格理想中，“圣”或“圣人”具有特殊地位。在犹太教《圣经》中，“圣”（the holy）最初主要用于上帝，也称上帝的选民为“圣民”。在智慧书里，把“困苦的人”（the poor）、“义人”（the righteous）和“圣人”（the holy men，saints）归结为一类，都是耶和华的“仆人”。作为耶和华的仆人，犹太教中的圣人具有两方面德行：“义”（saddiq）和“智”（hakam），但其根本的特性在于“信”（the faithful），并因“信”而“必多得福”（《箴言》28：20）。儒家的“圣人”也与“神的”领域相联系。圣人集宇宙精华于一身：“圣人者何？圣者，通也，道也，声也。道无所不通，明无所不照，闻声知情，与天地合德，日月合明，四时合序，鬼神合吉凶”①。

为了比较起见，我们可以从以下三方面来看儒家的圣人和犹太教的“圣人”之间的联系与差异。第一，早期犹太教虽然承认圣人可以透过事物的现象看到本质，可以知道上帝的“律法”，但其基本观点却是，人对自然和社会规律的经验和个人的沉思不能参透未来，因为未来是上帝的王国，唯有在信仰之中，人才可能具有神圣的特性。与之相反，儒家认为，圣人之所以为圣人就在于其“知天命”，并由此可以知过去、现在和未来（《论语·为政》）。这样的品质在后来的儒学中得到进一步发展。《易经》认为，智慧可以使人通晓过去和未来，把握天地万物变化之规律，从而进入神性的领域：“知变化之道者，其知神之所为乎”。战国末期，越来越多的人提出，智慧的人必不可少的一个特征就是可以预知未来。“圣人之所以过人以先知”（《吕氏春秋·恃君览·观表》）。

---

① 陈立．白虎通论疏．北京：中华书局，1994：334．

第二，在早期犹太教中，圣与智相联系沟通了宗教与伦理、理论与实践。智慧不仅表现在对上帝的依归上，而且也指在劳作和生活中表现聪明的、机智的、技巧娴熟的人。儒家把圣人看作“天纵”的结果，是“道之极”(《荀子·礼论》)，或者“人伦之至”(《孟子·离娄上》)，圣人之道可以“赞天地之化育”(《中庸》)，但同时也高度评价各种各样的能力，承认技巧和聪明对于智慧具有重要作用。孔子说自己由于少时贫贱，故多能“鄙事”(《论语·子罕》)，并称自己并非“生而知之”。智慧来自“好古，敏以求之”(《论语·述而》)。第三，在早期犹太教那里，圣人因“信”“义”“智”而称名，因此具有德行总括的特征。但同时，圣人只是多种理想人格中的一种。穷人、忠诚的人、正直的人、智慧的人以及虔诚的人等，这些人都以上帝的律法为核心，相互关联。在儒学那里，尽管圣人和常人并无根本区别，认定每个人都可以通过存心养性成为圣人，但圣人还是明确无误地位于人格等级结构的顶点。孔子感叹他不能得见圣人，因为圣人的特征不仅在于自明，而且能够“博施于民而能济众”(《论语·雍也》)。荀子按学问知识的高低深浅把儒者分为几类。他所赞赏的大儒，就是具有知识和智慧的贤哲。唯有这样有“天人之辩”“圣人之知”的“知通统类”的大儒，才具有最高的政治意识。

(三) 从知识到超越：智慧的宗教内涵

雅斯贝尔斯认为，在公元前800年至公元前200年的精神过程中，人类进入了轴心时代。希腊、以色列、印度和中国四大古代文明都曾先后不谋而合而且方式各异地经历了一个超越的突破。[①] 在这种超越的突破中，早期儒家和犹太教对构成人类处境之宇宙的本质产生了一种理性的认识，从而对人类处境及其基本意义获得了新的理解。它们的智慧实际上把个人与宇宙连接起来了。早期儒家和犹太教关于智慧的许多观点，特别是其关于智慧与世界神圣秩序的宇宙论伦理学紧密相关的观点，本身就包含着智慧的宇宙论和伦理学基础。智慧是早期儒家和犹太教从知识到超越之旅、从面向生活到笃信上天之间的云梯。无论其关注的内容是通过外在于人的力量或人格神的拯救，还是强调人类的自我超

① 雅斯贝尔斯. 历史的起源与目标. 魏楚雄，俞新天，译. 北京：华夏出版社，1989：8-14.

越，它们超越的典型形式是一种既高于自然也高于人类的力量、能力或人格。借助智慧，人类不仅存在于他们与超越的关系中并以此而得到或者追求生命的终极意义，也存在于他们与自己以及与自然的关系之中，并通过这些关系在日常生活中拓展生命的意义。

世界主要文化传统都赋予智慧以某种超越性：智慧不仅可以使人理解超越的存在与现实，而且为人们达到超越提供必要的途经。但超越是无限的，人类感官知识是有限的，以有限去追逐无限，结果只能是庄子所说的“殆矣”。这一矛盾促使宗教哲学家和伦理学家去发掘和扩展对人类知识种类的理解。人通过观察自然现象、社会生活可以获得一定的知识，了解自然以及人类社会的基本规则。这样的知识能否使我们把握超越，看到在自然社会现象之下的更深奥的东西？在早期的犹太教和儒学中，知识分为不同的种类：关于自身的知识，关于社会（包括政治、法律）的知识，关于自然的知识，关于超越的知识。其所讨论的知识局限性则主要表现为两个方面：第一，人能不能知上帝和知天，如果能，如何知？第二，人能不能完全地把握他们自身经验以外的世界？在早期犹太教智慧文献中，智慧在很大程度上指的是“世俗”的智慧，使生活受益，为未来提供安全保障，防止受到伤害。在这个意义上，“得智慧胜似得金子。选聪明强如选银子”（《箴言》16：16）。在这方面，智慧取决于人的选择和决定。智者具有理智，可以从因果律推论出事物运行的法则；智者参与实践，由此获得控制偶然性的力量。但同时，世俗知识并非最高级的知识。人的知识具有相对性和局限性。人可以认识自然、社会和人生，但无法知晓隐藏于现象背后的规律和支配个人生活的命运，因为这些都是神的知识，只有通过神启，人才能接近并认识上帝的律法。

由此，犹太教把智慧的来源归结为神，认为人类知识的局限性起于现实与宗教之间的矛盾与冲突。在中国早期历史上，善遭恶报的问题使人们认识到天命不可知。在抱怨和感叹这看起来不公正、不仁慈的天的同时，一些人认识到天道实为“深不可测”。尽管孔子承认善有善报，一切在天，但他并没有把道德修养作为赏罚的根据。后来的儒者对“天”和“天道”做了一番新解释，把天道与人性紧密联系起来，并因此把对超越之天的认识转移到对人性自身的认识，从而得以突破人类认识的局限性。这一突破既可以是一个渐进的过程，需要修身养性，积年累月，也可以是一个突然的发现。无论是渐进还是“顿悟”，智慧都必须通过人的道德努力，必须把天道运用于人的生活才能实现。孔子自谓“五十知天命”，认为“不知命，无以为君子”（《论语·尧曰》），由此把智慧与“知命”“知天命”相联系。把握个人的命运或理解天命对于提高人的心灵境界是必不可少的。在此，天命兼具宗教意义和道德意义。孟子认为“知天”是人的本性扩充到最高境界时的一种状态。即使这样，人到底能否真正了解超验的“天”，依然没有明确的答案。而现代新儒家中，如杜维明就比较确信人最终可以知天，而另一些人如牟宗三对此则比较谨慎，说尽管尽心知性不能使人完全把握天命和天道的含义，但至少可以论证和把握它的道德内涵，即创造性的本质。

早期犹太教和儒学中的上帝或上天，都预示着某种既定的秩序。它们的智慧思想是否包含着“宇宙秩序”和“社会秩序”的“统一”或“和谐”的含义？犹太教文献中探讨智慧问题的智者们用“宇宙秩序”和社会秩序相互论证，揭示两者之间的相互作用。但是，这两种秩序是不是相互冲突的呢？“宇宙秩序”是属神的，而社会秩序是属人的，两者之间具有内在的张力。儒家从不把天道看作纯粹的、外部的、超验的东西，而是看作人自身的一种内在性：“天命之谓性，率性之为道，修道之为教。”（《中庸》）天道常常和人道紧密联系在一起，表现在家庭、个人生活和社会生活之中。在这里，天人合一的道德形上学已经初具雏形。但荀子一派则从否定的方面来看天人关系，认为天道并非社会和谐的根本原因，因此反对人严格依照宇宙的秩序来行事。人的行为和天的规则之间是否存在着严格的一致性？对此，早期儒家并没有继续进行研究，直到汉代才由董仲舒建立天人感应学说。

犹太教认为智慧是“以经验为基础，对生命和世界规律的实践性知识”。人怎样才能合于这种秩序呢？一方面，人作为上帝的创造，具有智慧的根基：智慧与机智同居，拥有知识和见识（《箴言》8：12）；另一方面，智慧可以来自人的祖先传统和集体经验。在《箴言》中，“律法”不仅指上帝的戒律，而且指父母的教训和教导，以及对社会经验的指导（《箴言》1：8，7：1-2）。儒家寻求宇宙之“序”和社会群体的人之“序”的和谐，并称之为“礼”（道德规范、习俗和法则），用它来衡量善恶、真假、是非。正是智慧的传统性和经验性的内容构成了人们对过去经验的极端虔诚的态度的基础，这种态度表现为以色列人对自己历史的神圣感和儒家对古代圣王治理下的黄金时期的向往。

关于人是否可以完全地认识世界秩序这一问题，早期犹太教和儒家都认为，人类的经验和智力有着不能轻易逾越的局限性，因为现象世界极其复杂，“宇宙秩序”深不可测。犹太教明确提出，没有一个智者可以宣称自己理解了“神的世界”。“耶和华以智慧立地，以聪明定天。”（《箴言》3：19）“耶和华啊，你所造的何其多！都是你用智慧造成的；遍地满了你的丰富”（《诗篇》104：24）。尽管犹太教承认通过对现象的模式和规律的认识，人可以做出明智的抉择，知道该做什么，不该做什么，但它关于智慧的学说还是在人的可知与不可知、依靠自己的聪明与仰赖耶和华之间划了一条清楚的界限。只有在神的启示下，人才可能发现真正的智慧，获得智慧并知道如何运用智慧。以智慧达到超越，就是把希望寄托在上帝身上。正是在这个意义上，以赛亚谴责那些把人类智慧看作高于或独立于神的智慧的观点。

与犹太教相比，儒学对人认识“世界秩序”的能力比较乐观。早期儒学也深信天道不可测，相信存在着天命或命，这就对人的认识有了一个严格的限制。孔子承认，道之行与不行，在于天，所以他认为“知之为知之，不知为不知，是知（智）也”（《论语·为政》）。但由于天人的亲和关系，大多数儒家学者都相信，通过观察“天象”和“地法”（《易传·系辞下》），人（特别是“圣人”）是可以获得对宇宙的本质认识，并由此而克服人在智力、道德和行为上的局限性的。这就表明，儒家的智慧以人性为基础，智慧的成长则是沿着从世俗与短暂到神圣与永恒的道路而进行的。无论我们把儒学思想体系看成一种宗教体系还一种哲学体系，人性问题都是儒家思想的中心。人性是智之根本，发展人性是获得智慧的基本途径。这样的智慧超越观把超越理解为一种自我升华的过程，也就是说是在人类生命中追求其终极的。由于人之终极也是宇宙之终极，在人性中追求完美，在世界范围内实现“太平”，就是儒家达到超越的途径。所谓成就完美就是实现个人的智慧，实现自己的智慧也就是献身于人类共同之善，与整个宇宙和谐为一，而所谓与整个宇宙和谐为一也就是超越个体自身生命的局限，在仁中去寻找生命的终极意义。因此，超越与超越的方式在儒家思想体系中形成了一个从自我与自我修养开始，又以自我与自我修养为结束的圆周运动。儒家智慧的创造者以及智慧的所有实践，都直接或者间接地体现在人自身。

人要对自己的超越负责，实现“立德、立言、立功”的三不朽，才能超越生命局限达到不朽之境。天下和谐、太平只有通过作为人类社会成员的个体的成长才能实现。但是，如果没有自我意识的觉醒，个人就不可能履行其社会职责，也不可能真正认识世界。所以，《大学》强调，上自天子下至平民，所有人都要以修身为本。在这个过程中，“智”始终是一种促使个人修养以达到超越的强大动力。因此儒家智慧观中的超越本质上是人的事情，只有人才能对此负责，超越实际上就是最大限度地发展一个人的善良本性，涉及人类生活各方面，一切与人有关的东西，如道德、组织机构与礼节仪式等都包含着超越的因素，有助于人们的自我实现。由靠“天命”到靠“自己”，或者说把“天”与“人”统一起来，既可以说是一个世俗化的过程：“并不是因为认识到自身的局限而转向超越的无限存在，理性的发展不是向神话的诸神进行伦理的反抗，更未导致唯一神论的信仰……更多的似乎是认识到神与神性的局限性，而更多地趋向此世与人间性……与其说是超越的突破，毋宁说是人文的转向”①，也可以说是一个由“神道设教”向“伦理宗教”的突破：“拒绝接受超越只能由神来启蒙的观点……把人的超越看作是人的完善，在这种完善中人突破了自己的局限，发现了人类生命的终极意义。”②

① 陈来. 古代宗教与伦理——儒家思想的根源. 北京：三联书店，1996：4.

② 姚新中. 儒教与基督教——仁与爱的比较研究. 赵艳霞，译. 北京：中国社会科学出版社，2002：17.

第六章　从比较哲学到世界哲学

比较哲学既然是不同哲学（以及它们背后的文化、思想、智慧乃至生活方式）之间的比较性研究，那么它便不能局限于某种地方性知识，而应当力图比较不同文化传统间的思想性异同，并从中探究文化融通与哲学综合创新的可能性。这种研究由于开阔了哲学研究的视域，开启了面向时代问题的世界哲学图景，从而也成为"大哲学"范式下的一种重要的哲学研究路径。与此同时，由比较哲学的深入而展开的思想研究必然会关注哲学对话与文化合作，进而在实践场域也能彰显其应有的现实意义。就此而言，或许我们可以尝试在后全球化视域下重新思考中国哲学和世界哲学共同关注的一些重大问题，形成一种既能保持中国哲学的思想特色，又能超越中国哲学的地方性知识局限的哲学研究进路，在对话与合作中丰富各种哲学的内在价值，进而生发比较哲学的生命创化力和思想创新力。

一、中国哲学、大哲学和世界哲学

"中国哲学"指的是中国所特有的哲学，既包括中国传统哲学，也包括在中国或用中文所研究的一切哲学，包括中国的和外国的哲学。在此意义上，我们可以把"中国哲学"区别为"中国底哲学"（Chinese Philosophy）和"中国的哲学"（China's Philosophy）。前者指以中国传统为底子或本位的哲学，后者指在中国发生的一切哲学形态。在西方文明和马克思主义已经全面而又深刻地改变了中国社会的客观条件下，当代已不可能有完全彻底的“中国底哲学”，有的只是“中国的哲学”。当代中国的哲学包括传统的中国哲学、马克思主义哲学和西方哲学，这是最近一个多世纪的历史造就的事实。

（一）中国的哲学

中国知识界与西方哲学的遭遇，规模较大的有两次。第一次发生于五四前后。其时，西方各国流行的形形色色的哲学派别和思潮蜂拥而来。从叔本华的意志主义、尼采的超人哲学、柏格森的生命哲学，到康德的先验论、黑格尔的绝对唯心论，从英国的经验论功利主义、社会达尔文主义，到新实在论和实证主义，从罗素的分析哲学到杜威的实验主义，都成为人们热心宣扬的话题。平心而论，这些学说对于打开中国知识分子的眼界、促进中西文化交流，确实起过一些积极作用；但是，它们的影响仅仅局限在少数文化人的小圈子里，未能在中国文化的土壤里扎下根来，只扮演了昙花一现的匆匆过客的角色，在中国近现代思想史的长河中翻滚起几朵浪花就消失了。究其原因，固然与这些学说的自身弱点有关，但介绍者浅尝辄止、囫囵吞枣的学风和不顾中国国情而一味模仿照搬的心态，不能不说也是一个重要原因。有人评论说：“我国自西洋思想输入之后，国人每得西人之一鳞一爪即可大出风头。实则数十年来的思想，在守旧方面不能跳出古人的圈子，在维新方面，又不能越西人思想的雷池一步。中国近年并没有具有独创精神的大思想家。”①

然而，上述评论并不适用于马克思主义哲学在中国传播的状况。在马克思主义传播初期，也出现生搬硬套的教条主义和本本主义倾向，但这毕竟不是主流。中国共产党人把马克思主义同中国革命的实践相结合的创造性的工作决定了马克思主义在中国的命运，使得马克思主义这一最初的外来思想，成为中国占统治地位的意识形态，最终融化在中国人民的思想和行为之中。

“文化大革命”结束之后，中国向世界敞开大门。在中外文化交流

① 郭湛波．近五十年中国思想史．北平：人文书店，1936：431.

日趋频繁的形势下，各种西方哲学思潮流派再次涌进中国。经历了中西方文化多次碰撞之后，我们的民族在文化上、心理上比历史上任何时候都成熟，已经能够坚定而自如地面对来自国外的一切思潮。如果说，30多年前人们还在为要不要介绍西方哲学而争论，那么现在的问题已不是要不要介绍西方哲学，而是如何对被介绍的西方哲学加以分析鉴别和吸收；这不只是在口头上笼统地承认西方哲学思想良莠不齐，而是要结合建设需要，关注西方哲学的发展趋向。

（二）大哲学

整个西方哲学的发展历程可以视为发展和危机交替的历史，西方哲学经历过多次危机，每一次危机都迎来哲学的进一步发展。西方哲学的最早形态是古希腊自然哲学。自然哲学的原则和结论在公元前5世纪时遭到智者的相对主义、怀疑主义的诡辩与功利精神的挑战，这可以说是第一次哲学危机。危机之后出现了古代哲学最辉煌的成果——柏拉图和亚里士多德哲学。希腊化哲学在罗马时期伦理化，罗马官方哲学家的贵族式的清谈和虚伪与伦理化哲学的践履精神与普及性正相反对。马克思和恩格斯引用罗马后期讽刺作家琉善的著作说明“人民如何把他们看作当众出洋相的丑角”①。这一次哲学危机为基督教哲学的诞生铺平了道路。基督教哲学以信仰的确定性和道德的实践性在特定历史条件下满足了人们的道德理想与追求，因而取代罗马官方哲学并成为中世纪的主要意识形态。它随着“千年王国”的衰落而步入危机时期。15世纪和16世纪的人文主义者尖锐地批判经院哲学，但却并未能用新的哲学取而代之。文艺复兴时期哲学表现出过渡阶段的特征：新旧学说交替，科学与伪科学混杂，相对主义流行，哲学的功能被其他文化形态所替代。直至17世纪之后，哲学与新兴的自然科学结盟，一个个新的哲学体系才被建立起来。近代哲学对科学的发展、资产阶级革命的发生、社会的进步和人们思想观念的转变起到巨大的推动作用，哲学确如黑格尔所说集中体现了时代精神和民族精神，哲学作为“科学之科学”的美誉主要是在这一时期获得的。黑格尔之后的西方哲学向不同方向演化，到了19世纪和20世纪之交，它的总趋向已呈现出危机景象。现代西方哲学现

① 马克思恩格斯全集：第3卷．北京：人民出版社，1960：148.

在仍未摆脱第四次危机。①

从西方哲学的历史来看，西方哲学的走向包含着走出危机的途径，每次危机之后，都有哲学的繁荣和发展，这是带有规律性的历史现象。西方哲学史呈现出一盈一缩的规律性现象，可被概括为纯哲学危机、“大哲学”凸显和纯哲学发展、“大哲学”淡出的交替现象。由此看来，哲学危机实际上只是纯哲学的危机。从历史上看，纯哲学处于危机之际，正是各种文化思想极其活跃并相互碰撞之时。比如，希腊罗马自然哲学的危机期是智者运动的高潮期，希腊罗马哲学的衰落期是希腊罗马文化与基督教碰撞和融合期，经院哲学的危机期是文艺复兴时期。第四次危机也只是学院式哲学的危机，至于应用哲学、跨学科哲学、各个领域的“准哲学”，形态之丰富，范围之广阔，更是前所未有。②

由于我们很少把纯哲学以外的这些“大哲学”的思想资料写进哲学史，最多也只是把它们处理为纯哲学的背景材料。为了纠正这一偏见，我们区别了两种哲学传统：纯哲学的传统和大哲学的传统。西方哲学原来就是无所不包的“大哲学”。19 世纪末 20 世纪初，各门科学从哲学中分离出去，哲学史这门学科也随之专业化，纯哲学才从“大哲学”中抽象提炼出来，哲学史也变成纯哲学史。事实上，“大哲学”更适合于西方哲学的历史状况，纯哲学从来都是在“大哲学”中发展的。但纯哲学的历史成就往往遮掩了“大哲学”的原来面目；只是在纯哲学处于危机的情况下，“大哲学”才凸显出来。

需要说明的是，“大哲学”不与纯哲学相反对，而是纯哲学的自我扩展和深化。比如，科学哲学、政治哲学和宗教哲学等跨学科的哲学研究，都属于“大哲学”的范畴，但从另一个角度看，这些又属于分支哲学的范畴，是以纯哲学为基础和核心的。这两个角度是相辅相成的。从现在的发展趋势来看，应用伦理学、科学哲学、政治哲学和宗教哲学等是从纯哲学出发实现“大哲学”的主要形式。

在这里，我们从宗教哲学的角度来谈一谈纯哲学和大哲学的关系。从纯哲学的角度来看，西方哲学的传统是来源于希腊的形而上学传统，宗教哲学只是这一传统的一个分支。但实际上，西方的宗教哲学，主要

---

① 赵敦华. 20 世纪西方哲学的危机和出路. 北京大学学报，1993 (1).

② 赵敦华. 作为文化学的哲学. 哲学研究，1995 (5).

是基督教哲学对西方哲学的传统有着整体影响。过去我们一谈到西方哲学，言必称希腊，不免有点片面。希腊文化只是西方哲学的源头之一。除希腊理性主义之外，罗马法治思想和希伯来宗教精神也是西方哲学的源头。这三者原来分别是三个民族的传统，只是在基督教中才得到整合。我们现在所说的西方文化传统的起源和发展都是从基督教开始的。从这一点上说，对基督教哲学的研究可以成为我们从研究纯哲学转向关注“大哲学”的一个中介。

（三）世界哲学

现代中国的哲学包括两个方面，一是借鉴西方哲学研究中国哲学，二是中国哲学逐步走向世界。从冯友兰、胡适开始，中国哲学史这门学科的发展始终受到西方哲学的方法和理论的影响。我认为这种影响属于中西哲学的良性互动，不能算作“全盘西化”，因为中国哲学史作为一门世界性的学科，其建立和发展又反过来为西方哲学提供了一个新的参照系。有没有这个参照系，对西方哲学的理解和体悟大不一样，对中国人研究西方哲学意义更大。比如，西方哲学的“大哲学”的观念对于我们重新审视中国传统哲学的性质和范围具有启发意义。从历史上看，中国哲学包括社会生活的方方面面，举凡政治、道德、宗教，乃至科学、医学、道术、民俗，无不有丰富的哲学思想。但长期以来，我们按西方纯哲学的标准选择和整理中国哲学的资料，后来又按“两军对阵”的模式诠释中国哲学的精神，中国哲学的范围被弄得越来越窄。现在人们把中国哲学与传统文化相联系，这可以从更深厚的文化资源中吸取更多、更广阔的哲学思想，是有益的。在此方面，借鉴西方哲学中“大哲学”的观念是有益的。比如，福柯的知识考古学的模式和方法，对于我们从哲学的角度理解中国古代社会各个文化领域的联系和变化，很有启发意义。

但是，我国哲学界马、中、西三足鼎立、以邻为壑的状况是不正常的，三者的界限应该淡化，隔阂应该打破；哲学史和哲学理论的界限也应该打破，西方哲学专业研究者和马克思主义哲学专业研究者联手研究马克思主义，能够发挥各自优势，取长补短，取得突破性进展。比如，马哲界开展对经典作家原文原著的研究，对西方马克思主义和苏东马克思主义的研究，在各分支哲学，尤其是政治哲学、经济哲学和应用伦理学领域，进行当代中国的马克思主义的研究，都离不开西方哲学理论研究的积极参与。

1948 年，冯友兰先生在英文刊物《哲学评论》(*Philosophical Review*) 上发表了题为《中国哲学与未来世界哲学》的文章。他在这篇文章中说："在我看来，未来世界哲学一定比中国传统哲学更理性主义一些，比西方传统哲学更神秘主义一些。"① 他是在中国哲学与西方哲学的比较和汇合的意义上谈论"世界哲学"的。现在，我们对这一问题看得更清楚了，可以说，未来的世界哲学既不是西方底哲学，也不是中国底哲学，而是世界的哲学。"大哲学"不仅是西方哲学的出路，也是中国哲学的出路。"大哲学"之大，不仅是跨学科的，而且是跨文化的，消除了按照纯哲学的标准所设置的种种藩篱、障碍。

我们应该看到，中国人在世界领域有特殊的哲学优势。大多数西方人对中国哲学不熟悉，中国哲学对他们而言只是哲学的特例，不具有普遍意义，因此很难参与平等的对话。印度学者在东西哲学比较领域写了不少书，他们有梵英双语的优势，但这种优势同时也是一种限制，印欧语系的共同性掩盖了东西方思维方式的一些根本分歧，而这种分歧是由语言表达出来的。"东方哲学"只是一个地域性的概念，没有共同的文化的或观念的传统作为基础。东方哲学内部的分歧可能比东方哲学和西方哲学的分歧还要大，比如，印度哲学在语言上更接近西方哲学，阿拉伯哲学则在内容上接近西方哲学。只有以中国哲学为典范与西方哲学相比较，才能明显地突出东西哲学的异同。

经过一个多世纪的翻译和评介，西方哲学已在中国普及，可以说，中国人熟悉西方哲学的程度远远超过了西方人熟悉中国哲学的程度，这是中国学者的优势所在。从大环境来看，中国经济和政治的发展为提高中国文化和哲学的国际地位创造了条件。当然，能否实现哲学强国的目标，还有待于我们的努力。如果说，"三十年河东，三十年河西"这句话有什么实际意义的话，那就是表达了这样一种期待：19 世纪和 20 世纪西方哲学在世界哲学的舞台上扮演了主要的角色，21 世纪是中国人登上世界哲学舞台的时候了！"大哲学"观念的确立，将会促进中国哲学走向世界。

① 冯友兰. 三松堂全集：第 11 卷. 郑州：河南人民出版社，1970：593.

二、文明对话、文化合作与“一带一路”建设

联合国教科文组织提倡文明对话，已有数十年的时间了。世界各大文明间的相互了解，显然比历史上的任何时间段都更为深刻。但是即使在交往频繁的大国之间，仍然存在着文明的误认和错解。因此，文明对话仍有待更深刻的发展。

我们应了解“文化”与“文明”、“对话”与“交往”之间的重大关系。“文化”作为一个族群的生活方式、价值取向和行为取向，逐渐形成更为具体的思维方式和思想规范系统。这种思维方式和思想规范系统，约制了此后的发展，这就是“文明”。“文明”存在于几个层次上：一是物质之建设与科学之知识的层次；二是社会关系与社会组织制度的层次；三是自觉之哲学思想与对价值之追求的层次。显然，人类的文化、文明传统是多元的。人类在不同环境里进行的文化活动，导向不同的文明体制、生活方式与思维方式。多元差别本不是坏事，但由于差别的存在，就引发了因利益冲突而起的诸多矛盾。差异不一定导致冲突，但如果没有适当的了解，差异的确会发展为冲突的原因，因为，所谓差异，不只存在于行为的表现上，更存在于相反之行动目标上。各族群、各文明传统之间，存在了理解的差异，使它们往往做出自以为是、以自我为中心的价值判断，其所表现出的各文明之差别，见之于宗教、政治、哲学等方面。文明的冲突就因此而发生了。

文明的冲突可以分为本质冲突和利益冲突。本质冲突，是指文明体系所包含的价值观极端差异（甚至相反）导致的概念上的矛盾冲突。利益冲突，或称非本质的冲突，概念体系的差异隐藏着目的追求之差别，而任何目的追求、价值判断都可能涉及利益的矛盾，因此导致实质性的争端（甚至战争）。历史上，有很多可以作为例证的事件，比如十字军东征，既有基督教和伊斯兰教的宗教层面之本质冲突，又有领土、财富的利益冲突，且这两种冲突相互影响，又加深了彼此的严重程度，最终造成了长达近两百年或大或小的战争与冲突。

概念的差别性、信仰的差别性是导致文明冲突的一个重要原因。但更重要的是，这些概念和信仰，与人的实际利益、欲望情感是相联系

的。前者的冲突在后者的冲突中更加得到突显，被激化为一种实质的对立。我们分析包括亚伯拉罕诸教内基督教和伊斯兰教的冲突即可对此有所认识。但值得注意的是，佛教信仰和基督教信仰在历史上并未演化为具体的实质冲突，其原因在于，其信仰者并没有实质的利益冲突，因此其间的冲突只停留在意识形态和哲学理念的辩论上。但有基督教文明的西方却在近现代资本主义的积极驱动下成为物质利益的猛烈追逐者，用商业与战争两种方式侵占了以农业为主导的东方社会。

综上所述，文明对话的主要目标，在于让两个文明之间的概念、信仰体系相互理解、沟通，同时制约私心与欲念，使两者的差异不会导致实质的矛盾冲突，进而能导向一个更为融通的思想体系和价值系统。文明对话另一个更核心的目标，是使已经有实质冲突的两个文明传统，透过对彼此间文化概念的理解，经过彼此间哲学层面的沟通，找到它们的共同出发点与共同理想，找出它们根源的一致性和未来目的的统一性，以此逐渐消除已有的实质冲突，至少使双方的实质利益冲突在一个较为客观公平的原则上获得合理的妥善解决方案。

因此，在文明对话中，必须具备一个哲学层面上的深刻认识，且这种认识最好能做到知己知彼。如果对双方文明只知其一，则这种哲学思考对于促进文明对话只能取得较低的效果。不仅要在哲学层面做到知己知彼，还要在历史、社会、经济、政治等层面都做到知己知彼，才能掌握两个文明传统所具备的包容能力、同情理解能力。简而言之，对话不仅仅单纯是概念的沟通，还要托身于对话传统中的认知力、包容力和对矛盾的化解能力。

那么，在现有文明的基础上，上述之事如何成为可能呢？我们就此提出两条基本原则。第一，必须认识人类有共同的生命根源。各文明既然均能够获得开端，则其应该具备一定基础的共性。我们可以预设人有知性的理解能力，对他者有共情的能力，毕竟这是人类社会成立的基本条件。从个人到家庭再到社会，这显然是一种群体的整合过程，也就是说，人类社会自其形成始，本就内具了这种整合能力与团结性。人是群性的存在，并不只是个体的存在。[①] 第二，必须认识人类个别的最终理

---

① 在西方自由主义的传统下，强调人是个人的存在。但是，这依然存在人与人之间关系的问题。在个人之存在的基础上进行人与人之再组合，与直接以群体性建立的组合相比，未必能开展得更好。

想具有共通性。当人类能够有充分的发展和交流后，应该能认识到人类这种共同理想目标，则人类应和谐相处以实现这种目标，而不应也没必要凭借扭曲、征服对方来达成这种目标。

以上这两条原则，可以被用来回应现实情况中人类的处境。目前正存在着的，是中西文化、中西文明的冲突。多年前，亨廷顿在《文明冲突论》中从宗教的差别性出发来说明冲突的不可避免。同时，他也在论证西方文明的所谓优越性，其论证包含两个方面。

首先，亨廷顿认为西方文明具有“普世性”，在政治上发展出自由主义与民主制度，在经济上发展出资本主义开放市场，在学术上强调了科学研究的重要性，这些都具备普遍价值。科学研究当然具有普遍价值，不过，西方文明重视科学，其他文明也并非对科学不加重视。以中国为例，中国对经验层面的科学和发明也有相当程度的建树，如四大发明和先进的农耕技术等。更何况，当代中国对科学的重视与吸收，已把科学纳入中华文明的系统之中，可以看出中国文化与当代科学文明的融合并不是难事。自工业革命以来，西方的科学技术确实得到了长足的发展，并积累成为人类社会共同的财富。但是，在经济制度、政治制度和人的终极目标这些方面，西方文明是否真正具有普遍性或普及性，却是一个值得探索的命题，因为这涉及一个文化及其族群的历史经验与社会组合的方式以及领导力所依持的环境问题，也涉及一个民族的独立自主与安全保障问题。

其次，亨廷顿也看到了西方文明与其他文明间宗教信仰、政治制度等方面的差异，因此又提出西方文明的另一个优越特点，即其“独特性”。但事实上，每个文明都具有其独特性，亨廷顿说西方文明具有“独特性”，实际上是认为其在政治制度、经济制度等方面具有独特价值，以此论证西方文明高人一等。但这种判断也并不一定准确。在人类社会发展过程中，由于生活环境的区别，不同文明采取不同的组织方式来达到其生活目标。到了近现代，民主和自由成为各民族的共同价值。但是，各文明对于如何实现自由与民主，则各有其采用的文明与理性方法。对此，必须允许文明做出其自然的决定以进行自然的发展，而不能将一个文明的意愿强加在另一个文明之上，只能透过相互的沟通来引出文明内部的创化能力。

由此可见，由于其自身生成所需的条件，文明在政治、经济等方面各有其特殊的表现。由于不同文明在社会发展之下具有共同利益，政治组织、经济组织从原始形态发展为现代形态，产生了资本主义、社会主义等社会形态，它们均有其历史的基础，也有其理想的价值，因此，不能以某一个文明的发展形式作为唯一的标准来要求其他文明。我们必须具备对各文明的相互认识，必须具有一种对各文明的善意，才能展开正确的思考，而不能只因差异之存在就大肆制裁一个发展中的文明。如果动辄用武力手段强制要求其他文明，则会变和平为战争，对所有文明而言并非好事，也将激化人类的内部冲突，导向人类文明的逆转与落后。如今人类的安全问题已经高度影响到人类生活的创化品质与自由。差异的各个文明，有共同根源之基础，有共同的善的理想之基础，要具有善意，要能相互承认，要在包含善意的交往中激发文明自身的创化能力。

假如一个文明真的先进，自然会具有表率作用、示范作用，其他文明自然会对其追随、模仿。如，自老布什以来，美国主导进行了数次战争，继而用军事力量影响战争波及区域的文化，最后收取政治与经济的巨大利益，但整体来说对美国仍是得不偿失。这也是缺乏文明之善意所造成的典型恶果。

今天，中国倡议“一带一路”的循序渐进、由近而远、共同参与的地区经济开发计划，用和平友善的手段，用合作沟通的方式，建立人类文化的桥梁，真诚互信的道路，期待可持续发展的互利及不断增长的长期利益，岂不是人类文明发展的更佳途径与方法？这是强调自觉和与人为善、积极建立善的意志的自然成果！

总之，文明对话的最大目标，在于形成一个互有善意的交流方式，从而使各族群和谐共处、共同发展，促进世界和平。因此，有必要进行多层次的及持续提升层次的全球化交流，有必要进行更深层次的文明对话。中华文明具有支撑这种深度文明对话的品质，因为它认同了以下几个基本原则：(1) 世界各文明具有共同的存在根源；(2) 世界各文明具有互通的生活理想；(3) 世界各文明可以用不同方式存在并相互补充；(4) 世界各文明因差异产生的矛盾可以用对话沟通化解而不必被激化；(5) 世界文明领导者必须促进自觉的善意，利己利他，通过相互理解来促进彼此之共存共荣。

基于上述的相互理解与相互学习的基本原则，人类必能也才能达到各自的目标与共同的理想；当然人类还需要持续不断地修持自身，才能持续发展，并使这种理想、目标得到维护而不至于最后失落。我们有理由期待这种全球化的新发展，期待人类终极大同的达成而和平相处，共享可持续的繁荣。

三、中国哲学与世界哲学的后全球化视域

后现代与后全球化与中国哲学与世界哲学有什么关系？乍看可能没有关系，其实关系甚大。后现代化中的“后全球化”其实是人类走向后后现代的机制与动力。“后全球化”就是在事物没有关系当中找出关系，进而开拓新的世界观，因为任何宇宙事物根源上都是有关系的，但需要我们找出关系。其实，这就是中国哲学中万物机体相通、理气一元的形上学的性理认知。

（一）“后全球化”的重要意义

由上述理解可见，后全球化有两层意义：一是个别的事件可以有全球性的影响力，因为事物与事物之间有不同层次的联系，没有人能阻挠新关系的发现与建立，后全球化中事物的关系已不受一个中央权力的控制，甚至也不受时空的限制；由于此一独立关系的可能性，我们必须研究与理解各种事物的隐性与显性的关系，一定要考虑关系的内涵意义。二是在这一积极的关系理解中，我们又可以探索与建立两类可能的关系：其一是人类可以为了共同的生存利益或个别的生存发展理由共同行事，甚至在此行为中重新建立或恢复某些良好的历史关系，因而共同发展全球化的共同空间与资源，甚至区域化协调发展；其二是我们可以有能力自由地依自己的标准进行自我规范与自我探求，确立示范的展示标准，或显示新的空间，如自我节制能源，自我开发能源，自我探索地球外的太空，建立涵盖地球在内的时空框架或领域。此一自制的行为是一种约束权力与自由的机制，也是个别强权主动避免矛盾与冲突的机制。

这一主动性与积极性说明了什么？人类天生是宇宙生机的表述者，最终目的是在思想上、情绪上、语言上以及行为上涵摄宇宙。但这涵摄宇宙的行为却又可以有两种方式来实现，一是借助知识亦即科技的权力来进行此一涵摄，因之仍然是一种尼采式的权力扩张与张扬，二是自我

克制与转化，把已发展的权力转化为道德的意志，把权力道德化，也就是进行创造的自由而不独占与垄断创造的成果，并以比权力意志更大的仁慈意志来净化权力的傲慢，来拒绝占有领域的私心，把自我的权威转化为多元开放的包含，并不必以普遍性或必然性来掩盖一个自以为是的真理，因为正如真正科学的发展一样，新的世界还等着我们去探求，也正如真正宗教信仰的提升一样，永远要超越自我面对无限，但却永远地包含世界，蕴泽世界。这两者就是后全球化的发展，在目前全球化的过程中也能见到此等发展的端倪，一如在现代化中看到后现代性一样。

人类必然不安于现实，即使解决了现实所有的问题以后，人类仍然要走向未来，此一未来就是重履过去，包含重履过去的错误，就是开拓真正日新又新的境界，把人类的内涵丰富的生命意义带向宇宙，也在发现的新宇宙中找寻新的生命意义。此即后全球化的挑战。这就是我们要强调中国哲学走向世界哲学的深刻道理。

（二）从后现代全球化走向后全球化

后现代也就是指现代化之后的另一种现代化，它并不否定前者。这个概念很重要，中国哲学永远重视发展中的前者，重视历史性和根源性，但却蕴含着对未来的向往与追求创新的动力和愿望。与此相反，西方的学术往往否定发展中的前者，以尖锐的逻辑论证与毁灭性的创造力摧毁前者。但如果我们已经超越了前者，达到了一个新的境界，也就是到达了黑格尔所说的某种“扬升”或“升华”，难道我们不可以回顾历史，在历史中吸取教训，提炼信心，感受对弱者的关怀与生命对仁爱的需要吗？这是《周易》和谐的辩证法的真正含义，往前看，可以展示未来，往后推，可以包含过去。它是兼包含性与开拓性的关系与力量。

当然，为了更好地理解此一发展的新概念，我们必须重新审视“全球化”这一概念。就像现代化是现代性的活动方式，全球化显然指的是全球性的活动方式，尤其是内在的目的性。全球是指整个地球，其含义具有一种普遍性，在普遍之中又有更具体的所指，就是我们的地球，我们所在的一个球形空间。但是，“后全球化”指什么呢？究竟有没有“后全球化”？从人类的物理学和太空科学的发展来看，很显然，我们有后全球化，因为我们全球化之后还要走出地球，因为我们觉得地球不足以承担我们飞扬的理性和雄心，我们有一种壮志凌云，要走向一个大千世界，一个太空世界，一个星球世界，也许只有走出地球，我们才能够平衡我们自己。所以，这个后全球化是以地球作为基础，从而在人类所经历的时间和空间当中来延伸我们自觉的生命，来延伸我们自觉的价值。

怎样才能发挥这种延伸的作用，从而对地球有所帮助，有所贡献？我们能不能帮助这个地球，能不能帮助这个世界？如果我们没有这样一种认识的话，我们的生命价值何在？这的确是很值得思考的重要问题。这个后全球化的世界或者时空，是必须以全球化作为基础的，所以，全球化对我们很重要，正如一个人的发展必须以自身的健康与修养为基础来进行发展一样。但是，全球化也不只是时间和空间的推广，还有它内在的空间，还有它表现生活的形式。这就是我们需要去思考的问题，要问问中国哲学在某种意义上讲是否已经提供了一个新发展的方向与空间，这个发展的方向与空间，就是走向一个融合现代与后现代的后后现代的世界哲学，走向一个后全球化的世界存在，走向一个动态的创造实体，这就是我们所说的后全球化。

当然，这个意义还可以再扩展，我们的逻辑是一个逐渐推广和逐渐包含的逻辑。正因为能够包含，所以能够推广。大而无外，小而无内，大到什么程度呢，找不到一个外，小到一个什么程度呢，找不到一个内。因为内和外能够融成一片，在人的体验、意识和知觉的活动中融为一体，成为我们所说的一种创造性的活动。所以，我们要深入理解什么是“道”，什么是“心”。由此，我们就能理解哲学是怎样开始的，以及哲学面临的困难是什么。

（三）从中国哲学中发现人类可以参与无限：开展的本体概念

“哲学”这个概念怎么开始，有没有一种每个人都可以体验到的哲学？过去人们认为，只有西方有哲学，这个说法是片面的。事实上，西方哲学只是一个理性思考的示范。在中国，这种理性思考的示范，事实上已经用其他的方式表达出来。直接的论述与直觉的结论并未乖离逻辑一致性与有效性的要求，只是不想脱离对具体问题的认识与对世界认识的大前提的肯定与预设而已。

中国哲学史上关于本体认知和体现的哲学和西方有关现象描述和分析的哲学不同。一方面，就其根源也叫“本”的概念来说，“本”有两个意思，一个是时间上的，每个人都知道，自己生命的根源是祖先；“本”还有一个含义，就是支持自己继善成性的一个力量，这个力量是当前存在的，不是指历史的根源，而是指当前你会感受到的生命力量的根源。另一方面，我们必须认识到，人有它的实体性，所以这个“本”可以发育成长而开花结果。“本”在中国是一个生命的概念，宇宙之本能够发展成世界上林林总总的实体，是需要经过一个发展的过程的。这个实体基于儒者的信念，则是超越选择与不断存在的，这就叫“体”。这个体的存在逐渐扩充为整体化，逐渐开花，从而展现成为一个实体的过程，那么，这样一个发展过程为什么又称作人的一个存在呢？

在中国哲学中，本成为体，简称为“本体”，在西方哲学中，称之为“实体”（substance）。什么叫“substance”？就是一个东西，它能够具有其他的属性，那么对它的属性的一种整合或一种凝聚而成的那个实体就叫作“substance”。但实体还不同于我们所说的本体，本体是从一个时间、一个持续的发展，最后导致一个具有丰富内涵的实体的存在，包括身体及其展现出的性质，以及性质中所包含的情绪和动力。进而，人的本体再形成一种自觉，或更高级的心理活动，所以，这是一个伦理或是一种心理学的发展过程，这就是从本到体之间的过程。

人成为人之体后，即成为体之后，就有两个方向。这个体面对外在世界，形成一种内外之别，内在性和外在性的认识是人成为人的一个客观条件。我们要了解什么是我作为内在的存在和外在的存在的差别，这个差别在什么地方。作为内在的自我的时候，我能够直视我自己，感觉我自己，决定我要做什么。因为它有一种自觉性和自主性，但外界事物却没有这种自觉性和自主性，比如桌子不会说话，不会走路，不会思考，但我知道我可以走路，可以说话。这样的一种自我的认识，相对于外部的世界，包括众物，包括众人，构成了一种我的本体存在的条件。哲学就是在知道人的存在来知道自己的存在，它是一种主客我之间的认识，这种认识也是哲学思考的一部分。最后，除了根源性、实体性，还有一种应然性的认识。人之所以为人，是因为他知道，什么是自己应该做的，他可以找到、思考或提出他应该做的事情。这个应然性是决定他要做什么，决定自我成为主体的一个重要因素，人本身具有一种自主性，自主性能够带来一种自由，他能不能也给别人带来自由，这是最大的挑战，人追求的是自己的自由性、自主性，也同时勇于认识到其他人的自主性和发展空间，同时还进一步了解外界具有这样的一种自主性，也就是自然，这就是人发展的四个方向：根源性、实体性、内外关系性和应然的自主性，这四个东西构成了哲学的基本内容。

中国有没有哲学呢？当然有，而且具备新的含义，且早于西方哲学的发生。当然这是基于人之为人的自觉来说的。

（四）后现代中的知人与知己：西方与中国

不是把人当作动物来对待，而是当作一如自己的人来对待，这是中国哲学的核心命脉所在。为什么孔子能够发展仁的概念与人的精神，形成中国哲学的中心思想呢？孔子有人之为人的自觉，因而能够爱人、关怀人，建立人与人之间的关系，具有人的德性的修持与行为。当然这也是孔子知人的结果，由此不但能够自我规范而且能够自我管理，同时又进行人性的发挥与知识学问的整合，形成了人自我发展的一种方式。我们再深入探求，就推溯到《周易》所包含的知天与知人的互动的思维方式了。

中国早在商周时代就有知人的思想，这时中国人就已建立宇宙观、人生观、道德观，这在《周易》中得到了体现。这一时代当然比苏格拉底要早。这个源头事实上决定了中国哲学家整个价值观和行为观发展的方向，而且永远与宇宙观连在一块。它们包含了一个实践与实现的要求，也就是找寻一个好的自我存在的方式和自我管理的方式，这就是孔子所谓的君子的自我要求，在此要求下，我们当然也深化了对人的生命的理解。

在此相互肯认的基础上，中西文化显然有两种差异，第一种差异是指二元论的差异。苏格拉底问，什么是真理的标准？什么是人类追求的对象？柏拉图得出的结论是：理念的世界是真理的标准，理想的世界是人类应该追求的对象。这个理想的世界是一个超越的世界，我们的世界是一个变化的世界，这个变化是不完美的，是流动的，甚至具有一定的虚假性和虚幻性。这就是二元论的提出，因为当人们有动力去追求一个超越的理想，他就准备要放弃这个现象的世界。柏拉图这个观点深刻地影响了后来的西方哲学和西方世界的发展。在这个方面，亚里士多德的贡献与影响是，这个理想的世界不能完全脱离现实，我们要从现实中发现一些客观真理，但是我们要想发现真理，就必须以个别的区域活动来进行探讨。亚里士多德的观点是：把一个超越的世界变成一个对象的世界，把一个对象的世界看作现实的世界，各自归属于不同的知识领域，也就是一个各自属于真理的世界，而真理、科学、知识，是要我们消除主观自我去认识的。亚氏这一观点可说对柏拉图进行了补充，因而构成了西方哲学的两大内容：一个是超越的理想，一个是对象的知识。

这两大追求在后期的发展是超越的世界更超越，对象的世界更对象化，这就构成了今天西方哲学的最根本的价值：追求一个超越的真理，也追求一个对象的真理。这就造成了人和物、人和人、人和上帝或人和真实的隔阂或矛盾。如何克治这一隔阂与矛盾，恰恰在中国哲学里面找到了答案。在中国哲学里，变化的世界是真实世界的一部分，没有感觉到根本的断裂，人与人的关系没有一种鸿沟。所以，中国最早谈到“治人”的时候，“治人”的结果是，追求宇宙变化能够包含一切的世界，道生一，一生二，二生三，它包含的是整个世界万物，基于此回答了西方哲学的二元性问题——超越性和对立性问题。

我们何以提出此一答案？这是因为我们把哲学看成有一个同一的根源，也就是说，我们把中国哲学和西方哲学看成都起源于人与世界在人的意识中的整合问题，面对根源问题、整体化问题、关系建立问题与理想实现问题，做出了不同的基本设准与基本认识，也就是同与异、一与多的根本同一与不同一的选择。由于生活经验不同，产生了两个不同的选择方向，一个是一与多或同与异不同一的二元论的方向，一个是一与多或同与异同一的整体论的方向。前者也许更是知识论的方向，后者更是伦理学的方向。但是，我们要知道整体论的伦理学与道德学，和一个二元论的超越信仰与对象的知识论虽然是相反的，却可以是源于人的自觉的差异感。

如此，哲学追求的是什么呢，最根本的回答是一个根源的存在，作为人类持续发展的源头活水，一个实体的存在，一个根源到实体的过程存在，那个实体能够包含内外，能够包含我们的发展经验。这当然是中国人的重要理念，我们把它叫作“本体的认知”，也就是从本到体、从体到本的认知。这个本体的认知不同于单纯的存有性认识，不是就抽象的概念来进行认识，而是从人的根源的发展性来进行认识。但二者有一个共同点，就是以认知人的终极的需要为基础确定人之为人的一个方向。因为人们都不愿回到动物性，人都要超越动物实体的存在，成为更高一级的存在，成为更为人的人。也就是说，人要扩大自己，实现自己。但人怎么扩大和实现呢？这就产生了两个不同的选择：中国哲学关于人的扩大的观念，在于人能够去包含他人，在实体的生命中扩大自己，在更大的群体当中去实现自己，这就是中国哲学所具有的道德意义和政治意义。所谓道德意义是它具有一种扩大发展的意义，我就是宇宙的一分子，我要和宇宙交相来往。这个就是道。所谓政治意义就是我要和人建立关系，而且这种关系需要得到大家的接受，要找到一个共同的标准，这个就是正，即中道，是从生命发展中体会出来的平和包含之道，正的实践与实现即是政。而在西方，是把人看作抛出的存在，而非发生的生命，他的根源是不可知的上帝，而他的理想就是回归到超越的上帝。对于动物，它们不但是抛出物，而且也只是人的工具，因而人类对动物与环境基本上缺少一种同情共感，而能理性地计算把自然征服而奴用。由于对超越性的依赖，人有一种甚至把自己看成是上帝的想法。当上帝死了，就把自己看作上帝，在行为中就会产生霸权主义。显然，古罗马和近代西方的很多列强霸主都具有这样的心态。

今天我们进入了现代化的全球化的时代。现代化的全球化时代有一个特征，就是把一个国家或一个传统的价值标准用在所有的人与其他传统之上，我们已说明这是不可行的。因为所谓现代性是工具理性与科学理性发展与应用的结果，它是知识所引申的科学与技术用以解决所有问题的方法。如果人人都追求此一目标，也就是大家都能够过上普遍的现代化的生活，为何要听命一个传统，一个自以为是的权威呢？这样一种想用科学权力来控制全球的想法是自相矛盾的，因为科技人人可用，拒绝分享不但不能成功，而且不合乎全球化打破隔阂与障碍的要求。因而全球化中的现代性必然转化为各种后现代性，而后现代性中的全球化则自然趋向开拓新的生活空间，走向太空，走向开放的未来，并借此来维护一个全球化中的多元平等和谐的人类社会。这就是所谓后全球化，亦可以叫作后后现代，是现代性与后现代性的融合实现。

在西方，因为追求知识，所以具有一种树立科学的普遍性。因为树立科学本身就具有某种程度的必然性，当推广这个现代性的时候，人们往往认为，这是必然的，所以会迷失，会否定不属于这种理性系统中的东西。最后，把既定的科学框架体系看成是现代性的一个模范，或者说是一个模型，就会否定很多生命所呈现出来的包含不同特质的世界，也就是一个开放的感受和价值空间。

必须承认，造就了今天的科技世界是西方的强项。基于这个现代性，人们有了解决事物问题的方法，却无法消除人的存在的所有问题，因为人的存在在原始点上并非只是一个理性的科技活动。只是科学的知识与技术，是否能涵盖人类的所有活动，解决人类的所有问题呢？能够包含一切的理性并非科学的理性。是不是还具有一种理性具备更开阔的发展性格？是不是多元性本身就是一个普遍性的概念？只要它能够不影响人的存在，那么它是不是能更好地实现人的要求？而科学技术的存在由于带动那种统治和占有的意愿，是不是更违反人的本性？后现代性需要人回到他本身的那个客体，需要人更好地去实现他自己。

（五）中国哲学中的“包含理性”与“体验理性”

回顾中国哲学的包含性的本体认知与体验性的本体认知，我们可以称前者为包含理性，称后者为体验理性。两者更具有普遍性，它们不违反科学，它们包含科学，它们也能够包含真理，这是最主要的。在这种情况下，西方的科学并不是一个坏东西。当科学理性、工具理性、知识理性把人带到某种情况下，我们还觉得不满，还要往前走的时候，那就是我们应该重新追求或重新认识人的本体性的存在之时。所以，后现代性应该更符合全球性，因为我更好地来实现我自己。那个实现的我自己更具有普遍意义。但当我们把它只看作科学或知识理性的时候，现代性是不是太狭隘了。我们要把人从狭隘性当中解放出来，实现更高层次的现代性。当我脱了衣服，我会觉得更舒适，衣服就是我的一个工具和实现的方法，就像不同的表演有不同的演出服装一样，人就是需要不同的表演的空间和表演的时间。这表明，人的存在不只是一个科学理性，而在于多元地体现自己。在中国哲学里这一观点是非常强烈的。不管在《周易》，在道家，在儒家，在宋明理学与心学，都是如此。因为中国没有二元论的绝对的划分，中国人意识中有一种包含意识，一种共通意识。

为什么中国哲学没有受到足够的重视呢？因为西方哲学或那种二元论的现代性和超越的现代性具有一种强烈的权力和能力，它的确能够掌握外在世界的规律，一种物质世界的规律，使人们更好地去实现人的生活，但是用科学来实现人的物质欲望的时候，人们就感觉到了它的品味、兴趣和野心。如果它又想把人自己当作工具，人心也就很快被限制和束缚了。机械应用的文明带来一种机心，如果什么事情都想用机械来解决，那么我就不能再成为我自己。我不要物化，我不要机械化，君子不器，我不要变成工具。所以，人的能力固然能让我们可以使用机械，但我们也可以不被机械束缚。我们能否实现使用机械而不受它的影响，真正掌握自己的生命呢？中国哲学就有这样的认识。但是，即使我们能够认识到天地之变和生命的关系，即使我们能够认识到我们可以包含世界，认识人的一种共通性，即使我们能够思考天地之变的美，我们是不是还应该去了解外部世界的规律呢？这个想法并不是矛盾的，我们能够更好地去掌握世界的规律，掌握世界的内在的自然律，从而利用这种自然律来解决我们的问题。比如我们可以用高科技的医疗方法，更准确地用药来缓解疾病。这一点是中国哲学所欠缺的，这一原因也造成了中国物质文明的衰落，中国没有用科学去解决实际生活中的具体问题。

在管理领域也表明中西方哲学发展的不同。作为人，我们要用手来掌握外部的事物，手的文化就是我们要用手来操作。人的手很灵活，可以做很细致的工作。所以，它是一种超脱的技术，启发了我们追求手的延伸——机器的作用。机是一个生命体的机制，器是把机变成一个可以操作的东西，器就是可以对象化的工具和机体，这个机体是我们可以控制的。这样，人们要延伸手的工具性，就启发了脑的作用，脑的作用就是如何把一个有机体转化成为一个可以操作的工具，脑的作用就是知识体系，有了知识体系，才能够发明机器，为人所用。

西方文化主要是脑、手、机的文化。这个脑、手、机的文化所掌握的就是用脑来掌握建立一个客观的世界，来发明一个工具为人所操作，操作之后再来进行新的知识探讨，再来发明机器。人们从农具时代，即农业时代是用农具时代，再到工具时代，即工业时代发明工业机器来改变生活，创造了更多机械，到今天的信息时代（信息机器的发明），可说为电具时代，因为它用电子工具来为人做工。互联网就是此一电子工具。如果没有互联网这一强有力的实体硬件的支持的话，就无法产生软件的运用。所以，机器的发明非常重要，它是实现自我的非常重要的一个平台。实现自我之后，西方二元论体现在脑的世界，人的心是无法掌握的，事实上有一种趋势要把“心”变成“脑”。现在的脑科学就是要掌握这个心为脑的方式，认知科学将人的心看作一个人的脑细胞的活动。至于心本身是什么，不在精神层面加以深思。另外，如果人的主观心态、主观感情都可以说是一种荷尔蒙的反应，只是某种生理作用，只是某种脑力运动，只是某种药物作用，那么人们也甚至可以用药物来控制人的心理的疾病，并把它还原成一种脑的活动。如此对心已经丧失了真正的认知，也就丧失了对人的价值世界的认知。人所追求的真善美和亲切之情，如果都把它们看作一种科学对象，而不是人的内在体验，促使人进一步发挥人的创造的动力，在这种情况下，西方的现代文化就不能不是脑的文化、手的文化与机器的文化。

中国的传统学问偏向于道与心。中国人掌握了一种道的宇宙、心的自我。传统在这方面往往迷恋其中，而不涉及需要在脑的方面进行太多的作用，也不习惯于在手上的运作，更不习惯于发明机器。在传统中，中国人有发明，例如发明了指南针、印刷术等。可是我们只是发明而已，我们没有改善，现代中国往往只是重复西方，引进西方，没有什么好的发明。中国人过分强调心，强调道。当要走西方路线，要发明，却又把心与道打掉了，重新再来，最后是去掉了心和道，追求科技文明。这需要具有一种强烈的现代意识、全球意识。但是，在这一方面，西方刚好走到了问题的边界，就是要解决后全球性和后现代性的问题，解决如何来超越这个脑、手、机，而不基于传统，如何掌握更活泼、更多元的真实的世界。这里反而有回归到心的世界和道德世界的可能，而更好地面对后现代性和后全球性。

（六）后全球化促使后后现代性的发展

后现代性的活动是心的活动，而不是脑的活动。后现代性是自由地表达个人对自由的追求，这个自由必须建立在现代性中，不能够压迫他人、强加他人，进一步帮助他人来实现他人自己。这是一个心的活动，这个心的活动包含一个道的要求，不只是一个内外性的调节，而且包含一个心的性、性的心的调节问题。孔子曰："己欲立而立人，己欲达而达人"。其实说的是，我要达到自己的目标，我也希望他人达到他想要的目标，不是说把我要达到的目标强加于人。我要追求一个目标，我希望他人达到他的目标，立人之所立，达人之所达。这就是心的作用。

那么，道德的作用是什么呢？道德作用在人和人的关系基础上，掌握了人和宇宙的沟通。人和宇宙的沟通，在今天我们关心的是生产领域，但更重要的是掌握存在的一个变化的创造性。宇宙是在变化的，宇宙不是只在一个层面、一个方式下实现。也就是说，我们今天全球包含的内涵，不限于全球，在全球之外还有新的现象与生命内涵等待我们去探索，但作为价值却可能在全球之内实现，但我们却必须清楚地意识到在开拓全球之外的贡献。我们怎么样打破全球的眼光，实现一个包含宇宙万物的心境呢？应该走出我们的世界，走出我们生存的空间，走向外部的空间。但这不是说我们要走向想象的科技世界，而是说我们在心的空间也应该融入不同的生命呈现的方式。宇宙之大，万物之多，变化之繁，都呈现天地之间的生命共同体的脉络。我们要了解这种生命共同体与宇宙的本原，方能感受到《周易》中所说的万物生生不息的开阔气象。这一超越地球又涵盖地球的“道”正是后全球性。

后全球性有一个重要的现实意义。例如，在美国金融危机中通用公司破产了。它在某种意义上说明了后全球性。通用公司当初的设计全部是美式设计的标准化，通用的破产代表着一种美式的现代性的破产。首先它被日本的设计精巧的汽车所打垮，但想和日本的汽车竞争，因为要竞争，所以通用陷入了泥沼之中。它在裁员的事实就说明它是在被淘汰，它已经无法适应时代的竞争。所以它只好破产，但是破产之后并不代表它衰落了，美国正在创发一个新的通用公司，这个通用公司是一种新的更高的竞争力，这个竞争力还是要全球转化，还要转化到更大的层面，显现更强的渗透性。它开拓了一种全球运用的空间和层面，生产的汽车比现有的汽车可能更多。这就是后现代性。但还有一个方面是属于未来的，也是现在可能实现的。也许现在不允许一个汽车公司来生产所有的汽车，它的竞争力无法满足人们过度的要求。以后的汽车是每一个城市、每一个地方都可以生产。它的生产是一个平台，只要人们需要，它就随时可以满足和改进，所以这个生产是一个不断发展和变化的生产。这是我说的后全球化。它体现在全球变成特殊，全球变成一般，全球已不是平面的全球，而是立体呈现的多项目多向度的全球。每一个地方不会影响一个地方，这具有很大的商机，具有很大的竞争力。这一原则当然可以也应该用在太空空间的开拓上，使每个空间都有立体的延伸。

最后，我们要进一步认识自然，自然是什么？自然是由两个东西——自然的规律性和自然的生命力组成的。我们不能把自然只看作自然的规律性。这是科学认定的。一个有生命力的哲学要认识自然的生命力。这是第一个命题。这个命题的重要性在于，正因为宇宙具有生命力，所以人的存在不只是宇宙的自然力的规定，人的存在是包含自然的规律性的生命力的表现。既然如此，就得到另外一个结论，那就是人虽不能违背自然律，却要追求一个普遍的、共同的道德律，让人们都能实现自主、自由、自然。正因为如此，所以人要自我规定、自我界定。自我规定、自我界定的人还有一个要求，就是要承担责任、承担后果：你的自由，你的自然，你的生命，能不能带给你所想要的快乐，或者说所想要的价值，这是你要掌握的。就是你的自我决定生命并不能保证你得到你所想要的。这还需要更进一层的努力。在这个意义上，我们永远要超越，永远要付出，不断地付出，不断地超越，就像宇宙的发展要不断地超越现实一样。如此这般，就是后后现代性和后全球性，这就是中国哲学可以接纳西方哲学，包含科技，开出一条世界哲学之路的理由，也是中国哲学可以成为后全球化与后后现代化的积极创化力的理由。

结　语

对源自不同哲学传统的概念、范畴和命题进行比较研究，是逐渐向其他文化传统敞开思想胸怀的诸哲学研究的常见思路之一，但将其作为一种规范的哲学研究范式，却是一项相当晚近的事情。通常认为，“比较哲学”这一概念及其研究范式最早是1923年由法国哲学家保罗·马松-奥赛尔明确提出的，之所以很快流行开来，既与诸哲学与文化日益走向世界的趋势有关，也与学界普遍希冀融通东西方哲学与文化，以为解决全球性问题提供可能性方案有关，因而体现出一种世界哲学气质。比较源于差异，却可以从中求同，进而形成一种会通之思与创新之绪。这项研究在渐富学术特质的过程中，逐渐形成方法论自觉，在哲学的时代性和创新性探索中促进了诸哲学彼此间的内在理解、融通与新生。

一、比较哲学研究的特质与方法论

比较哲学并非宽泛的哲学比较，而是一种独特的研究范式。但学界关于何谓比较哲学的规定似尚未达成共识，因而在研究界域、进路、方法等方面均具有不确定性，或许这种不确定性正是比较哲学研究的特质之一。分析这种不确定性的主要呈现样态，应该是确认比较哲学范式的一种必要路径，由此方能界定比较哲学的基本特质和方法。

比较哲学研究立足于传统，面向世界和未来，因而超越传统，不受保守思维的束缚。在学海长途中，“只知其一，一无所知”。或许可以从歌德所谓“只懂一门语言的人，其实什么语言也不懂”的观念中获得启发，只懂一种哲学的人，其实什么哲学都不懂。因为其所懂只是诸哲学之一种，而不是世界性的“哲学”。比较哲学的研究界域因而十分广阔，举凡中西哲学、古今哲学，不同学派的哲学、不同时代的哲学、不同领域的哲学，乃至同一学派、同一时代、同一领域内部的若干哲学都可成为比较的对象，可谓错综复杂、五光十色。这些研究带有不同的目的性诉求，体现为不同的形式和风格，但都可被宽泛地理解为比较哲学。因此，不乏学者认为比较哲学就是哲学本身①，或有哲学一开始就是比较哲学之谓。在这个意义上，比较哲学凸显了哲学研究应有的开放性，体现了思想从独白走向对话的自觉。

从现代哲学所彰显的世界意识角度看，比较哲学更多地体现在欧洲哲学、中国哲学、印度哲学等历史悠久的哲学传统之间，也因传统而带有不同的文化印记。因而，比较哲学通常与比较文化相关，也因文化的创造性转化而实现哲学的自我更新。诸哲学与文化比较着眼于对其他哲学与文化的内在理解，也希望自身的思想得到所比较对象的理解，真正的理解必然放弃傲慢与偏见，也必须在尊重对方基础上进行争鸣与交锋。这种研究既可表现为“直接比较”，在不同传统的异同中实现对哲学本质及其多重样态的思考，也可表现为“桥梁式比较”，即在比较中有意识地走进对方，达成相互理解，因而成为哲学交流与对话的重要途径。

比较哲学研究进路大致表现为“平行的进路”、“自高而下的进路”和“合作、互镜与共生的进路”。② 第一种进路实则罗列式研究，旨在凸显诸哲学的差异，在等量齐观中使诸哲学各得其所。这种“平行”的研究看似不干涉其他研究并保持自身的完整性，但因缺乏彼此内在理解与相互借鉴而意义有限，甚至可能停留于“前比较”状态，所以差异也只能表现为一种“前理解”，或许还会使诸哲学渐行渐远。第二种进路实则强制重构研究，即从某种传统悠久的哲学出发，对其他哲学加以“再描述”和“再定义”，在使之融入自身的过程中消解其他哲学的内在价值，从而滋生了学术偏见，使比较哲学实际上表现为一种排他性或去他性研究。相较而言，第三种进路看起来更为合理，因为它强调对话与

① 倪培民．探涉比较哲学的疆域．学术月刊，2006（5）．

② 姚新中．比较哲学的“第三条路线”——一个方法论的讨论．哲学动态，2018（1）．

融通，更可能体现哲学创新。这种进路不旨在判明所谓是非和高下，而在比较中参照乃至互相学习，在视域融合中达成哲学发展新的可能性。① 也只有以开放包容的心态形成诸哲学的相互理解，才能彰显比较哲学研究的内在价值，进而在对象化过程中呈现更多的现实意义。

比较哲学研究不以消解或弱化诸哲学为前提或目的，因而要在理解中尊重其他哲学研究理路，不能动辄以所谓“非哲学”的判断否定之。当然，比较哲学研究通常有一种主体性思路，超越传统其实是为了更好地更新传统，进而在更新诸传统的同时丰富哲学的多样性。为了更好地理解其他哲学，比较要带有一种适应性，要有兼容并包的智慧，也要有一种持久的信念。因为比较哲学往往发生在上述历史悠久的哲学传统之间，体现为东西方文化、伦理和宗教的差异，可以看到冲突、隔阂与会通的印记。诸哲学与文化之间的关系史为比较哲学研究提供了正反两方面经验，也表明这项颇具前景的研究实属不易，关于比较哲学可为的期待与难为的担忧大抵多系于此。

在这个意义上，在基本认同第三种进路的同时，以扬长避短的方式保持第一种进路对自身完整性的坚守与第二种进路的主体性自觉自然更为现实，这也有助于丰富哲学的多样性。其实，即使在一种哲学传统内部，也存在百家争鸣的情境。哲学创新总是基于真正的理解与借鉴，走出封闭的内循环系统，由此方能“推陈”，“推陈”也不意味着传统的消失，而恰是为传统赋予活的生命，在对话、互镜与共生中实现哲学发展。近年来，中国学界在和而不同的学术讨论中开创中西马融合的新境界②的努力即具有这种特征。这种融合的障碍不仅体现为各种偏见，也体现为孤芳自赏的自说自话或生硬蹩脚的“汉话胡说”。比较哲学研究要经过互释的过程，但不能停留于互释的译介性研究中，而应实现哲学研究的本土化与全球化的共在。

比较哲学研究方法同样广泛，辨别同殊乃至同中之殊或殊中之同可以有多种方法。例如，类比的方法，保罗·马松-奥赛尔就是用这种方法探究欧洲哲学、中国哲学与印度哲学的共通之处的。类比的关键在于，确认一种类比对象，做出一种有待证明的或然性推理，从中发现不同哲学传统的相似性与差异性。类比的复杂性在于，相似的对象总是具

① 吴根友．判教与比较——关于“比较哲学与比较文化研究”．哲学动态，2011（5）．

② 张世英．和而不同，开创中西马融合的新境界．江海学刊，2011（3）．

有各种不同的属性，由此产生多样的关系，对多种属性及其关系的认识随着时间的推移而变化。类比对象的相似性越大，类比的意义以及由此呈现的差异性就越有价值。中西哲学比较的前提正是不同哲学传统的相似属性及其差异，只有在相似而不同的哲学之间才能发现“关系”范畴，从而由此及彼。

比较哲学研究试图达及视域融合，并采用一种跨文化方法，即超越某种哲学传统的局限，在其他传统中开阔视野并实现不同传统的互动，把握不同哲学史语境的交互主体性与互释和相互理解的空间。对不同哲学传统的跨文化比较可以体现为概念的比较、观念的比较、精神气质的比较等方面，它首先体现为语言和语义的比较，进而体现为思维方式和价值观念的比较，在比较中相互借鉴、求同存异，从而达成共识性和共通感。跨文化意义上的哲学比较要考虑民族性、地域性和时代性，要在建构性的他者中获得自我的文化关照，在地方性知识和时代性知识的交融中形成一种哲学对话与合作机制，从而更好地理解彼此。

比较哲学研究当然要对不同哲学传统加以比较，但夸大同中之异的不可通约性，并非比较哲学研究的目的。比较哲学研究要突破哲学传统思维的定势，实现差异中的相互理解，因而必须秉持谐适的原则。比较的旨趣在于理解、借鉴和融合，映现异中之同与超越既往之异的同质性创新。比较哲学不旨在也不可能抹平不同哲学传统的个性化思考，但可以在谐适的哲学对话中获得文化的共相，在进一步理解和诠释中实现超越两种比较对象的新哲学视域。这种原则与方法实则凸显了比较哲学的特质，是在语言互译、思维互释、文化互动的意义上达成哲学的跨文化理解与自我理解，从而消弭不必要的歧见，在共识中解决共同的问题。

二、比较哲学研究的开放性与时代性

比较哲学研究并非对不同哲学传统中的概念、范畴和命题的无目的类比，而具有明确的问题意识，往往是研究者在时代语境中对传统问题的再发现。对不同哲学传统的比较固然在一定程度上存在“不可译”与“不可通约”问题，但比较双方的相互理解与交流对话的实际需要使思想的兼容性与通约性成为学术探索的对象。从同异、纵横等角度展开的比较哲学研究呈现了比较对象的差异性，其中有些“坚硬的”差异彰显了比较研究的壁垒，甚至表明他者之间的哲学比较具有某种不可能性。

比较哲学研究因而要将他者之间的关系转化为“我与你”的关系，要在“我与你”的对话中形成破壁之思，探知“我们”的答案。

比较哲学研究旨在解决不同哲学传统的共同问题，因而要在不同思想资源中寻找开放性思路，研究者为此必须走出文化保守视域的遮蔽，以求同存异的开放态度超越传统认知的有限性，在翻译、解释与会通的意义上理解彼此，从而深化对不同哲学研究经验的综合把握。由于哲学研究方式、认知方式与理解方式的差异，不同研究者的比较哲学探索可能大异其趣，但纷繁多样的研究结论往往使人们愈加接近问题的实质。比较哲学研究往往涉及两个或多个比较要素，存在如何平衡多重哲学要素的关系问题，因而有助于形成一种世界的哲学。这种世界的哲学以比较的方式实现协同研究，实则在各种哲学传统的“百家争鸣”中生成镌刻不同民族主体性的“世界意识”，从而为解决世界历史中的问题提供哲学思路。

从世界文明的多样性角度着眼，不同哲学传统具有平等的文化身份，可以在比较中确认差异，在对话中谋求共识，在共生与融通中创造共同的未来。比较哲学的开放性使哲学走出传统之思的苑囿，摒弃长期持存的某种“偏见”，在理解他者之思的过程中实现超越性认识。须知“古人之非，既不能明，即古人之是，亦不知其所以是”①，若能从内在角度察异观同，必能归求反观，由此实现传统哲学的创新性发展。这实则哲学研究之必需，“欲完全知此土之哲学，势不可不研究彼土之哲学”②。因此，比较哲学既深究比较双方各自的内在理路，又在世界意识中实现哲学传统的新陈代谢，呈现一种兼容并蓄的新哲学形态。

近年来，关于中西哲学的比较研究丰富了这种可能性视域，推动中国哲学更好地走向世界，也在世界哲学研究中提升了中国哲学的话语权。这项研究既要用西方哲学重释中国哲学，也要用中国哲学理解西方哲学，特别是在如何理解逐渐现代化的中国思想及其对发展着的西方思想的关系方面尤需如此。应当看到，在多样性的世界文明发展格局中，存在一种“世界性的百家争鸣局面。对传统文化、对西方文化以及诸文化怎样彼此结合或冲突，将会有怎样的前途，大家见仁见智”③，在对

---

① 严复集：第一册. 北京：中华书局，1986：29.

② 王国维遗书：三. 上海：上海古籍书店，1983：647.

③ 冯契. 人的自由和真善美. 上海：华东师范大学出版社，1996：343.

话、互补和会通的过程中达成共识，并实现自我深化。由此也应当看到，“中国的现代化，绝不是、也不可能是什么全方位的西方化，而只能是对于多元的传统文化和外来文化，作一番符合时代要求的文化选择、文化组合和文化重构”①。从而在汲取世界历史经验的过程中形成一种中国式的现代化研究理路。

在这个意义上，比较哲学研究有助于确立哲学自信，这既是中国哲学在自我理解与自我超越中形成的自信，也是中国哲学在世界传播中日益获得西方学界全面深入的认识所形成的进一步丰富发展的自信。中国哲学的开放性由此得到彰显。例如，陆九渊所谓“东海有圣人出焉，此心同也，此理同也。西海有圣人出焉，此心同也，此理同也。南海北海有圣人出焉，此心此理，亦莫不同也”②。此说在现代中国哲学研究中得到基本认同，事实上，只有在比较研究中通观世界哲学的总体，才能生成一种世界历史中的哲学，才能提出和解答世界历史性的问题，才能自觉形成和自如表达我们时代内在的自我主张。

因而，应自觉彰显比较哲学研究的时代性，这项晚近的研究自其开端就关注时代问题，就具有解决时代问题的宏愿。其实，“任何一门人文学科，既然有其为时代所规定之特色，必然会以社会存在所决定的社会心理和时代精神作为自己的直接来源”③。比较哲学研究当然审视不同哲学传统的差异和共同之处，但这种面对古典问题的研究并非厚古薄今之举，而是在汇聚历史资源的过程中形成理性分析时代走向的综合视角，在双向格义乃至多向格义中阐明解决时代问题的思想底蕴。因此，面向世界问题的比较哲学成为时代的哲学，“世界的哲学化同时也就是哲学的世界化”④，也只有运用世界的哲学，方能改变现实的世界。

在历史走向世界历史的今天，我们处于世界多极化、经济全球化、文化多样化、社会信息化的境遇中，以比较研究更好地实现对不同哲学传统的解释与再创造，有助于实现哲学的自我更新和基于文明对话的交往与合作，因而是哲学理论研究和现实研究的双重需要。着眼于东西方文化对话，应在比较哲学研究中取长补短，在借鉴中汲取灵感，谋求一

---

① 萧萐夫．吹沙集．成都：巴蜀书社，1991：70.

② 陆九渊集：卷三十六．北京：中华书局，1980：483.

③ 许苏民．中西哲学比较研究史．南京：南京大学出版社，2014：10.

④ 马克思恩格斯全集：第40卷．北京：人民出版社，1982：258.

些哲学问题的根本解决，通过对其他哲学传统生成情境的深入领悟涵泳其中，实现哲学新形态的构建。由此我们方能回答和解决全球性时代的共同问题，提升我们的思想力度和实践底蕴，并着力培育新哲学赖以生成的文化土壤，避免南橘北枳，实现哲学的融合与会通。

在现代化进程中，哲学研究不可能全然固守传统或全盘改造，而要面对时代的问题，努力“以最有效的方式吸收现代文化，使它能同我们的固有文化相一致、协调和继续发展”，“使我们能在新旧文化内在调和的新的基础上建立我们自己的科学和哲学”①。毋庸置疑，比较哲学研究的开放性以明确的主体性为前提，在具有交互主体性的研究中实现自我更新和创造。今天，我们的比较哲学研究要以马克思主义为指导，坚守中华文化立场，在与其他哲学传统的对话与重塑中走向世界。只有这样，我们才能在研究中确认思想的立足点和在场感，才能在传统哲学创新性发展和创造性转化的过程中使比较哲学彰显时代精神，焕发新时代中华文化复兴生生不息的内在动力。

三、比较哲学与当代中国哲学创新

比较哲学研究在中国已逾百年，从最初对东西方哲学与文化差异的认识，到在全球化语境中对跨哲学与跨文化研究的探索，特别是近年来华人学者在中西哲学比较研究中所做的努力，体现了中国哲学在时代发展进程中不断走向世界的自觉意识。学界愈加明晰地认识到，当历史走向世界历史，只有突破传统的边界和苑囿，实现准确可信的翻译与再理解，源自一种传统的哲学才能在与源自其他传统的哲学对话的过程中建立相互借鉴、彼此理解与交融会通的关系，才能避免无谓的误解、偏见与冲突，进而在对象化的世界携手合作。

作为当今中国的时代精神的精华和文化的活的灵魂，当代中国哲学关注中国问题与世界问题，在时代潮头发思想先声，体现了理论形态创新和实践思维方式创新，对现代化进程中的全球性问题做出与时俱进的哲学解答。当代中国学人认识到比较哲学研究之不易，这项研究需要“知己知彼，也就是既要深入把握中国古典哲学的文献和学术发展过程，又要准确地掌握西方哲学史上的关键和精髓”，“掌握工具，学好一门以

---

① 胡适文集：第6册. 北京：北京大学出版社，1998：10.

上的外语，熟悉异质文化的表达习惯”，“纯熟地掌握中国的‘小学’，即文字、音韵、训诂和版本、校勘之学，也需要了解西方语言学中的语义分析方法”①。也正因此，这项在中西哲学领域自由往来的研究以求同存异的方式审视时代问题，在内在反思中构建与未来发展相适应的哲学与文化形态，使当代中国哲学以现代重塑的思想姿态走向世界。这种体现中国风格和中国气派的开放性和时代性的哲学研究在世界语境中与一切优秀文明的思想精神展开对话，研究者自觉设置具有现实性的学术议题，开显中国哲学的内在特质与时代精神，实现了自我理解和自我超越。

在这个意义上，比较哲学体现了当代中国哲学创新。研究者“就一系列双方（主观上或有意识地）共同关注的哲学问题或者是双方（客观上或无意识地、潜意识地）不得不共同涉及的哲学问题，通过反思性批判和自身批判而探索双方如何在方法上和在实质性观点见解和视野上互相学习、取长补短而为共同哲学事业（或一系列哲学上的共同问题和关切）携手作出创造性贡献”②。这种贡献正是我们时代需要的思想创造，从概念、问题、方法、对象化等多重维度明确体现了创新意识，在哲学史的深处与文明交融的关节点上展现了我们时代应有的视野与境界。这种比较哲学研究关注现代性进程中人类生活方式和自我意识的嬗变，以中华传统哲学精神的现代形式为构建人类文明新形态提供中国方案，因而以时代性话语解决全球性问题，勾勒了世界哲学各美其美、丰富发展、互融共通的理想前景。

与此同时，比较哲学在哲学内部实现不同传统相互理解意义上的“哲学＋”，也在拓宽比较文化、比较伦理与比较宗教视域中实现了哲学与相关学科协同探索的“哲学＋”，因为今天任何以某种单一哲学思维探究复杂而深刻的理论和现实问题的做法都是故步自封的，也不可能为认识现代化进程中的世界历史提供真知灼见。当代比较哲学研究的创新性体现在视域、方法和问题意识等诸层面，反映了在面向世界历史和时代问题的比较之思中形成综合创新的哲学自觉。这种综合创新是以明确的主体性融合传统与现代、会通中西哲学研究理路的探索，实则将源自

---

① 许嘉璐．卸下镣铐跳舞——中国哲学需要一场革命//温海明．安乐哲比较哲学评论与研究．贵阳：孔学堂书局，2018：10-11.

② 牟博．论比较哲学中的建设性交锋—交融的方法论策略．社会科学战线，2008（9）.

不同哲学传统的概念和命题引入总体性视域，彰显了时代精神，更新了人们对哲学思维方式和人类存在方式的理解，从而在开放语境中深化了哲学的时代内涵。

今天，面对深刻复杂的全球性问题和全面深化改革进程中的中国问题，当代中国哲学应摆脱既往存在的结构性困境，在回答新时代提出的新问题的同时返本开新。为此既要保持传统优势，又要超出传统思维界限，归纳西学东渐和中学西渐的历史经验，构建东西方哲学对话与合作的平台，以思想的内在活力对影响人类生活的若干新兴领域的现象做出哲学诊断。在这个意义上，比较哲学研究亟待展现高阶状态，进一步提升中西哲学互鉴会通的层次。在互联网、智能手机、社交媒体等重塑人们信息观念的境遇中，在人们对多维空间、量子缠绕、基因编辑技术等发现、推论和实验的反思中，哲学必然随着知识进步和人类生活方式的变革而实现创新，创新语境中的哲学问题越来越呈现人类的共同性，在比较哲学研究中实现的综合创新因而具有越来越重要的意义，也在越来越现实的语境中塑造超越性的时代精神。

在经纬不同哲学传统的研究中，我们可以在翻译、互释与协作式研究中辨异观同，实现一种体现时代精神的同情的理解。在恰当理解其他哲学传统的同时，我们应自觉加强中国哲学的海外传播，为中西哲学比较与互镜提供与时俱进的中国视角。为此，要"继承和发扬近四百年来中国哲人的优秀传统，以庄严而崇高的时代良心、气魄恢宏的世界意识、科学严谨的理性态度、独立不移的主体意识以及尊重学术独立价值的理论勇气……来推动我们的哲学事业，以常青的理论之树来推动社会生活的万象更新，是我们伟大的时代、社会和人民赋予哲学研究者的使命"①。在新时代，我们应在比较哲学的问题框架中把握会通中西哲学的决定性因素，在互文解读与语境转换的自如探索中开辟中国哲学和世界哲学的新境界。

概言之，比较哲学研究可以唤醒生生不息的传统，在不同哲学传统的相互理解中推陈出新，在协和对话的语境中解析我们时代共同的问题。我们深知此项研究之艰难与其意义之重大，为此需要集思广益、合作攻关，需要在合作与对话中扬弃陈见，在同一研究场域中聚焦家族相

---

① 许苏民．中西哲学比较研究史．南京：南京大学出版社，2014：655.

似的哲学问题，在跨哲学探索中开拓一种宽广的可能性空间。这是完整理解世界文明多样性的必要路径，由此展开的双向格义和多向格义不仅可以跨越不同文化差异造成的本体论与认识论鸿沟，而且可以在会同与交融的语境中呈现哲学研究的总体性图景。在这个意义上，比较哲学研究反映了当代中国哲学走向世界哲学舞台的理论自觉，也是致力于不断创新的中国哲学学人与国外同人共同努力，为世界哲学发展提供可能性视域。

参考文献

（一）中文著作

［1］马克思恩格斯全集．第3卷．北京：人民出版社，1960.

［2］马克思恩格斯全集．第40卷．北京：人民出版社，1982.

［3］亚里士多德．政治学．吴寿彭，译．北京：商务印书馆，1965.

［4］冯友兰．三松堂全集．第11卷．郑州：河南人民出版社，1970.

［5］牟宗三．智的直觉与中国哲学．台北：商务印书馆，1971.

［6］吕澂．中国佛学源流略讲．北京：中华书局，1979.

［7］黑格尔．逻辑学．下卷．杨一之，译．北京：商务印书馆，1981.

［8］郭湛波．近五十年中国思想史．北平：人文书店，1936.

［9］王国维遗书．三．上海：上海古籍书店，1983.

［10］王国维遗书．四．上海：上海古籍书店，1983.

［11］严复集．第一册．北京：中华书局，1986.

［12］严复集．第五册．北京：中华书局，1986.

［13］钱钟书．管锥编．第四册．北京：中华书局，1986.

［14］中村元．比较思想论．吴震，译．杭州：浙江人民出版社，1987.

［15］雅斯贝尔斯．历史的起源与目标．魏楚雄，俞新天，译．北

京：华夏出版社，1989.

[16] 梁启超. 饮冰室合集. 第六册. 北京：中华书局，1989.

[17] 胡适.《国学季刊》发刊宣言//胡适选集. 天津：天津人民出版社，1991.

[18] 胡适学术文集. 上. 姜义华，主编. 北京：中华书局，1991.

[19] 王阳明全集. 上海：上海古籍出版社，1992.

[20] 方东美. 哲学三慧. 台北：三民书局，1992.

[21] 陈立. 白虎通论疏. 北京：中华书局，1994.

[22] 文德尔班. 哲学史教程——特别关于哲学问题和哲学概念的形成和发展. 上卷. 罗达仁，译. 北京：商务印书馆，1996.

[23] 现代汉语词典. 修订本. 北京：商务印书馆，1996.

[24] 陈来. 古代宗教与伦理——儒家思想的根源. 北京：三联书店，1996.

[25] 冯禹，邢东风. 宏观比较哲学名著评介. 北京：中国人民大学出版社，1996.

[26] 黎靖德. 朱子语类. 长沙：岳麓书社，1997.

[27] 段玉裁. 说文解字注. 杭州：浙江古籍出版社，1998.

[28] 班固. 汉书. 北京：中华书局，1998.

[29] 尼采. 权力意志：重估一切价值的尝试. 张念东，凌素心，译. 北京：中央编译出版社，2000.

[30] 顾颉刚. 古史辨自序. 上. 石家庄：河北教育出版社，2000.

[31] 金炳华，等. 哲学大辞典. 上海：上海辞书出版社，2001.

[32] 姚新中. 儒教与基督教——仁与爱的比较研究. 赵艳霞，译. 北京：中国社会科学出版社，2002 .

[33] 郑家栋. "中国哲学"的合法性问题//赵汀阳. 论证. 第三辑. 桂林：广西师范大学出版社，2003.

[34] 理查德·罗蒂. 偶然、反讽与团结. 徐文瑞，译. 北京：商务印书馆，2003.

[35] 涂尔干. 乱伦禁忌及其起源. 汲喆，付德根，渠东，译. 上海：上海人民出版社，2003.

[36] 唐君毅. 中国哲学原论（原道篇）. 台北：学生书局，2004.

[37] 程颢，程颐. 二程集. 北京：中华书局，2004.

[38] 张旭东. 全球化时代的文化认同：西方普遍主义话语的历史批判. 北京：北京大学出版社，2005.

[39] 尼采. 人性的，太人性的. 杨恒达，译. 北京：中国人民大学出版社，2005.

[40] 俞宣孟，何锡蓉. 探根寻源——新一轮中西哲学比较研究论集. 上海：上海译文出版社，2005.

[41] 林同奇. 人文寻求录：当代中美著名学者思想辨析. 北京：新星出版社，2006.

[42] 王兴国. 契接中西哲学之主流——牟宗三哲学思想渊源探要. 北京：光明日报出版社，2006.

[43] 王兴国. 牟宗三哲学思想研究——从逻辑思辨到哲学架构. 北京：人民出版社，2007.

[44] 吉尔·德勒兹，菲力克斯·迦塔利. 什么是哲学?. 张祖建，译. 长沙：湖南文艺出版社，2007.

[45] 萧蓬父. 吹沙三集. 成都：巴蜀书社，2007.

[46] 甘绍平. 人权伦理学. 北京：中国发展出版社，2009.

[47] 方东美. 中国哲学之精神及其发展. 上册. 郑州：中州古籍出版社，2009.

[48] 段德智. 陈修斋论哲学与哲学史. 北京：人民出版社，2009.

[49] 刘笑敢. 诠释与定向：中国哲学研究方法论之研究. 北京：商务印书馆，2009.

[50] 卡尔·雅斯贝尔斯. 大哲学家. 李雪涛，李秋零，王桐，等译. 李雪涛，校. 北京：社会科学文献出版社，2010.

[51] 冯友兰. 中国哲学史. 上册. 上海：华东师范大学出版社，2010.

[52] 塞缪尔·亨廷顿. 文明的冲突. 周琪，等译. 北京：新华出版社，2013.

[53] 郝大维，安乐哲. 孔子哲学思微. 蒋弋为，李志林，译. 南京：江苏人民出版社，2012.

[54] 许苏民. 中西哲学比较研究史. 南京：南京大学出版社，2014.

[55] 李泽厚. 中国哲学登场. 北京：中华书局，2014.

［56］吴根友．求道·求真·求通——中国哲学的历史展开，北京：商务印书馆，2014.

［57］杜维明，张广智．天人合一与文明多样性．北京：光明日报出版社，2015.

［58］梁漱溟．东西文化及其哲学．北京：商务印书馆，1997.

［59］汉语大字典编辑委员会．汉语大字典．成都，武汉：四川辞书出版社，湖北辞书出版社，1993.

［60］温海明．安乐哲比较哲学评论与研究．贵阳：孔学堂书局，2018.

（二）中文论文

［1］达亚·克里希纳．比较哲学：是什么和应该是什么?．第欧根尼，1989（1）.

［2］赵敦华．20世纪西方哲学的危机和出路．北京大学学报，1993（1）.

［3］赵敦华．作为文化学的哲学．哲学研究，1995（5）.

［4］彭越．西方比较哲学发展概述．广东社会科学，1995（4）.

［5］沈继成．先秦诸子智道德观论略．华中师范大学学报，1996（5）.

［6］吴根友．冯契“平民化自由人格”申论．哲学研究，1997（11）.

［7］傅永军．伦理的一神教与唯一神的伦理确证．世界宗教研究，2000（2）.

［8］李晨阳．儒家传统面临的五个挑战．安徽大学学报，2003（5）.

［9］张志伟．中国哲学还是中国思想——也谈中国哲学的合法性危机．中国人民大学学报，2003（2）.

［10］彭永捷．论中国哲学学科存在的合法性危机——关于中国哲学学科的知识社会学考察．中国人民大学学报，2003（2）.

［11］C．胡比希．作为权宜道德的技术伦理．世界哲学，2005（4）.

［12］刘笑敢．“反向格义”与中国哲学研究的困境——以老子之道的诠释为例．南京大学学报，2006（2）.

［13］李明辉．中西比较哲学方法论省思．中国哲学史，2006（2）.

［14］倪培民．探涉比较哲学的疆域．学术月刊，2006（6）.

［15］张志伟．跨文化的哲学对话如何可能——关于比较哲学的几个理论问题．学术月刊，2008（5）.

[16] 张祥龙. 比较悖论与比较情景——哲学比较的方法论反思. 社会科学战线，2008 (9).

[17] 温海明. 比较哲学方法论简论. 云南大学学报，2008 (1).

[18] 牟博. 论比较哲学中的建设性交锋—交融的方法论策略. 社会科学战线，2008 (9).

[19] 吴根友. 从比较哲学到世界哲学——从谭嗣同《仁学》中的"通"论看比较哲学的前景. 哲学动态，2009 (12).

[20] 吴根友. 判教与比较——关于"比较哲学与比较文化研究". 哲学动态，2011 (5).

[21] 吴根友. 比较哲学与方法及其理论难题的化解. 哲学动态，2013 (5).

[22] 李晨阳. 文化传统的价值组合配置刍论. 北京大学学报，2013 (2).

[23] 姚新中. 传统与现代化再思考. 北京大学学报，2015 (3).

[24] 陈涛. 道德的起源与变迁——涂尔干宗教研究的意图. 社会学研究，2015 (3).

[25] 李存山. "中国哲学合法性"问题. 中国社会科学报，2014-09-05.

[26] 田海平. 比较哲学视角与道德形态学方法. 中国社会科学报，2015-06-15.

[27] 张世英. 和而不同，开创中西马融合的新境界. 江海学刊，2011 (3).

[28] 朱志方.《比较哲学原理》纲要//比较哲学与比较文化论丛. 第1辑. 武汉：武汉大学出版社，2009.

[29] 李大钊. 东西文明根本之异点//蔡尚思. 中国现代思想史资料简编. 第1卷. 杭州：浙江人民出版社，1982.

[30] 李念. 杜维明. 让精神人文主义成为全球话语. http://www.sohu.com/a/82115304_119909.

(三) 外文著作

[1] Robert Young. Analytical Concordance to the Holy Bible. London：Lutterworth Press，1939.

[2] Gilbert Ryle. The Concept of Mind. New York：Barnes &

Noble, 1949.

[3] Karl Jaspers. The Origin and Goal of History. New Haven: Yale University Press, 1953.

[4] H. H. Rowley. Prophecy and Religion in Ancient China and Israel. London University Press, 1956.

[5] Lugwig Köhler. Hebrew Man. London: SCM Press, 1956.

[6] Hendrik Kraemer. Christian Message in a Non-Christian World. Kregel Publications, Grand Rapids, 1956.

[7] Aristotle. Ethica Nicomachea//The Works of Aristotle: vol. 9. W. D. Ross. trans. Oxford: Oxford University Press, 1963.

[8] Kant. Doctrine of Virtue. M. Gregor. New York: Harper, 1964.

[9] Gerhard von Rad. Old Testament Theology. Vol. 1. New York: Harper & Row Press, 1967.

[10] Gerhard von Rad. Wisdom in Israel. James D. Martin. Nashville Press, 1972.

[11] Roger N. Whybray. The Intellectual Tradition of the Old Testament. London: W. de Gruyter Press, 1974.

[12] James Crenshaw. Studies in Ancient Israelite Wisdom. New York: Ktav Press, 1976.

[13] Nathaniel, Yung-tse Yen. Prophet Sage and Wise Man: a Comparative Study of Intellectual Tradition in Ancient China and Israel. Madison Press, 1977.

[14] John G. Gammie, Walter A. Brueggemann, W. Lee Humphreys and James M. Ward ed. Israelite Wisdom: Theological and Literary Essays in Honor of Samuel. Terrien Montana Press, 1978.

[15] Martin Heidegger. Beijing and Time. Oxford: Blackwell Press, 1978.

[16] David Little, Sumner B. Twiss. Comparative Religious Ethics. San Francisco: Harper & Row Publishers. 1978.

[17] Thomas Nagel, Mortal Questions. Cambridge: Cambridge University Press, 1979.

[18] Johnnes G. Botterweck, Helmer Ringgren ed. David E.

Green. trans. Theological Dictionary of the Old Testament. Grand Rapids, 1980.

[19] Bernard Williams. Internal and External Reasons. reprinted in Williams. Moral Luck. Cambridge: Cambridge University Press, 1981.

[20] Dianne Bergant. What are They Saying about Wisdom Literature?. New York: Paulist Press, 1984.

[21] Kraut, Richard. Aristotle on the Human Good. Princeton: Princeton University Press, 1989.

[22] Julia Ching. Christianity and Chinese Religions. New York: Doubleday and London Collins, 1989.

[23] Gisela Labouvie-Vief. Wisdom as Integrated Thought: Historical and Developmental Perspectives//Robert J. Sternberg ed. Wisdom: Its Nature, Origins, and Development. Cambridge: Cambridge University Press, 1990.

[24] MacIntyre, Alasdair. Incommensurability, Truth, and the Conversation between Confucians and Aristotelians about the Virtues//Culture and Modernity: East-West Philosophical Perspective. Honolulu: University of Hawaii Press, 1991.

[25] Bernstein, Richard. Incommensurability and Otherness Revisited//Culture and Modernity: East-West Philosophical Perspective. Honolulu: University of Hawaii Press, 1991.

[26] Hansen, Chad. A Daoist Theory of Chinese Thought: A Philosophical Interpretation. Oxford: Oxford University Press, 1992.

[27] Jean Grondin. Introduction to Philosophical Hermeneutics. New Haven: Yale University Press, 1994.

[28] Solomon, David. Internal Objections to Virtue Ethics//Daniel Statman. Virtue Ethics: A Critical Reader. Washington: Georgetown University Press, 1997.

[29] T. M. Scanlon. What We Owe to Each Other. Cambridge, MA: Harvard University Press, 1998.

[30] John McDowell. Mind, Value Reality. Cambridge, MA: Harvard University Press, 1998.

[31] James L. Crenshaw. Old Testament Wisdom: An Introduction. Westminster John Knox Press, 1998.

[32] MacIntyre. Relativism, Power, and Philosophy//Relativism: A Contemporary Anthology. Edited by Michael Krausz. New York: Columbia University Press, 2010.

[33] Kant, Immanuel. Anthropology from a Pragmatic Point of View. Carbondale: Southern Illinois University Press, 1978.

[34] Steven Shankam, Stephen Durrant. The Siren and the Sages-Knowledge and Wisdom in Ancient Greece and China. London: Cassell Press, 2000.

[35] David Noel Freedman ed. Eerdmans Dictionary of the Bible. Cambridge: William B. Press, 2000.

[36] Stephen Hetherington. How to Know: A Practicalist Conception of Knowledge. Malden, MA: Wiley, 2001.

[37] Robert Allinson. The Myth of Comparative Philosophy or the Comparative Philosophy MalgréLui//Bo Mou ed. Two Roads to Wisdom? Chinese and Analytic Philosophical Traditions. Chicago: Open Court, 2001.

[38] Paul J. Griffiths. Problems of Religious Diversity. Oxford and Malden: Blackwell Press, 2001.

[39] Roger T. Ames, David L. Hall (eds.). Focusing the Familiar: A Translation and Philosophical Interpretation of the Zhongyong. Honolulu: University of Hawaii Press, 2001.

[40] Roger T. Ames, David L. Hall. Dao de jing: A Philosophical Translation. New York: Ballantine Books, 2003.

[41] David Wong. Natural Moralities. Oxford: Oxford University, 2006.

[42] Stalnaker, Aaron. Overcoming Our Evil: Human Nature and Spiritual Exercises in Xunzi and Augustine. Washington: Georgetown University Press, 2006.

[43] J. E. L. Altham. The Legacy of Emotivism//Graham MacDonald and Crispin Wright eds. Fact Science, and Morality: Essays on A. J. Ayer's

Language，Truth and Logic. New York：Basil Blackwell，1986.

[44] Michael Slote Moral Sentimentalism. Oxford：Oxford University Press，2010.

[45] Adam Motton. Empathy of the Devil//Amy Coplan and Peter Goldie. Empathy：Philosophical and Psychological Perspectives. Oxford：Oxford University Press，2010.

[46] Brian Bruya. Introduction：Chinese Philosophy as a Resource for Problems in Contemporary Philosophy//Bruya ed. Philosophical Challenge from China. Cambridge，MA：MIT Press，2015.

（四）外文论文

[1] John Dewey. On Philosophical Synthesis. Philosophy East and West，1951，1 (1).

[2] Grandy，Richard. Reference，Meaning，and Belief. Journal of Philosophy，1973 (70).

[3] Kuhn，Thomas. Theory-Change as Structure-Change：Comments on the Sneed Formalism. Erkenntnis，1976 (10).

[4] Jason Stanley and Timothy Williamson. Knowing How. The Journal of Philosophy，2001，98 (8).

[5] Neville，Robert Cummings. Two Forms of Comparative Philosophy. Dao：A Journal of Comparative Philosophy，2001，1 (1).

[6] Robert C. Neville. Beyond Comparative to Integrative Philosophy//Chenyang Lied. APA Newsletter on Asian and Asian-American Philosophers and Philosophies，2002，2 (1).

[7] Slingerland，Edward. Conceptual Metaphor Theory as Methodology for Comparative Religion. Journal of American Academy of Religion，2004，72 (1).

[8] Slingerland，Edward. Conceptions of the Self in the Zhuangzi：Conceptual Metaphor Analysis and Comparative Thought. Philosophy East and West，2004，54 (3).

[9] Stalnaker，Aaron. Comparative Religious Ethics and the Problem of “Human Nature”. Religious Ethics，2005 (33).

[10] Benson，Mark A. Conceptions of Self /No-self and Modes of

Connection: Comparative Soteriological Structures. Classical Chinese Thought. Journal of Religious Ethics, 2005 (33).

[11] Toner, Christopher. The Self-Centeredness Objection to Virtue Ethics. Philosophy, 2006 (81).

[12] Bryan Van Norden. Three Questions about the Crisis in Chinese Philosophy. APA Newsletter on Asian and Asian philosophers and philosophies, 2008, 8 (1).

[13] Shun, Kwong-loi. Studying Confucian and Comparative Ethics: Methodological Reflections. Journal of Chinese Philosophy, 2009 (36).

[14] Stephen Angle. The Minimal Definition and Methodology of Comparative Philosophy: A Report from a Conference. Comparative Philosophy, 2010, 1 (1).

[15] Philip J. Ivanhoe. McDowell, Wang Yangming, and Mengzi's Contributions to Understanding Moral Perception. Dao, 2011 (10).

[16] Stephen Hetherington and Karyn Lai. Practising to Know: Practicalism and Confucian Philosophy. Philosophy, 2012, 87 (3).

[17] Amy Olberding. It's Not Them, It's You: A Case Study Concerning the Exclusion of Non-Western Philosophy. Comparative Philosophy, 2015, 6 (2).

[18] Amy Olberding. Chinese Philosophy and Wider Philosophical Discourses: Including Chinese Philosophy in General Audience Philosophy Journals. APA Newsletter, 2016, 15 (2).

[19] David Wong. Comparative Philosophy: Chinese and Western. The Stanford Encyclopedia of Philosophy. http://plato. stanford. edu/entries/comparphil-chiwes/.

后　记

汇集近年来华人学者从事比较哲学研究的部分成果，从理论形态、方法、问题意识等多重角度呈现比较哲学研究图景，是反映当代中国哲学创新的一项基础性工作。这项研究需要开阔的理论视野和精准的比较之思，反映在中西哲学传统中对若干重要概念的各自认识与共同理解，从而实现哲学会通，对全球化时代的世界问题提出具有共识性的见解，彰显哲学创新的内在价值。由此，我们立足比较哲学的学术前沿，从破解比较哲学理论难题的实际需要出发，探究当前比较哲学与比较文化研究中的重大问题，凸显比较哲学研究的现实性，试图展现一种新哲学形态，展现日益走向世界舞台的当代中国哲学所应具有的精神气质。

比较哲学研究需要对话，也需要集思广益，这项发端于“比较”的研究不可能是一种独白，必然在对话与讨论的氛围中实现视域融合。这种融合之思不仅不会消解比较中的任何一种哲学，而且使人们在比较中更好地认识不同哲学的优势，也更好地理解自我，从而丰富我们时代的哲学样态。在这个意义上，缺少任何一个文明的民族的哲学，世界哲学都是不完整的。合理的比较研究有助于确认包括中国哲学在内的各种哲学的合法性问题，这一点在中西比较哲学研究中体现得十分清晰。正是在比较哲学研究中，中国哲学逐渐世界化。作为中国经济社会发展的文化底蕴，中国哲学日益得到世界同人的了解和认同。

出于这种考虑，我们在研究中广泛征求学界同人的意见和建议。这些意见和建议既有对比较哲学研究的热切期待，也有对比较哲学研究的忧虑，因为真正的比较哲学研究需要精通所要比较的两种哲学的母语和思想传统。这项研究因而绝非一日之功，能够深入探究此项研究的学人必有在东西方哲学两个平台自由往来的气度和功力。例如，对早期儒家与古犹太教思想的比较就需要深谙两种古代语言和两种学术传统，对宋明理学和启蒙哲学的比较同样如此。此外，由于这项研究在英语世界得到广泛传播，也要考虑如何在英文语境中实现两种传统的独立呈现与视域转换，因而必须研读与本研究相关的各种英文学术文献，这使我们真切地意识到从事这项研究的难度，也真切地感受到加强这项研究所具有的重要学术价值。

正是在集体创作的过程中，我们增强了对深化比较哲学研究的信心，也从中感受到比较哲学研究具有的现实意义。本书内容及其作者情况如下：导言（中国人民大学哲学院姚新中教授）；第一章第一、三节（香港中文大学黄勇教授），第一章第二节（中国人民大学哲学院李萍教授）；第二章第一节（武汉大学哲学学院吴根友教授），第二章第二节（北京师范大学哲学学院田海平教授），第二章第三节（姚新中）；第三章第一、二节（吴根友），第三章第三节（姚新中）；第四章第一节（新加坡南洋理工大学李晨阳教授），第四章第二节（吴根友）；第五章（姚新中）；第六章第一节（北京大学哲学系赵敦华教授），第六章第二、三节（夏威夷大学成中英教授）；结语（中国人民大学哲学院臧峰宇教授）。全书由姚新中、臧峰宇统稿、定稿。

本书是中国人民大学重大科研项目“当代中国哲学创新研究”的结项成果之一，在此感谢各位评审专家的信任与鼓励。在本书即将付梓之际，感谢上述作者授权我们将其比较哲学研究方面的精心之作汇成一体，收入本书的文章大多曾在中文学术期刊发表，谨对各位编辑师友致谢。感谢北京大学哲学系赵敦华教授，中国社会科学院赵汀阳研究员、刘素民研究员，北京师范大学哲学学院刘笑敢教授，东南大学樊浩教授等学者对完善本研究提出宝贵建议。北方工业大学马克思主义学院陆宽宽博士为本项目研究和召开相关学术讨论会做了大量具体工作，中国人民大学哲学院博士生朱梅整理了本书参考文献并核对了部分引文，在此一并致谢。

臧峰宇

2018 年秋

于中国人民大学人文楼

图书在版编目（CIP）数据

比较哲学与当代中国哲学创新/臧峰宇主编. —北京：中国人民大学出版社，2019. 3
（再读马克思. 文本研究与哲学创新系列）
ISBN 978-7-300-26750-0

Ⅰ.①比… Ⅱ.①臧… Ⅲ.①现代哲学—研究—中国 Ⅳ.①B26

中国版本图书馆 CIP 数据核字（2019）第 028165 号

国家出版基金项目
再读马克思：文本研究与哲学创新系列
郭 湛 主编
比较哲学与当代中国哲学创新
臧峰宇 主编
Bijiao Zhexue yu Dangdai Zhongguo Zhexue Chuangxin

出版发行	中国人民大学出版社		
社 址	北京中关村大街 31 号	邮政编码	100080
电 话	010－62511242（总编室）		010－62511770（质管部）
	010－82501766（邮购部）		010－62514148（门市部）
	010－62515195（发行公司）		010－62515275（盗版举报）
网 址	http://www.crup.com.cn		
	http://www.ttrnet.com（人大教研网）		
经 销	新华书店		
印 刷	涿州市星河印刷有限公司		
规 格	160 mm×235 mm 16 开本	版 次	2019 年 3 月第 1 版
印 张	16 插页 3	印 次	2019 年 3 月第 1 次印刷
字 数	251 000	定 价	59.80 元